心理学与社会治理丛书
Series on Psychology and
Social Governance
丛书主编：杨玉芳　郭永玉
　　　　　许　燕　张建新

Psychological Care

and

Positive Coping

in

Aging Society

关爱与应对：
老龄化社会的心理问题研究

傅宏　王港　著

北京师范大学出版集团
BEIJING NORMAL UNIVERSITY PUBLISHING GROUP
北京师范大学出版社

丛书编委会

主　　编　杨玉芳　郭永玉　许　燕　张建新

编　　委　(以汉语拼音为序)

丛书总序

经过多年的构思、策划、组织和编撰，由中国心理学会出版工作委员会组织撰写的书系"心理学与社会治理丛书"即将和读者见面。这是继"当代中国心理科学文库""认知神经科学前沿译丛"两大书系之后，出版工作委员会组织编撰的第三套学术著作书系。它的问世将是中国心理学界的一个具有重要理论和现实意义的里程碑式事件。

之前的两套书系在社会上产生了广泛的影响，也赢得了同行普遍的好评。但是这些工作主要基于由科学问题本身所形成的内容架构，对于现实问题的关切还不够系统和全面，因而不足以展现中国心理学界研究的全貌。这就涉及我们常讲的"自下而上"与"自上而下"的问题形成逻辑。我们感到，面对当前中国社会的变革，基于当下现实生活的复杂性和矛盾性，中国心理学界应该尽力做出回应，要有所贡献。而社会治理正是心理学探讨时代需求、关注现实社会的重要突破口，同时也是很多中国心理学者近年来一直努力探索并且已有丰富积累的一个创新性交叉学科领域。

社会治理是由作为治理主体的人或组织对以人为中心的社会公共事务进行的治理。因此，社会治理的核心是"人"的问题，社会治理的理论和实践都离不开"人"这一核心要素，自然也就离不开对人性和人心的理解。这既源自心理学的学科性质，也是由社会治理的本质要素所决定的。一方面，就学科性质而言，心理学是研究人的心理和行为的学科，它兼具自然科学与社会科学的双重属性。2016年5月17日，习近平总书记在哲学社会科学工作座谈会上指出"要加快完善对哲学社会科学具有支撑作用的学科"，这其中就包括心理学。早在现代心理学诞生之初，它就被认为在整个社会科学中具有基础学科的地位。但是在漫长的学科发展历史上，由于心理学本身发展还不够成熟，因此它作为社会科学基础学科的作用并未得到充分体现。尽管如此，近年来由于理论、方法的不断发展与创新，心理学在解决现实问题方面的建树已经日益丰富而深刻，已经在相当程度上开始承担起支撑社会科学、解决社会问题的责任。

另一方面，从社会治理自身的学理逻辑出发，当前中国社会治理现代化的过程也离不开心理学的支持。社会治理作为一种现代化的理念，与社会统治和社会管理在基本内涵上有很大差异。首先，它强调治理主体的多元性，除了执政党和政府，还包括各级社会组织、社区、企业以及公民个人。其次，社会治理的客体是以人为中心的社会公共事务，目标是消解不同主体之间的冲突与矛盾。最后，社会治理的过程也不同于传统意义的社会管理，它包括了统筹协调、良性互动、民主协商、共同决策等现代化治理策略与手段。因此，不管从主体、客体或过程的哪个方面讲，社会治理都必须关注社会中一个个具体的人，关注这些个体与群体的心理与行为、矛盾与共生、状态与动态、表象与机制等心理学层面的问题。也只有依托心理学的理论与方法，这些问题才能得到更深入的探索和更彻底的解决。因此可以说，在学科性质、学理关联、问题关切、实践技术等多个层面，心理学均与社会治理的现实需求有着本质上的契合性。

正因为如此，近年来国家对于心理学在社会治理中的作用给予了高度重视。中共十九大报告在"打造共建共治共享的社会治理格局"这一部分提出，加强社会心理服务体系建设，培育自尊自信、理性平和、积极向上的社会心态。中共十九届四中全会审议通过的《中共中央关于坚持和完善中国特色社会主义制度 推进国家治理体系和治理能力现代化若干重大问题的决定》再次强调健全社会心理服务体系。可以看出，心理学已经被定位为社会治理现代化进程中不可或缺的一部分。这是时代对中国心理学界提出的要求和呼唤。而本书系的推出，既是对时代需求的回应，也是心理学研究者肩负使命、敢于创新的一次集中探索和集体呈现。

明确了这一定位之后，我们开始积极策划推动书系的编撰工作。这一工作立即得到了中国心理学会和众多心理学界同人的大力支持与积极响应。我们在充分调研的基础上，成立了书系编委会，以求能在书目选题、作者遴选、写作质量、风格体例等方面严格把关，确保编撰工作的开展和收效达到预期。2015 年，编委会先后三次召开会议，深入研讨书系编撰工作中的一系列基础问题，最终明确提出了"问题导向、学术前沿、项目基础、智库参考"的十六字编撰方针，即要求书系中的每一本书都必须关注当下中国社会的某一现实问题，有明确的问题导向；同时，这一问题必须有明确的学术定位，要站在学术前沿的视角用科学解决问题的思路来对其加以探讨；此外，为了保证研究质量，要求每一本专著都依托作者所完成的高层次项目的成果来撰写。最后，希望每一本书都能够切实为中国社会治理提供智力支持和实践启示。

基于这样的方针和定位，编委会通过谨慎的遴选和多方面的沟通，确立了一个优秀的作者群体。这些作者均为近年来持续关注社会治理相关心理学问题的资深专家，其中也不乏一些虽然相对年轻但已有较深积淀的青年才俊。通过反复的会谈与沟通，结合每一位作者所主持的项目课题和研究领域，编委会共同商讨了每一本专著的选题。我们总体上将本书系划分为四个部分，分别为"现代化过程中的社会心态""群体心理与危机管理""社区与组织管理""社会规范与价值观"。每一部分邀请 6～8 位代表性专家执笔，将其多年研究成果通过专著来展现，从而形成本书系整体的内容架构。

在这些工作的基础上，2016 年 1 月，中国心理学会出版工作委员会召开了第一次包括编委会成员和几乎全体作者参加的书系编撰工作会议，这标志着编撰工作的正式开启。会上除了由每一位作者汇报其具体的写作思路和书目大纲之外，编委会还同作者一道讨论、确定了书系的基本定位与风格。我们认为本书系的定位不是教材，不是研究报告，不是专业性综述，不是通俗读物。它应该比教材更专门和深入，更有个人观点；比研究报告更概略，有更多的叙述，更少的研究过程和专业性的交代；比专业型综述更展开，更具体，更有可读性，要让外行的人能看懂；比通俗读物更有深度，通而不俗，既让读者能看进去，又关注严肃的科学问题，而且有自己独到的看法。同时，在写作风格上，我们还提出，本书系的读者范围要尽可能广，既包括党政干部、专业学者和研究人员，也包括对这一领域感兴趣的普通读者。所以在保证学术性的前提下，文笔必须尽可能考究，要兼顾理论性、科学性、人文性、可读性、严谨性。同时，针对字数、书名、大纲体例等方面，会上也统一提出了倡议和要求。这些总体上的定位和要求，既保证了书系风格的统一，也是对书系整体质量的把控。

在此后的几年中，书系的编撰工作顺利地开展。我们的"编撰工作会议"制度也一直保持了下来，每过半年到一年的时间即召开一次。在每一次会议上，由作者报告其写作进度，大家一起交流建议，分享体会。在一次次的研讨中，不仅每一本书的内容都更为扎实凝练，而且书系整体的立意与风格也更加明确和统一。特别是，我们历次的编撰工作会议都会邀请一到两位来自社会学、法学或公共管理学的专家参会，向我们讲述他们在社会治理领域的不同理论视角和研究发现，这种跨学科的对话极大地丰富了我们心理学者的思维广度。当然，随着编撰工作的深入，有一些最初有意愿参与撰写的作者，出于种种原因退出了书系的编撰工作，这不能不说是一种遗憾。但同时，也有一些新的同样资深的学者带着他们的多年研究成果补充进来，使得书系的内容更加充实，作者团队也更加发展壮大。在这些年的共同工作中，我们逐渐意识到，我们正在做的事情不仅是推出一套书，而且还基于这一平台构建一个学术共同体，一起为共同的学术愿景而努力，为中国的社会治理现代化进程承担心理学研究者应尽的责任。这是最令人感到骄傲和欣慰的地方。

我们还要感谢北京师范大学出版集团的领导和编辑们！他们对于本书系的出版工作给予了大力的支持。在他们的努力下，本书系于2020年年初获批国家出版基金项目资助，这让我们的工作站到了更高的起点上。同时，还要感谢中国心理学会"学会创新和服务能力提升工程"项目在组织上、经费上提供的重要帮助。

在作者、编委、出版社以及各界同人的共同努力下，书系的编撰工作已经接近完成。从2021年开始，书系中的著作将分批刊印，与读者见面。每一本专著，既是作者及其团队多年研究成果的结晶，也凝结着历次编撰工作会议研讨中汇聚的集体智慧，更是多方面工作人员一起投入的结果。我们期待本书系能够受到读者的喜爱，进而成为中国心理学和社会治理的科研与实践前进历程中的一个重要里程碑。

主编

杨玉芳　郭永玉　许燕　张建新

2021年7月22日

前　言

　　健康是保障老年人独立自主和参与社会活动的重要基础，推进健康老龄化、积极老龄化是建设健康中国的重要组成部分，也是积极应对人口老龄化的长久之计。据联合国发布的《2019 年世界人口展望》，我国已经进入老龄化社会。2018 年，我国 60 岁及以上老年人口规模为 2.49 亿人，占总人口比重达到 17.9%；65 岁及以上老年人口规模为 1.67 亿人，占总人口比重达到 11.9%，并呈快速和深度发展趋势，老年人的健康问题值得高度关注。

　　根据世界卫生组织对健康的定义，心理健康是老年人健康中非常重要的组成部分。随着我国经济社会的发展，国家高度重视养老服务体系建设。在老年人的物质养老需求得到不断满足的同时，老年人对精神养老的需求与日俱增，孤独、寂寞甚至抑郁等心理问题越来越多。促进老年人对其心理健康的特点、状况和需求的了解，提高对常见的心理行为问题和精神障碍早期的识别能力，强化老年人的心理健康意识，改善老年人的心理健康状况，对推动我国积极老龄化社会发展具有非常重要的实践意义和指导价值。

　　"心理学与社会治理丛书"是中国心理学会出版工作委员会组织编撰的重大出版项目，《关爱与应对：老龄化社会的心理问题研究》作为丛书中的一本，立足中国人口老龄化社会发展实际，从生理、心理及社会层面全面认识老年人，从心理层面积极关爱处在一般（低中高龄、城市农村和不同居住方式等）或特殊（空巢、失能和独居等）不同处境的老年人，以健康老龄化、积极老龄化理念为指导，改变老龄观，积极应对人口老龄化，构建符合国情的具有中国特色的老年心理健康服务体系，从而显著提高老年人的获得感、幸福感和安全感，并促进积极老龄化社会的实现。

按照认识人口老龄化、认识老年人、关爱老年人、应对人口老龄化的逻辑编写成本书。王港（江苏经贸职业技术学院副教授、南京师范大学应用心理学博士研究生）负责编写第1、第8部分，吴苗（苏州市相城区蠡口中学心理健康教育教师）、王港负责编写第2部分，林其羿（淮阴师范学院讲师）、王港负责编写第3部分，胡琳琳（江苏经贸职业技术学院讲师）负责编写第4部分，薛艳（南京师范大学教授）、房建红（北京中公教育科技有限公司江苏分公司讲师）和尹梦（安徽省宿州市埇桥区桃沟乡人民政府四级主任）负责编写第5部分，张田（南京理工大学副教授）负责编写第6部分，王诚俊（南京市金陵中学心理健康教育教师）、王港负责编写第7部分，最后由傅宏（南京师范大学教授、博士生导师）统稿完成。

本书可以适用于心理学、智慧健康养老服务与管理等相关专业学生学习参考，也可以为老年人及其家属提供指导、为养老服务工作者等提供专业指导，当然也可以供广大老年心理学教学研究工作者使用。

目　录

1

认识人口老龄化：中国
人口老龄化的发展现状
及趋势

党的十九大报告指出要"积极应对人口老龄化，构建养老、孝老、敬老政策体系和社会环境，推进医养结合，加快老龄事业和产业发展"。人口老龄化是普遍的社会现象，是关系社会发展的全局性问题，涉及社会经济、家庭生活以及个人生命周期的各个方面。充分认识人口老龄化相关的概念及常用的评价指标，熟悉人口老龄化社会的发展现状及趋势，进一步明确人口老龄化对经济社会和个体健康的影响，对于正确认识人口老龄化问题具有非常重要的意义和实际价值。

1.1 中国人口老龄化的发展现状

人类认识老龄化最先从个体开始，直到人类认识能力提高以后才逐渐认识到群体也有老龄化现象（邬沧萍，姜向群，2015）。老龄化分为个体老龄化和群体老龄化（曹荠，2017）。我们这里谈的人口老龄化主要指的是群体老龄化，是人类社会的新事物，直到 20 世纪中期才开始为人们所认识。如果对人口老龄化的概念有一定的误解，就会导致对我国人口老龄化特点的认识不科学（姜向群，丁志宏，2004）。下面，我们首先来认识人口老龄化的相关概念和理论。

1.1.1　人口老龄化的概念

认识人口老龄化首先要从认识老年人开始，在不同时期对老年人的界定是不一样的。最早的是在 20 世纪初期，以生育机能为主要指标，将老年人口年龄起点定为 50 岁；到了 20 世纪中叶，联合国在第一个关于人口老龄化的研究报告中将 65 岁作为老年人口年龄起点；而在 1982 年联合国老龄问题世界大会上又将 60 岁作为老年人口年龄起点。目前国际上一般将 65 岁及以上的人确定为老年人。中国与其他国家的通常做法不同，一般将 60 岁及以上的人称为老年人。

老龄化是人在生理、心理和社会结构方面逐渐变化的过程。老龄化是一种现象，更是一个既涉及个人又涉及社会的发展过程（曹荞，2017）。联合国国际人口学会编著的《人口学词典》给人口老龄化下的定义为：当一个国家或地区 60 岁及以上老年人口占总人口的比重超过 10%，或 65 岁及以上老年人口占总人口的比重大于 7%，则称该国家或地区为老龄化社会；若 65 岁及以上老年人人口超过 14%，则称为老龄社会。

诸多学者在世界卫生组织和联合国提出人口老龄化概念的基础上展开了研究，进而对人口老龄化有了更加深入的认识。邬沧萍等人（2015）将人口老龄化定义为老年人在总人口中的比例（也称老年比或老年系数）提高的过程或人口平均年龄（通常用年龄中位数来表示）提高的过程。可见，人口老龄化是一个动态的概念，主要体现为三个方面的特征。其一，群体性。人口老龄化指的是整个人口群体的老化，而非仅指个体的老化。其二，过程性。人口老龄化反映的是一定时期内人口老化的动态变化过程。其三，整体性。人口老龄化的发展不仅仅是指老年人口比例上升的现象，还包括少儿等其他人口比例变化的现象。

1.1.2 人口老龄化常用评价指标及影响因素

人口老龄化的研究属于人口研究中的一部分，要从人口结构研究开始(王志刚，张汝飞，王君，2015)。充分认识中国人口老龄化的现状和特点，可以从一些人口老龄化评价指标中获得更多的信息。

常用评价指标

目前，学术界通常使用程度指标、速度指标和社会经济影响指标等来反映一个国家或地区的人口老龄化状况(江苏省老年学学会，2014)。

第一，程度指标反映的是一个社会的老龄化程度，主要围绕老年人口、少儿人口的相关比例进行界定。它主要通过人口老龄化系数、人口年龄中位数、少儿人口比例和老化指数(老少比)等指标来体现。其中，最为常用的评价指标主要有人口老龄化系数、老化指数等。考虑到计算 60 岁及以上老年人口的比例对于我国来说更具有实际意义，同时为了能够和国际使用的 65 岁及以上老年人口数据进行比较，王志刚等人(2015)将人口老龄化系数定义为总人口中 60 岁以上(含 60 岁)或 65 岁以上(含 65 岁)人口所占的比重。该指标被视为衡量人口老龄化程度最直接、最常用，也最具有代表性的重要指标。老化指数又被称为老少比。顾名思义，老化指数是指既定老年人口与既定少儿人口之比。该指标反映了人口年龄结构上下两端的相对变化趋势，其统计学意义在于辨清老龄化进程是来自老年人口的增减变化还是来自少儿人口的增减变化。

第二，速度指标反映的是社会老龄化的速度，主要通过老年人口增加速度等相关指标来体现，具体包括老龄化率和老年人口比例达到某一个水平所需要的年数等。其中，老龄化率为最常用的指标。老龄化率是指老年人口增长率与总人口增长率之比。该指标反映了老年人口在总人口中的发展速度，该比值大于 1 则说明老年人口的增长比总人口的增长快，老龄化程度逐步加深；反之，老龄化程度将会减轻。

第三，社会经济影响指标则通过抚养比来反映人口老龄化对经济社会的影响，主要分为少儿人口抚养比、老年人口抚养比、总人口抚养比三个指标。其中，总人口抚养比为最常用的指标。总人口抚养比是指非劳动年龄人口（少儿人口、老年人口）与劳动年龄人口之间的比值。该指标反映的是劳动人口人均负担的非劳动年龄人口，其值越大，表明劳动年龄人口人均承担的被抚养人数越多，也就是其抚养负担越重。

以上可知，人口老龄化常用评价指标可以帮助人们对人口老龄化程度有更直接的认识。不难发现，老龄人口的绝对数量与相对比例的不断增加即为人口老龄化不断提高的过程，这取决于整个社会人口出生率和死亡率的变化。

郑伟等人（2014）认为人口老龄化有两个重要的影响因素：一是生活水平、医疗卫生条件提高带来的人口预期寿命的延长；二是政策、生育意愿等因素导致的生育水平的下降。人口死亡率和出生率的下降影响着人口老龄化的发展。邬沧萍等人（2015）认为生产力因素从深层次说明了人口老龄化出现的本质，影响着人口死亡率和人口出生率。其中，人口死亡率为基础性因素，人口出生率为决定性因素。近 10 年来中国人口出生率、人口死亡率和人口自然增长率均有不同程度变化（如图 1-1 所示）。

影响因素

第一，生产力的发展导致死亡率下降，形成了人口老龄化的基础，这是基础性因素。众所周知，近代以前，生产力低下，人们生活在极其低劣的物质条件和医疗条件下，人们的生命相对比较脆弱，死亡率较高。

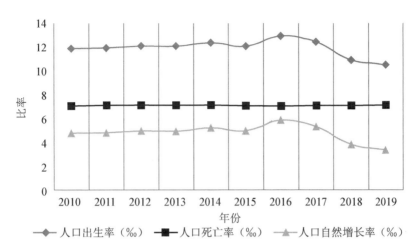

图 1-1　近 10 年中国人口出生率、人口死亡率和人口自然增长率的变化趋势

注：数据来源于《中国统计年鉴—2020》。

我国 20 世纪 40 年代的人口平均寿命只有 35 岁左右，到了 2015 年，人均预期寿命为 76.3 岁，比 2010 年第六次全国人口普查数据中的人均预期寿命（74.8 岁）增加了 1.5 岁（如图 1-2 所示）。随着生产力的提高，人们物质生活条件提高了，人们对粮食和肉类的需求日益得到了满足，人们的营养水平大大提高，穿、用、住等条件逐步得到改善，使得人们的平均寿命普遍提高。生产力的发展，提高了人们抵抗自然灾害的能力，减少了因自然灾害而死亡的人数。科学技术水平的提高，特别是医疗技术水平的提高，有效地控制了传染病肆虐导致的人口死亡率。同时，健康观念的更新、预防保健知识的普及和环境卫生的改善，也使得人们的平均寿命大大延长。

第二，生产力的发展影响出生率，这俨然成为人口老龄化的决定性因素。出生率下降是人口老龄化的一个必要条件，并已成为比较普遍的现象。特别是在第二次世界大战后，随着经济社会的进步和人口转变过程的发展，人口出生率逐步下降。少儿人口的下降使得总人口下降，也使得老年人口比重上升。因此，人口出生率的下

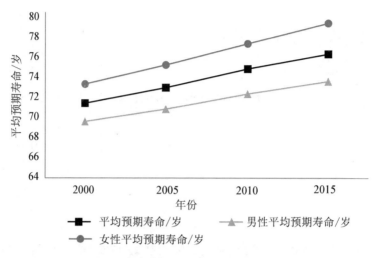

图 1-2　中国人口平均预期寿命的变化趋势

注：数据来源于《中国统计年鉴—2020》。

降推进了人口老龄化的发展。

　　生产力的提高引发了人们生育观念的变化。人们从关注"多子多福""养儿防老""不孝有三，无后为大"等传统观念开始转变为更加关注人的生命价值。人们更加注重人口质量而不是数量。同时，对于健康和教育的观念的转变，人们更倾向于对健康和教育进行投资。这两者在延长平均寿命、提高人口质量和劳动生产率水平的同时，也会提升国民的知识水平和文化素质，使得人们的生育观念发生转变（孔令文，陈珍珍，2015）。家庭结构的变化导致家庭总人口抚养（包括少儿人口抚养比、老年人口抚养比）成本提高。2019 年，总抚养比为 41.6％，老年人口抚养比为 17.8％，少儿人口抚养比为 23.8％，较往年均呈上升趋势（如图 1-3 所示）。随着人力资本投入力度的加大以及养育孩子的成本大幅增加，家庭平均养育孩子的数量减少，人口出生率进一步降低，人口增长速度也趋缓。这提高了老年人口的比重。生育率下降、寿命延长和人口老龄化是不可逆转的必然趋势（陈卫，2016），带给人们的生活成本不容忽视。

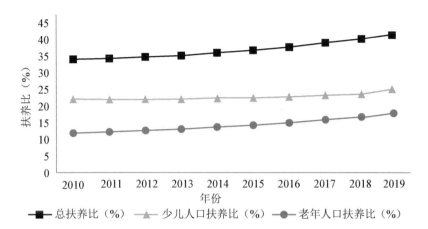

图 1-3　中国人口总抚养比、少儿人口抚养比和老年人口抚养比的变化趋势

注：数据来源于《中国统计年鉴—2020》。

　　其实，造成人口老龄化的因素是多元的、复杂的。还有专家认为，人口惯性、人口迁移也是造成人口老龄化的主要因素。人口惯性对人口老龄化的影响主要体现在：一定周期内的人口老龄化过程既受到当时生育率和死亡率变化的影响，也受到既往生育率和死亡率变化决定的人口年龄结构的影响。原新等人（2009）认为人口惯性的影响可以解释人口老龄化水平提高的 56.06% 的原因。随着经济社会的发展和城市化进程的推进，人口迁移在一定时期内对特定区域的人口老龄化的影响亦不容忽视（陈卫，2016）。

1.1.3　中国人口老龄化的发展阶段及特点

　　人口老龄化俨然成为"百年未有之大变局"，已经成为中国人口发展的新的基本国情。它正在改变经济社会转型跨越发展的基本条件（原新，刘志晓，金牛，2020），并在发展的不同阶段表现出不同特点。

　　截至 2020 年年底，我国 65 岁及以上的老年人口的占比约为 13.5%（国家统计局，2020）。根据国际标准，我国处在人口老龄化社会阶段。学界对我国人口老龄化发展的阶段有不同的观点。杨菊华等人（2020）按照年龄结构将1949年以后的中国社会人口老龄化发展划分为3个阶段：1949—1982年的"V"形转折期（也是人口老龄化的孕育期）、1982—2000年的平稳增长期和2000年后的快速提升期。张桂莲等人（2010）以人口年龄结构（年轻型、成年型、老年型三种人口金字塔类型）为依据，将我国人口老龄化发展划分为四个不同发展阶段。陈卫（2016）认为，我国人口年龄结构从年轻型人口结构迅速转为老年型人口结构，并呈现不断加速的老龄化趋势。他将60年来我国人口年龄结构变化细化为人口老龄化发展的四个阶段，本文主要以此划分方式为依据。

发展的四阶段

第一阶段：年轻化阶段（20世纪50—60年代）。中华人民共和国的成立带来了和平稳定的社会环境，使得经济得到了快速恢复和发展，人民生活水平得到了不断提高，医疗卫生条件也得到了极大改善。死亡率大幅度下降、出生率保持着较高的水平，导致中国人口增长率迅速上升。1949—1969年，我国平均出生率为33.9‰，平均死亡率为13.1‰，人口平均自然增长率为20.8‰，人口年龄结构处在年轻化阶段。1964年的第二次全国人口普查显示，65岁及以上人口的比例为3.6%，与1953年第一次全国人口普查的数据相比有所下降。随着经济形势好转，在20世纪60年代以后，人口出生率和人口增长率都出现了新高峰（如图1-4所示）。出生率的高速增长导致了低年龄段的人口膨胀，使得老年人口的比例并未有明显的提高。

第二阶段：成年化阶段（20世纪70—80年代）。20世纪70年代初，我国开始实行计划生育政策，我国经历了急速的生育率转变过程。1970年我国妇女总和生育率为6‰，1977年下降到3‰以下。此后，生育水平进一步下降，1990年生育率接近更替水平。生育率下降导致了少儿人口减少，同时，20世纪70年代之前高生育率下的

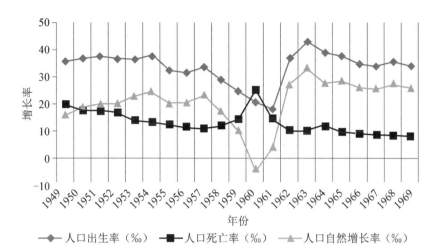

图 1-4　中国 1949—1969 年人口出生率、死亡率和自然增长率的变化趋势

注：数据来源于《中国统计年鉴—2020》。

出生人口进入劳动年龄导致了年龄结构的成年化趋势。将 1990 年第四次全国人口普查结果和 1982 年第三次全国人口普查结果进行比较，我们明显发现，少儿人口比重减少到 27.7％，老年人口比重增加到 5.6％，而 15～64 岁人口比重增加到 66.7％。少儿人口比重的持续下降和劳动年龄人口比重的上升表明，我国人口在逐步成年化。1982 年的人口金字塔呈现出底部收缩的趋势。而中华人民共和国成立以来的两次生育高峰，在 1982 年和 1990 年的人口金字塔中表现为青壮年劳动年龄人口的突起，1990 年人口年龄结构转变为典型的成年型人口结构。

第三阶段：老龄化启动阶段（20 世纪 90 年代）。20 世纪 90 年代以来，我国进入低生育率时期，生育率降到更替水平以下，并且持续走低。我国人口年龄结构延续之前的变化，劳动年龄人口比重继续增加，少儿人口比重继续下降。2000 年第五次全国人口普查时，65 岁及以上老年人口比重达到 7.0％，比 1990 年第四次全国人口普查时增加了约 1.4 个百分点。按照国际标准，2000 年我国人口结构成为老年型人口结构，我国进入了老龄化社会。同时，少儿人口比重下降了近 5 个百分点，劳动年龄人口比重上升了近 4 个百分点。

第四阶段：老龄化提速阶段（2000 年以来）。2000 年以来，我国生育率处于很低的水平，总和生育率维持在 1.6‰左右，远低于更替水平 2.1‰，人口增长趋势不断减弱。2010 年第六次全国人口普查结果显示，我国人口年龄结构继续走向老龄化，0～14 岁少儿人口比重继续下降，2010 年降低为 16.6％，15～64 岁人口比重上升，达到74.5％，年龄中位数继续上升，达到 35 岁左右，65 岁及以上人口达8.9％。较 2000 年第五次人口普查的结果看，人口老龄化程度不断加深，速度不断加快，进入老龄化提速阶段。2010 年人口出生率为11.9‰，并呈持续降低趋势，同时新中国成立初期生育高峰的人口逐步步入老龄，我国人口老龄化正在进入加速推进阶段。

呈现的四个特点

我国人口老龄化整体上呈现未富先老、未备而老和孤独终老等特点（穆光宗，张团，2011），增长速度快且即将超过高收入国家（董克用，王振振，张栋，2020）。也有学者将我国人口老龄化特征概括为来得早、来得快、城乡倒置、地区差异明显、性别差异显著、与家庭小型化伴生等（郑伟，林山君，陈凯，2014）。总之，当前的人口老龄化发展正广泛而深刻地影响着人们的生活。有研究者认为我国人口老龄化呈现规模大、发展快，基础弱、压力大，不均衡、差异大，高龄多、失能多等特点（祁峰，2010；张桂莲，王永莲，2010；胡晓宇，张从青，2018）。

第一，规模大、发展快。我国的老年人口规模大，我国是目前老年人口最多的国家。2000 年第五次全国人口普查时，我国 65 岁及以上人口已经达到 0.88 亿人，达到总人口的 7.0％，这标志着我国正式步入老龄化国家。截至 2019 年年末，全国 65 岁及以上人口1.76 亿，占总人口的 12.6％（国家统计局，2020）。我国老年人口规模增长速度快。据预测，2025 年，我国 65 岁及以上人口将达到

2.09 亿人，超过总人口的 14%，2035 年将超过总人口的 21%，2055 年 65 岁及以上人口规模将到达最高水平 3.84 亿人（翟振武，陈佳鞠，李龙，2017）。根据世界银行统计，我国 1960 年的老龄化率排在世界第 75 位，2016 年跃升到第 62 位。人口老龄化最严重的日本历时 35 年，使人口老龄化率从 5% 增长到 10%，排名第二的意大利至少用了 100 年；而我国只用了 33 年（朱晨昭，2012）。从这个角度来看，我国是世界上老龄化发展速度最快的国家，我国未来人口老龄化的发展将呈现高原趋势（董克用，王振振，张栋，2020）（如图 1-5 所示）。

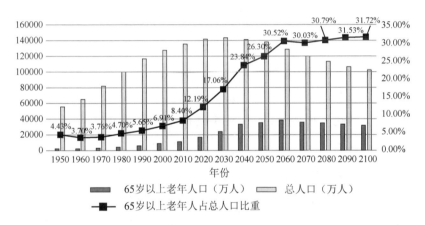

图 1-5　我国 65 岁及以上人口数量和占总人口比重的变化趋势（1950—2100 年）

　　第二，基础弱、压力大。"未富先老"是我国人口老龄化发展的典型特征，这区别于其他老龄化国家。一般而言，发达国家在物质财富充分积累和经济高速发展的基础上才进入人口老龄化社会，即"先富后老"，这些国家有充足的物质资源解决老年人养老问题。不同的是，我国是在生产力不发达的情况下提前进入人口老龄化社会，即"未富先老"。在经济不发达、社会财富不充足、物质基础和经济实力比较薄弱的情况下，要解决众多人口的养老问题就面临着比较大的困难和压力。我国的人口老龄化与社会生产力发展水平相比具有明显的超前性，超前老龄化对未来经济社会发展会产生深远的影响。随着老年人口数量、比重的增大，以及一些老年疾病的出现，政府在医疗健康、保险等方面的支出增多。据国家统计局数据，到2019年，我国总抚养比（包括老年人口抚养比和少儿人口抚养比）已达到41.6%（见图1-3），并呈持续增长的趋势；家庭在养老、教育、医疗等领域的支出日趋增多，家庭负担较重。

第三，不均衡、差异大。人口老龄化区域分布不均衡，地区差异较大。李乐乐（2017）运用老龄化系数的方法进行研究，认为我国老龄化地区差异明显。我国人口老龄化存在着明显的地区差异，东部、中部、西部的老龄化发展具有不均衡的特点，地区差异变化反复波动，并不稳定。在老龄化的地区差异中，经济发展水平较空间位置的影响更甚（孙蕾，常天骄，郭全毓，2014）。从人口老龄化的总体趋势来看，东部地区的人口老龄化差异在降低，呈现收敛的发展趋势；中部、西部地区的人口老龄化差异在增加，呈现扩大的发展趋势。祁峰（2010）认为，从人口区域分布来看，我国城市大概可分为四个层次：第一层次，高度老龄化，如上海等；第二层次，中高度老龄化，如浙江、北京、天津等；第三层次，中度老龄化，如山东、辽宁、湖北等；第四层次，由成年型向老年型过渡的老龄化初始阶段，如内蒙古、甘肃、黑龙江等。这种差异是动态变化的，随着经济发展在发生变化。从城乡分布来看，中国城市化进程加快，农村青壮年劳动力大量转移，农村劳动力流动到城镇，使得农村人口老龄化的速度和程度都高于城市，农村同样面临着严重的人口老龄化问题。

第四，高龄多、失能多。老龄化人口发展中的高龄化速度加快。人们通常认为，80岁及以上的为高龄老年人，70～79岁的为中龄老年人，60～69岁的为低龄老年人。根据发达国家人口转变的社会实践及我国现阶段人口年龄的现状，我们认为我国将出现人口高龄化

问题。徐宏等人(2015)预测，我国高龄化进程在 2025 年以前相对较
缓慢，预计到 2025 年，全国 80 岁及以上的高龄老年人口将达 3688
万，比重将达到 2.56%。伴随着不断提高的生活水平和医疗水平，
人口预期寿命不断延长，高龄老年人口的死亡率持续下降。2025—
2050 年，高龄老年人口规模会呈现快速增长的趋势，80 岁及以上高
龄老年人口在 2050 年将超过 1.4 亿，所占比重将为 10.30%。高龄
老年人口的大量出现，意味着带病生存和卧床不起的人数大幅增加。
以中国老龄科学研究中心 2011 年发布的《全国城乡失能老年人状况
研究》中部分失能及完全失能率(占总体老年人口的 19.0%)的水平为
依据，按 2018 年年底老年人口总数 2.49 亿计算，我国失能老年人
的数量约为 3621 万。这一结果与徐宏等人(2015)的预测基本一致。
此外，我国 80 岁及以上老年人口的失能率呈现加速增长的趋势(景
跃军，李涵，李元，2017)。

1.2 中国人口老龄化的发展趋势及社会治理

为了积极应对人口老龄化，按照党的十九大决策部署，中共中
央、国务院印发了《国家积极应对人口老龄化中长期规划》(以下简称
《规划》)，这是我国积极应对人口老龄化的战略性、综合性、指导性
文件。《规划》指出，人口老龄化是社会发展的重要趋势，是人类文
明进步的体现，也是今后较长一段时期内我国的基本国情，并将积
极应对老龄化上升为国家战略，其对我国经济社会发展产生巨大的
影响。

1.2.1 人口老龄化的发展趋势

陈卫(2016)认为中国正在进入高速老龄化时期，未来的老龄化
社会呈现不断加速、高龄化趋势明显和由加速老龄化向重度老龄化

转变等趋势。结合《规划》的主要内容、学者的研究和相关新闻报道，中国人口老龄化发展会经历以下四个阶段（见《健康老龄化蓝皮书：中国大中城市健康老龄化指数报告（2019～2020）》）。

第一，老龄化快速发展阶段。此阶段主要处在 2000—2022 年。在此期间，60 岁及以上的老年人口将从 1.31 亿增至 2.68 亿，人口老龄化水平将从 10.3% 升至 18.5%。2009—2018 年，我国老年人口进入第一次增长高峰，年均净增 840 万人，年均增长率达 4.07%。《"十三五"国家老龄事业发展和养老体系建设规划》提出，到 2020 年，全国 60 岁及以上老年人口将增长到 2.55 亿左右，占总人口比重提升到 17.8% 左右。

第二，老龄化急速发展阶段。此阶段主要处在 2022—2036 年。在这期间，60 岁及以上的老年人口数量将从 2.68 亿增至 4.23 亿，人口老龄化水平将从 18.5% 升至 29.1%。根据联合国经济和社会事务部人口司的预测数据分析，中国总人口将在 2030 年前后达到最高峰，随后总人口数量将开始逐步下降，但是总量还比以往高（董克用，王振振，张栋，2020）。我国总人口规模将达到峰值并转入负增长，老年人口将进入增速最快时期并将迎来第二个增长高峰，年均净增 1106 万人，年均增长率为 3.26%，老年抚养比将快速提升。

第三，老龄化深度发展阶段。此阶段主要处在 2036—2053 年。在这期间，60 岁及以上的老年人口数量将从 4.23 亿增至 4.87 亿（峰值），人口老龄化水平将从 29.1% 升至 34.8%。在 2046—2050 年，老年人口将迎来第三次增长高峰，年均净增 666 万，年均增长率为 1.42%。此阶段总人口持续负增长，高龄化趋势显著，社会总抚养比达到最大值。据预测，到 2040 年前后，我国 65 岁及以上老年人口占总人口的比重将超过 20%，到 2050 年，这一比重将继续提升到 26%，之后老年人口数量占比在相当长一个时期内依然会保持相对的高位(30%左右)。总体来看，我国未来人口老龄化发展趋势呈现出的是人口老龄化的高原，而非高峰(董克用，王振振，张栋，2020)。

第四，老龄化均衡发展阶段。此阶段主要处在 2053—2100 年。在这期间，少儿人口、劳动年龄人口和老年人口规模均呈现减少趋势，各自比例相对稳定，老龄化高位运行。60 岁及以上的老年人口将从 4.87 亿减少到 3.83 亿，并在 2060 年前后达到最高峰。此后老年人口数量将开始下降，但是这并不意味着人口老龄化程度下降(董克用，王振振，张栋，2020)。从整体来说，人口老龄化水平将始终稳定在 33.33%左右，社会总抚养比将稳定在 90%以上，进入一个稳定的重度人口老龄化平台期。

可见，我国人口老龄化形势仍然非常严峻，并会对我国当前以及今后很长一段时间内经济和社会的发展产生深远影响。

1.2.2　人口老龄化的社会治理

人口老龄化是一种长期发展趋势，已经成为中国乃至全球的常态。我国有关人口老龄化的社会治理的研究和实践还处在初始阶段。深入理解人口老龄化社会治理的内涵，完善基于人口老龄化认知的社会治理体系显得尤为重要。

人口老龄化社会治理的现状

(1)人口老龄化社会治理的概念日益清晰。在我国，虽然关于人口老龄化社会治理的研究较少，但实践一直在进行。研究者认为，从某种意义上来说，"积极应对人口老龄化"中的"应对"即治理(杜鹏，王永梅，2018)。杜鹏等人(2018)进一步提出人口老龄化社会治理的概念：国家针对人口不断老龄化的客观事实，通过理念引导、颁布制度、出台政策、组织协调与监督控制等方式处理涉老事务的过程，其目的是不断增进包含老年人在内的全体公民的福祉并服务于国家现代化建设。从微观层面上看，人口老龄化的社会治理就是通过延长老年人健康生活（或者至少是生活自理）时间等方法干预人口老龄化进程，来减少人口老龄化对社会的影响（杨善华，2019）。在中国传统养老文化的影响下，责任伦理主导下的积极养老的社会治理理念可以实现。

不管是宏观层面，还是微观层面，人们都希望通过人口老龄化的社会治理，提升老年人的生活幸福感、获得感和安全感。其实，人口老龄化社会治理是一种国家治理、综合性治理、约束条件下的治理，并且具有领域特殊性等特征（杜鹏，王永梅，2018），它需要全社会的持续、全面关注。

（2）人口老龄化社会治理体系的构建日趋完善。杜鹏等人（2018）总结了改革开放以来人口老龄化社会治理的成就和挑战。他们认为《中华人民共和国老年人权益保障法》的修订和完善、全国老龄工作委员会的成立、千余项政策的出台、治理的信息化建设和多元主体协同共治的养老服务体系新格局的构建等，成功实现了人口老龄化与经济高速发展、老年人福利水平不断提高的同向促进与协调发展。同时，他们也提出了诸多不适应之处，如治理理念的先进性不足、制度的适应性存在风险、治理体系和治理能力的现代化水平不高、治理成本居高不下等。在此基础上，他们构建了以老龄化认知、治理能力、治理成本和治理体系为核心的中国老龄化社会治理的基本框架（如图1-6所示）。

在此框架中，杜鹏等人明确提出将对人口老龄化、老年人及老龄化社会的认知贯穿于老龄化治理的始终，而且老龄化认知的先进性水平也是老龄化治理现代化的重要指标，更是防止老龄化治理异化的重要前提。可见，对人口老龄化、老年人的科学认知对于社会治理有重要意义和价值。

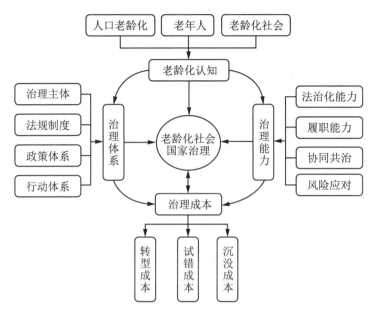

图 1-6 中国老龄化社会治理的基本框架

基于老龄化认知的社会治理

（1）对老龄化认知的改变。老龄化社会的治理应首先聚焦于改变人们的传统观念（胡湛，宋靓珺，郭德君，2019）。加强对老龄化的认知就是加强对人口老龄化、老年人和老龄化社会的认知。党的十九大报告指出要"积极应对人口老龄化，构建养老、孝老、敬老政策体系和社会环境，推进医养结合，加快老龄事业和产业发展"。整个社会对于人口老龄化、老年人和老龄化社会的认知也是需要治理的。因此，我们需要全面加强社会对老龄化的科学认知，加强人口老龄化的国情教育，将学界对于人口老龄化、老年人和老龄化社会的科学认知传递给社会大众，树立新时代的生命伦理与文化，在凝聚共识的基础上推动建立积极应对老龄化的理性社会氛围。我们需要引导整个社会积极参与应对老龄化，重新认识老年人，消解对于老龄化的负面解读和无谓的焦虑乃至恐慌，建立新型的养老观与敬老观。

此外，我们还应加强中华优秀传统文化(尤其是家庭文化)在应对老龄社会中的作用机制研究。杨善华(2019)认为中国社会存在一种特有的以"责任伦理"为核心的养老文化。这种文化强调老年人要依靠自己的力量来解决生存必需的经济来源和日常生活照料这两件大事，同时也强调老年人在与子女相处时责己严、待人宽的态度。这就使老年人不再将自己给子女的负担当作他们义不容辞的责任，从而接受积极养老的理念，使延长自己健康生活的时间成为可能。

(2)社会治理对象的改变。社会治理的基本对象是社会需求(张昱，曾浩，2016)。随着老年人口的日渐增多，社会治理对象构成格局随之发生明显变化(董彭滔，2018)。也就是说，老年群体从次要群体上升为主要群体，这相应要求社会治理方式方法和体制机制也要做出调整与改革。我们应改变以往成年型社会的社会治理惯性，根据老年群体的身体状况、心理需求、行为方式、利益诉求等要素对老龄化社会的社会治理原则、方针、机制、内容、方式、手段等进行适应性调整和引导性变革，从而适应老年人健康老龄化、积极老龄化的实际需要，促进社会和谐发展。

(3)健康概念的转变。世界卫生组织正在不断修正健康的概念，从成功老龄化到健康老龄化，再到积极老龄化理念的提出，表明人们对老年人健康概念的定位逐步完善和全面。世界对人们的寿命和健康状况的认识已产生巨大变迁，目前已将其重新定位为健康不仅在于疾病或虚弱的消除，还代表着一种身体、精神与社会环境相互适应的完满状态。然而在现实情境中，人们却依然较多关注老年人的疾病、虚弱和失能，这显然与更新后的主流评价趋向及框架相脱节，新的"大健康"概念正趋于立体化，涉及不同维度与不同层系，不仅包含身心互适与社会经济参与，还需要老年友好型环境的全面支持(胡湛，宋靓珺，郭德君，2019)。

众所周知，心理健康作为人的整体健康的重要组成部分，在人

的整体健康中起到中枢性的关键作用(郝树臣，2014)。人口老龄化
向深度发展对老年人心理健康状况产生了不同程度的影响，需要进
一步深入探索不同处境下老年人的心理特点、需求，有针对性地提
出关爱措施。

1.3 人口老龄化视角下老年人的心理健康

人口老龄化是当今世界人口发展的重要趋势，正广泛而深刻地
影响着人们的生活。随着人口老龄化形势的变化，老年人面临着生
理退化(包括日常生活活动能力的下降)、社会脱节和心理不适等诸
多挑战。老龄化及其引发的心理支持问题，是目前突出的社会问题
之一(傅宏，陈庆荣，2015)。如何构建健康、可持续的养老体系以
满足老年人多元化的养老需求至关重要(董克用，王振振，张栋，
2020)。《健康中国行动(2019—2030)》聚焦全生命周期的健康现状、
问题和影响因素，正确认识和应对常见精神障碍及心理行为问题，
提出明确的行动目标，对于提高老年人健康水平、改善老年人生活
质量、实现健康老龄化而言，具有重要推动意义(原新，刘志晓，金
牛，2020)。

1.3.1 人口老龄化视角下的老年人心理健康状况

2019 年 6 月国家卫生健康委在例行新闻发布会上明确指出，我
国老年人心理健康状况不容乐观。老年人在经济功能、生理功能和
心理功能上逐渐衰减，是人口老龄化给社会造成强大压力的主要原
因(陈勃，2002)。江苏省老年人心理健康状况及其影响因素调查研究
课题组以江苏省 13 个省辖市为基本调查单位，以年龄在 60～69 岁、
70～79 岁、80 岁及以上年龄段的、具有正常认知能力的老年人为调查
对象，基于大样本科学抽样，通过两次以"症状自评量表"(SCL-90)为

主的纵向问卷调查(2012年和2014年)，率先比较系统和全面地揭示了江苏省老年人心理健康的基本数据(陈庆荣，傅宏，2017；傅宏，陈庆荣，王港，2017)。

总体心理健康状况

2012年和2014年的调查数据显示，江苏省老年人心理健康的总体状况基本一致。2014年被调查老年人的躯体化、强迫、人际关系、抑郁和焦虑等因子得分显著高于全国平均水平[ts>3.31，ps<0.01(2012)；ts>3.69，ps<0.001(2014)]。不良症状排在前三位的依次是躯体化、强迫、抑郁；存在不良心理症状的老年人的比例呈上升趋势，从2012年的11.34%增至2014年的14.09%。

心理健康状况的具体表现

江苏省老年人年龄越低，躯体化症状越不明显，却伴随着明显的不良心理特征。2012年的调查结果显示，60~69岁的老年人在人际敏感、抑郁、焦虑、敌意因子上的得分要显著高于70岁及以上的老年人。70~79岁的老年人在人际敏感、抑郁因子上的得分要显著高于80岁及以上的老年人。2014年的调查结果显示，80岁及以上的高龄老年人在人际敏感、抑郁、焦虑因子上的得分要显著低于79岁及以下的老年人。

综合两次调查数据看，月收入在1000元及以下的老年人在躯体化、强迫、焦虑因子上的得分显著高于月收入在1000元及以上的老年人；月收入在3000元及以上的老年人在躯体化和焦虑因子上的得分边缘显著低于1001~2000元月收入的老年人。

江苏区域经济和心理健康状况呈逆行关系。两次调查数据一致显示，苏南地区的老年人在强迫、人际敏感、抑郁、焦虑、敌意因子上的得分显著高于苏中地区和苏北地区，在妄想因子上的得分显著高于苏北地区。

养老方式明显影响江苏省老年人的心理健康状况。两次调查数据一致显示，独居老年人在躯体化、强迫、人际敏感、抑郁、焦虑、恐怖因子上的得分显著高于和配偶居住、和子女居住、在福利院居住的老年人。值得注意的是，在福利院居住的老年人在躯体化因子上的得分显著高于和配偶居住的老年人。

女性、丧偶、无子女或仅有独生子女、低文化程度和多以体力劳动为职业的江苏省老年人的心理健康状况较差。综合两次的一致性数据表明，女性在强迫、抑郁、焦虑因子上的得分显著高于男性；丧偶老年人在躯体化、强迫、人际敏感、抑郁、焦虑、恐怖因子上的得分显著高于有配偶或者有人同住的老年人；无子女老年人在所有因子上均显著高于有子女的老年人；有1个子女的老年人在人际敏感、抑郁、焦虑、恐怖因子上的得分显著高于有2个和3个及以上子女的老年人；高中/职高/中专及以下学历的老年人在躯体化、强迫、人际敏感、抑郁因子上的得分显著高于大专和本科文化程度的老年人；从事体力劳动的老年人在躯体化、人际敏感、焦虑因子上的得分显著高于从事脑力劳动的老年人。

傅宏等人（2015，2017）的研究结果也得到了一些研究者的证实。随着人口老龄化的不断加剧，老年人的心理问题，如孤独、焦虑、抑郁等频发（伏干，2018；朱亮，张倩，景丽伟，等，2018）。研究发现，不同的居住方式和生活状态对不同年龄阶段老年人的心理健康水平具有显著性的影响。其中，抑郁作为老年人群体中最常见的精神症状之一，严重影响了老年人晚年的生活质量，也增加了家庭的照护压力（周玮，洪紫静，胡蓉蓉，等，2020）。老年人对精神生活存在着较高的需求（杨春，2011），这与经济社会的快速发展、老年人的需求、和谐社会的构建和健康老龄化的推进还不相适应，还需要老年人个体的积极应对和社会的积极支持。

1.3.2　老年人的积极应对

良好的心理健康状态是保持老年人健康长寿的秘诀。越来越多

的老年人正在转变老年观，他们完全可以实现积极老龄化（蒋京川，
2014）。老龄化并非社会老化，健康长寿意味着社会稳定发展（魏瑾
瑞，张睿凌，2019）。目前，老年人如何积极应对老龄化社会所带来
的问题的研究与实践日益增多。

　　积极、乐观的老年人易于适应老年生活。武怡堃等人（2012）以
城市老年人为研究对象，发现具有积极、乐观精神并有选择能力的
老年人，在老化过程中能较快地适应人生不同阶段与环境的变化，
适时做出调整，逐渐找到顺应的途径，并致力于维持自己的健康和
尊严，在生活中不断学习，寻找生活的意义，其生活满意度及幸福
指数较高，从而能够成功地度过老龄化的各个阶段。积极、乐观的
老年人倾向于参加社会活动，通过社会参与提高生活质量。诸多研
究表明，积极参与休闲活动可以明显改善主观生活质量（王佳，
2010），经常性的社会参与可以维持主观幸福感和生活满意度（张镇，
张建新，孙建国，等，2012），社交类活动可以提高高龄老年人的心
理健康水平和社会完好性（丁志宏，2018）。

　　尊老、爱老、敬老的社会环境有利于老年人适应老年生活。构
建良好的社会支持系统，可以有效降低老年人的抑郁情绪的出现率
（陈丽，张婧，2017）。家庭成员对老年人的支持可以有效降低老年
人的抑郁程度，尤其是情感性支持可以有效减少老年人孤独、抑郁
等不良心理症状（周玮，洪紫静，胡蓉蓉，等，2020）。新的代际关
系对子女数量不同的老年人的社会支持产生重要影响，并传导至心
理层面，直接影响老年人的主观幸福感和心理健康程度（傅宏，陈庆
荣，王港，2017）。社会给老年人提供更多的老有所学、老有所养的
资源，可以有效提升老年人的心理健康水平。老有所学可以提升老
年人的精神生活水平，使老年人获得调节心理情绪的技能。特别是
针对老年人进行的心理健康知识的普及，使其能及时调节自己的心
理状态，保持一个健康幸福的老年生活状态（叶晓梅，梁文艳，

2017）。社会给老年人提供社区居家养老服务等可以有效缓解老年人心理健康问题。提供的精神慰藉服务对老年人的影响最大（周红云，陈晓华，董叶，2018）。

　　老年人的心理健康状况并不是每况愈下的。黄国桂等人（2020）利用中国健康与养老追踪调查（China Health and Retirement Longitudinal Study，CHARLS）研究了 2011—2015 年的数据，选用老年期最为常见的心理健康指标——抑郁，从心理健康维度测算了我国老年人的健康预期寿命。他们发现，老年期的心理健康水平并不一定呈现不断恶化的趋势，无抑郁预期寿命占余寿比例稳定在 70% 以上。虽然躯体健康状况的下降是不可逆的，但是心理维度的健康水平却可能得到保持；老龄化社会可能会遭遇躯体健康问题的挑战，但并不一定是一个暮气沉沉、令人压抑的社会。

　　目前我国老年人的心理健康干预工作仍有很大空间，表现在对老年人心理健康问题的识别存在不足、心理健康的状况尚未被摸清。这使老年人心理健康问题成为实现健康老龄化目标的重要威胁（杨红燕，陈鑫，宛林，等，2020）。本书着重从生理、心理及社会层面来全面认识老年人，从心理层面上积极关爱处在一般（低中高龄、城市或农村和不同居住方式等）或特殊（空巢、失能和独居等）不同处境的老年人，积极应对人口老龄化，构建符合国情的具有中国特色的老年心理健康服务体系，显著提高老年人的获得感、幸福感和安全感，促进积极老龄化社会的实现。

认识老年人：老年人的
生理特征

本部分主要从生理层面入手来认知老年人。要讨论这个问题，首先要厘清老年期相关的一些问题，包括老年期的含义、老年人的生理特点、典型生理疾病等。在现代社会中，老年人是普遍存在的，要认知老年人的生理特点，就要明确地界定老年人。在现代社会，不同人对老年期的界定必然有所不同。人的老化首先就是从生理方面开始的，及时了解老年人的生理特点、典型生理疾病，了解老化背后的生理机制和相关的心理理论，对于更好地认知老年人有极大的帮助。

2.1 老年人的生理特点

2.1.1 老年期的含义

何谓老年期，有人会说心理上不想了，生理上不行了，就是老年了，还有人会说什么时候坐公交车免费了就是老年了。虽然对老年期的回答因人而异，但是我们可以看出老年期的界定是以年龄为标准的，同时从生理年龄和心理年龄等多个层面来理解老年期的含义也是至关重要的。至今为止，许多心理学家都从不同角度，对人的生理、心理进行了分期。老年期作为人生命历程中的一个阶段，在日常生活中，一般是以年龄来区分老年阶段或老年群体的。但年龄是多维的，年龄的多维性决定界定的多维性。具体而言，度量人的年龄的方法主要包括日历年龄(实足年龄)、生理年龄、心理年龄和社会年龄(顾大男，2000)。

20 世纪 60 年代，生命周期理论开始在学术界流行，不是在生物学、人类学、社会学、心理学领域，而首先是经济学领域。产品生命周期理论流行后，随即开始流行家庭生命周期理论、企业(组织)生命周期理论、团队生命周期理论、领导生命周期理论和行业生命周期理论等(张海钟，2014)。

生命周期理论

社会学的家庭生命周期理论。以社会学的家庭生命周期理论为例，美国学者杜瓦尔(Duvall)在 1977 年以孩子为主线，针对一个美国中产阶级家庭完整的生命周期提出了八阶段论。这八个阶段为：(1)新婚未生育期(2 年)；(2)从老大出生至老大两岁半(2.5 年)；(3)家中有学龄前的孩子，从老大两岁半至六岁，即"混乱期"(3.5 年)；(4)家中有学龄中的孩子，从老大六岁至十三岁(7 年)；(5)家中有青少年阶段的孩子，从老大十三岁至二十岁(7 年)；(6)孩子陆续离开家庭，俗称"发射中心期"(8 年)；(7)由家庭空巢期至退休，即"中年危机期"(15 年左右)；(8)由退休至夫妇两人都死亡(10~15 年)。这一有关家庭生命周期的划分方式适用于独立生活的核心家庭。彭怀真在《婚姻与家庭》中还提到家庭生命周期也可以和个人生命周期相结合考察，因为每个人生命发展的不同阶段各有不同的任务。成年人的生涯分期又被划分为探索期、建立期、维持期、衰退期、死亡期等，每期之间又各有过渡转型期。家庭生命周期也可以根据妇女与儿童遇到的主要问题来划分阶段，彭怀真将其划分成七个阶段：(1)新婚家庭，相关的妇女与儿童问题是婚姻调适、性骚扰、就业妇女单身条款的职业压力；(2)有幼年子女的家庭，相关问题是儿童照顾疏忽、妇女受虐、就业妇女托儿压力；（3）有学龄子女的家庭，相关问题是儿童虐待、妇女就业、子女反抗；（4）有青春期子女的家庭，相关问题是性虐待、妇女二度就业；（5）有年轻成年子女的家庭，相关问题是性别歧视、妇女健康；（6）子女成长独立后的家庭，相关问题是贫穷女性化、妇女更年期；（7）老年人家庭，相关问题是贫穷女性化、寡居心理调适。王思斌把我国的家庭生命周期大致划分为五个阶段：（1）新婚期（2年左右），从结婚到生育第一个孩子；（2）育儿期（5～6年），从生第一个孩子到最后一个孩子上小学；（3）教育期（15年左右），从孩子上小学到孩子独立；（4）向老期（20年左右），子女相继离家；（5）孤老期（10～15年），夫妻中只剩一人直至该家庭生命终结（杨善华，2006）。

　　心理学的心理社会发展理论。心理学家提出的发展心理学理论中，贯穿人的一生的是埃里克森提出的心理社会发展理论（psychosocial development theory），在心理社会发展理论中人格发展被分为八个阶段：（1）婴儿期（0～1.5岁），信任对不信任的冲突；（2）儿童期（1.5～3岁），自主对害羞、怀疑的冲突；（3）学龄初期（3～6岁），主动对内疚的冲突；（4）学龄期（6～12岁），勤勉对自卑的冲突；（5）青春期（12～19岁），同一性对角色混淆的冲突；（6）成年早期（19～25岁），亲密对孤立的冲突；（7）成年期（25～50岁），亲代性对停滞的冲突；（8）成熟期（50岁以上），自我统合与绝望的冲突（彭聘龄，2012）。老年期处于最后一个阶段，当老年人回顾过去，可能怀着充实的感情与世告别，也可能怀着绝望走向死亡。完善感是一种接受自我衰老的事实、承认现实的感受、超脱的智慧之感。在生活中，我们经常听到老年人回顾自己的一辈子时，会用"开枝散叶，儿女孝顺，生活充实，不白活一回"等描述。如果一个人的自我调整大于绝望，他将获得智慧的品质，埃里克森把它定义为：以超然的态度对待生活和死亡。老年人对死亡的态度直接影响下一代在儿童时期信任感的形成。因此，第八阶段和第一阶段首尾相连，构成一个循环或生命的周期。

生命的周期理论还有许多，以上述列举的为代表，不管是以家庭和孩子等作为划分依据，还是以人格发展来划分阶段，我们都可以看出，老年期都是其中最后的阶段。因此，从生命周期来看，老年期就是生命周期的最后阶段。年龄是标记人的生命周期的时间尺度。

老年期年龄的界定

老年期的年龄又该如何界定？在中国，"年过花甲"的人即被称为老年人。老年期是一个相当长的时期，不同时代有着不同的阶段划分。《礼记·曲礼》曾将老年期分为五个阶段：五十曰艾，六十曰耆，七十曰老，八十、九十曰耄，百岁曰期颐。《说文》上则从70岁算起，将老年期分为四个阶段：七十曰老，八十曰耋，九十曰耄，百年曰期颐。实际上，年龄并不是这么单一的维度，而是可以划分为四种：日历年龄（实足年龄）、生理年龄、心理年龄、社会年龄。老年期年龄的界定除了由个人对自己是不是老年人进行界定（主体界定）外，还有社会界定。

日历年龄指个体从出生到现在按年月计算的年龄，人的生命年龄随岁月推移而增长，一年增一岁。每个人的日历年龄增长的速度虽然相同，但由于每个人所处的客观环境千差万别，以及受个人的体质等其他因素的影响，因此日历年龄并不能完全代表一个人的生理功能、心理状况以及社会活动能力等方面的内容。生理年龄是指人达到某一日历年龄时，生理及其功能反映出来的水平，即与一定日历年龄相对应的生理及其功能的表现程度。简单地说，就是反映个人身体状况的年龄。生理年龄反映了人的健康状况和衰老程度，而并不仅仅是一个人所活的日历年数。心理年龄是从行为尺度推导出来的适应环境变化的能力达到的阶段（吴忠观，1997）。对个体的年龄进行界定时除了要考虑日历年龄外，还要考虑生理年龄、心理年龄。社会年龄指根据一个人在与其他人交往中的角色作用来确定的个体年龄，它反映的是个体的社会行为的成熟程度。社会年龄和前面三种年龄并不一定一致。人们常说某人"老成持重"，即一个人的社会行为稳重，而所谓"老来少"则指老年人的行为返老还童。

关于老年期的界定可分为主体界定和社会界定。主体界定是指个人对自己是不是老年人进行界定，它可分为三个阶段：老的觉醒，即"我老了吗"；老的体验，即"我怎么就老了"；老的承诺，即"我老了"。但在现实生活中，人们并不由他们自己确定是不是老年，而是由他人确定。一个日历年龄70岁的人可声称自己50岁，而且他感到自己与50岁时的状态一样；但社会把他作为70岁的人对待，这就是对个体的社会界定(顾大男，2000)。

目前西方一些国家一般将老年期的起点年龄定为65岁，我国则习惯将其定为60岁。1964年，第一届中国老年学与老年医学会议明确规定60岁及以上为老年期。1980年，亚太地区第一届老年学学术会议也规定，60岁及以上的为老年人。

对群体的社会界定以日历年龄为标准，主要是因为日历年龄简单、准确、明了，被普遍用于资料收集且易于统计汇总，这种优越性是其他度量年龄的方法所不具有的，这种界定主要出于对社会经济发展、人口发展和预期寿命等方面的考虑。四种年龄的发展并不是齐头并进的，在人类无法改变的日历年龄的基础上，人们的生理功能、心理状况以及社会行为能力都不尽相同。由此可见，对于老年期的界定在不同的年龄背景下应该区别对待。我们要用发展的眼光去看待老年期的界定。社会界定60岁及以上为老年人，是由于在这一特殊的年龄阶段中，老年人在生理和心理等方面出现了较大的变化。但是随着社会的进步和发展，这种界定并不是一成不变的。

2.1.2 老年期的生理特点

老年期的典型特征就是"老"，即老化、衰老。人的老化首先就是从生理方面开始的，这种生理特征的变化不仅体现在上述的老年人的外观形态上，还反映在人体内部的细胞、组织和器官，以及身体各功能系统的变化上。人体在进入 60 岁后，新陈代谢会逐渐减慢，免疫机能开始下降，内脏器官功能慢慢减弱。具体地说，衰老的共同生理特性主要有以下几方面：组织更新修复能力下降，如组织细胞数量减少或抗氧化机能减退；脏器生理功能减弱，如分解脂肪能力下降；机体代谢机能减弱，免疫力下降，应急能力减退等。但这一衰老过程可以受到外界因素的影响而延缓或加速。注重老年人的身心健康，可以有效延缓老化速度，预防慢性疾病突发。步入老年前期(60～65 岁)的老年人由于生活方式、社会角色和生活环境的变化，很容易出现抑郁、焦虑等负面情绪，从而产生偏离常态的心理活动。因此，我们要提前做好预防工作，格外留意老年人的生理和心理变化(黄怡，2015)。老年人也应当及时认识和了解自身的生理特点。

老化的生理特征

身体形态上的变化包括细胞变化、组织和器官变化，以及整体外观变化。其中，细胞的变化是人体衰老的基础，主要表现为细胞数的逐步减少。同时，由于内脏器官和组织的细胞数减少，脏器将发生萎缩，重量也将减轻。在整体外观上，老年人在头发、皮肤、身高、体重上都会有明显的变化。举例来说，肌肉松弛、牙齿松动脱落、语言缓慢、耳聋眼花、手指哆嗦、运动障碍等是我们常见的老年人的特征。上述这些变化的个体差异很大，与一个人的健康状况、生活方式、营养条件、精神状态和意外事件等因素都有密切关系。

除了身体形态上的变化之外，还有生理功能的减退。人到老年，身体各器官组织自然老化，器官功能逐渐衰退，新陈代谢过程变慢，身体活动能力下降，身体机能会逐渐退化，视觉、听觉、味觉、嗅觉等也都会随之减弱，从而使老年人好静不好动，活动相对减少，这就进一步促进了老化的发展。在老化过程中，生理功能的降低也同样存在个体差异，衰退情况各不相同，而且同一个体的各个器官功能的衰退情况也不尽相同。但总的说来，机体的生理功能随年龄增长而发生的变化是有规律的，各个组织和器官将会出现一系列慢性退行性的衰老变化，并呈现出各自的特点。

感觉器官系统退化。（1）视觉的退化：人类的眼睛主要是由眼角膜、瞳孔、晶状体、玻璃体和视网膜等结构组成，老年人的这些"眼睛的零部件"都会有一定程度的退化，从而导致老年人出现视觉减弱、色觉不准确、颜色辨认困难、老花眼等现象。（2）听觉的退化：耳朵是人类进行沟通交流所必需的，甚至可以让人类在一定程度上产生安全感。老年人的耳朵是感知能力中退化最为明显的身体器官，老年人常出现重听、耳背等病症。（3）嗅觉、味觉和触觉的退化：嗅觉、味觉和触觉在人类的生活中也起着重要的作用，尤其是嗅觉不灵敏、味觉迟钝、触觉退化会导致老年人的异味辨识度、食物安全性、皮肤敏感性下降，这些都会带来一定的安全隐患。

神经系统功能退化。记忆能力、反应能力、思维能力等均属于人类的神经系统功能，随着年龄的增长，老年人的这些能力不可避免地都会减弱。

肌肉及骨骼系统的变化。老年人的肌肉和骨骼较年轻人会明显退化，肌肉萎缩、骨骼变脆、再生能力下降，这些都会导致老年人的神经传导变慢，也使得老年人的行走幅度变小，否则就容易摔倒（彭健，2016）。

其他一些生理功能的减退。老年人的内分泌系统、消化系统、呼吸系统、心血管系统等都会出现明显的衰退趋势。这会导致老年人的贮备能力减少、适应能力减弱、抵抗力下降、自理能力降低。

老化过程

目前关于老化的原因解释理论一共有以下几种。

第一，疏离学说。疏离学说认为，老年人与社会的脱离是造成个体老化的主要原因。随着年龄的增长，老年人的社会活动变少，他们的人际交流逐渐减少，与周围环境的联系逐渐减弱。这种个体与外部环境关系的变化，是由内部的变化造成的。

第二，遗传学说。遗传学说认为，精神机能的老化、行为的变化及随年龄增长而出现的老化都是由遗传决定的。衰老是按遗传程序实现的，是有规律的退化。与此同时，子女的寿命与双亲的寿命有很高的相关度。诚然，仅用遗传来解释复杂的老化显然具有片面性。

第三，行为老化学说。行为老化学说认为，老年行为的退行性变化是由精神机能退化引起的，并主要从行为变化中反映出来。行为老化就是随着年龄的增长，对刺激的反应时间会延长，学习能力、理解力会减弱，记忆力会逐渐衰退等。生理退化具有复杂性，简单地用行为老化学说解释也是不全面的。

看待老化

老年人的生理功能和系统的老化，使得各种感觉能力和功能衰退，他们对外界的各种刺激往往表现出感受性较弱、反应迟钝等。

值得注意以下问题。第一，老化是动态的。老化过程不能从包围它的社会、文化和历史变迁中分隔开来，我们必须了解不同年龄群体之间有何差异以及这些差异又是如何改变社会的。第二，不论是在单个的社会中还是在跨社会中，老化只能在由社会文化造成的可变性视角下被理解。第三，老化只能在整个生命历程的框架中被理解，即人们不是在一生中某个特定的时间点开始变老的，变老发生在从出生（甚至更早）到死亡的整个过程中，并且在整个社会内部，所有不同年龄的人们相互依赖。第四，个体的老化不管是从何时、何地发生的，都是由生物老化、心理老化和处于不断变化中的社会与文化环境这三者间复杂的相互作用组成的(黄哲，2012)。

应对老化的理论

(1)减少参与理论。减少参与理论是老年人期冀愉快生活的一种理论性建议。该理论认为，若要使老年人享有愉快的生活，最基本的原则是减少职业性与社交性活动，尤其在感情关系上更应该避免涉入，如此留下属于自己的时间和精力以安享自由、安静的晚年。减少参与理论有两个方面：一是来自社会的减少参与，即为了保持社会的功能要准备建立退休的减少参与制度；二是来自个人的减少参与，即缩小生活领域，减少自发性的参与，转向自我中心的生活。这是一种比较消极的老化理论。

(2)适应学说。适应学说认为，老年期的主要变化是人际关系的改变。人际交往的增多会减轻老年人的不安感。老年人也可从朋友的反馈中增加个人的自信心和自尊心。作为一种适应手段，老年人必须杜绝自我封闭的生活方式。

(3)持续活动理论。持续活动理论没有明确的提倡者，是对老年人期冀愉快生活的一种建议。该理论认为，若想老年人享有愉快的生活，最基本的原则是使老年人保持与社会的接触，继续中年期的一切活动，即使到了退休年龄，仍退而不休。他们在活动中获得充实感，从而避免因退休带来的失落与寂寞。

(4)连续性理论。连续性理论从发展心理学的角度看老化问题，认为习惯与爱好很重要。进入老年期，老年人应继续保持良好的习惯和爱好；即使习惯与爱好发生变化，也应该将其看作对现实的一种适应。持续性理论主张在适应上可以有不同的方向，又承认每个老年人都存在各自的差异性。

老化态度

老化态度的概念主要包括两个方面。一是指人们对老年人这一群体所持有的观念与预期，即老化的刻板印象（Aging Stereotype）。刻板印象的形成受文化和传统的影响，又影响个体的行为活动。老化刻板印象既包括年轻人对老年人的刻板印象，也包括老年人对其他老年人和对自己的刻板印象。二是指老年人对自己正在逐渐变老的体验，包括消极体验和积极体验（刘怡萍，2015）。老化的消极体验是指对由年龄增长而带来的生理、心理、社会等方面的丧失的负面感受与体验；老化的积极体验是指一些有关老年期的正性感受和体验，如健康良好、坚持锻炼和由年龄增长带来的智慧或成长等（唐丹，燕磊，王大华，2014）。老化刻板印象更多地受文化和传统的影响，它不仅影响着社会非老年群体，也影响着老年人自身的行为活动，如认知、生理和社会功能等（李川云，吴振云，李娟，2003）。

文静等人（2009）认为，老化态度是老年人对自身老化的认识，包括三个维度。第一个维度是社会心理缺失，指的是老年人对心理和社会性方面缺失的认识；第二个维度是生理变化觉知，指的是老年人对自身身体健康变化的体验；第三个维度是心理成长，指的是老年人随着年龄的增长而获得的智慧（文静，彭华茂，王大华，2009）。因此，老化态度和老年人的生理功能是相互影响的，老年人对自身老化的认识不同也会影响自己的生理功能。

老化态度对生理功能的影响如何呢？已有的研究大多强调个体对老化的看法，或者强调老年人对自身变老的主观感知和态度。

利维（Levy）等人曾证实了老化态度会影响个体的生理功能。他们匹配被试的健康基础状况、自评健康水平、年龄、性别、种族、经济状况等人口学变量，经过18年的追踪，最终发现在433名被试中，有积极老化态度的老年人比那些对衰老有消极态度的人更健康。他们发现，个体看待自身衰老的态度会影响他们的健康。与此同时，利维等人还发现拥有积极老化态度的老年人比那些拥有消极老化态度的老年人平均长寿 7.5 年(Levy，Slade，& Kasl，2002)。7 年之后，利维等人又做了进一步实验，他们再一次证实了老年人在老年期的健康会受他们年轻时对老化态度的影响。同时，年轻时持消极老化刻板印象的个体患冠心病的概率是持更多积极老化刻板印象的个体的两倍(Levy，Zonderman，Slade，et al.，2009)。

除此之外，迈耶(Maier)等人还发现了 17 个心理功能指标(智力能力、人格、主观幸福感、社会关系等)和死亡率之间的联系。他们通过观察 516 名 70~103 岁的被试，发现个体对衰老的不满是对死亡率的一个预测因素。在最终的结果中，老化态度是所有指标中对死亡率的预测最重要的指标(Maier & Smith，1999)。还有研究者(Jang，Poon，Kim，et al.，2004)认为每个人对自己的衰老、健康的看法可能是老年人适应和幸福的一个关键指标。他们以 291 名在社区居住的老年人(平均年龄 69.9 岁)为被试，探究了被试对衰老的自我认知和健康的关系。他们发现，老化态度更为消极的被试存在更多健康问题。慢性病患者、身体残疾、患病时间较长及经济状况较差的老年人大多持有更加消极的老化态度，而那些老化态度较为积极的被试则较少患有慢性疾病，几乎不存在肢体残疾，视力和听力状况也明显优于那些老化态度较为消极的被试。在老化刻板印象方面，他们发现老化刻板印象会影响到个体的血压和冠心病等生理功能(Jang，Poon，Kim，et al.，2004)。

2.1.3　老年期典型生理疾病

进入老年期，衰老的后果因人而异，有些老年人身体变得虚弱，认知上存在困难，需要有人照顾；有些老年人独立、精力充沛、思维敏捷，在这一阶段仍然保持着健康、积极和灵活的状态。

老年人的总体健康状况比年轻时有所下降，某些严重疾病的发病率在老年期会增高，复原能力也会降低。大多数老年人至少存在一种长期疾病。老年人除了机体发生一些生理性或病理性改变外，心理状态也发生着复杂的变化。老年人也容易罹患心理疾病和记忆障碍，如抑郁症和阿尔茨海默病（Alzheimer's Disease，AD）。心理问题易导致老年人发生各种疾病，到医院就诊的老年人中有30%～40%的常见病的发生发展与人的心理行为因素有关（张秋霞，2013）。

老年病的分类和特征

生理衰老是人类生命过程中不可避免的自然现象，在这一过程中，随着人的整个机体的形态、结构与功能的逐渐衰退和老化，就难免有身体的某些部位或器官发生功能性的障碍，这些障碍如果得不到及时排除和缓解，各种疾病就会随之而来。老年人易患的疾病叫作"老年病"。通常，老年病可以分为三类。第一类是老年人特有的疾病，如老年性痴呆、脑动脉硬化、老年性耳聋等。第二类是老年人常见的疾病，这类疾病也可能在中年期就出现，少数是在年轻时延续过来的某些疾病，如冠心病、高血压、糖尿病、骨关节病、恶性肿瘤、老年慢性支气管炎等。第三类是老年人和青壮年都可能发生的疾病，但老年人的发病率和临床症状表现与青壮年有所区别。例如，儿童、青年、老年人都可能患上肺炎，但老年人的肺炎往往具有症状不典型、病情较严重的特点。

老年期疾病与童年和成年期的相比，具有自己的特性，这些特性可以归纳为以下几个方面。（1）症状的不典型性。由于机体形态改变和功能衰退，老年人反应性减弱，对于疼痛和疾病的反应会变得不敏感，病症容易被忽略。（2）患病的多样性。由于机体各器官退化和身体抵抗力较差，老年人很容易在老化的基础上发生疾病，而且常常多种疾病同时存在。（3）容易引发并发症。所谓并发症是指当患某种疾病时，在该病的基础上并发其他疾病，并发症较为严重时可能危及生命。

随着年龄增长，人的各种机能逐渐衰退。老年人是最脆弱的群体，一旦患了病，恢复期较长，且病情复杂。根据有关调查，79.1%的老年人有一项或一项以上慢性病(覃国维，2011)。

生理疾病的种类

老年人常见的生理疾病包括六大类：心血管系统常见病、呼吸系统常见病、消化系统常见病、运动系统常见病、内分泌系统常见病、神经系统常见病。这也是和之前介绍的老年期的生理特征息息相关的。其中，心血管系统常见病为高血压和冠心病；呼吸系统常见病为感冒和慢性支气管炎；消化系统常见病为慢性胃炎、便秘等；运动系统常见病为老年性骨质疏松症；内分泌系统常见病为糖尿病；神经系统常见病为各种类型的脑血管病。从心理因素来说，有研究者发现：与健康老人相比，高血压、糖尿病和高血压与糖尿病共病的老年患者存在明显的焦虑、抑郁情绪。其中，共病患者表现出更明显的焦虑和抑郁情绪，以及更为异常的生理指标。同时，慢性病患者的患病种类、病程与焦虑和抑郁显著相关(余慧慧，2015)。

人进入老年期后，机体的免疫力和抵抗力下降，不少疾病的主要症状表现在神经系统。举例而言，我们常说的"老年期痴呆"就是常常困扰老年人的慢性神经系统疾病。随着人口老龄化的发展，痴呆的患病率快速上升，其患病率和致残率高，病程长，治疗费用高。这给患者家庭和整个社会带来了巨大负担。它是脑功能失调的表现，是以脑组织的退行性变化和智力衰退缺损为特征的，我们习惯上将其作为一种器质性精神障碍来看待。因此，以下对痴呆以及痴呆中最常见的阿尔茨海默病进行重点介绍。

常见神经系统疾病：痴呆

痴呆是一种获得性进行性认知功能障碍综合征，影响意识内容而非意识水平。智能障碍患者的记忆、语言、视空间功能均有不同程度的损伤，人格异常和认知(概括、计算、判断、综合、解决问题)能力降低，常伴有行为和情感异常。患者的日常生活、社交和工作能力明显减退。痴呆按病因可分为变性病和非变性病，前者包括阿尔茨海默病、额颞痴呆和路易体痴呆等，后者包括血管性痴呆、感染性痴呆、代谢性或中毒性脑病所致痴呆等。老年期痴呆是痴呆的主要部分，占痴呆的绝大多数。老年期痴呆可分为可治性痴呆和难治性痴呆。可治性痴呆属于起病原因较清楚的脑部疾病，多不属于神经系统退行性疾病，如脑部外伤、脑部占位性疾病、慢性硬膜下血肿和神经梅毒等。而老年期痴呆中最重要的、所占比例最大的是难治性痴呆，主要有阿尔茨海默病、血管性痴呆、额颞痴呆和路易体痴呆等(周盛年，刘坤彬，2006)。

老年期痴呆的主要特点：(1)老年人随着年龄的增长，感觉和反应迟缓、生理功能下降；(2)精神症状多以被窃妄想为主；(3)定向障碍，易出现走错房间、睡错床等；(4)夜间易出现谵妄；(5)智能受损，言语表达功能受损；(6)行为紊乱，可出现摸索、刻板行为；(7)个人生活自理能力下降，自我保护能力减弱；(8)躯体疾病合并症概率高，易同时患两种及两种以上疾病(倪煜青，2006)。

痴呆常见类型：阿尔茨海默病

阿尔茨海默病为老年期痴呆最常见的类型。它是一种与年龄相关的慢性进行性中枢神经系统变性疾病。从痴呆的角度来看，痴呆是一种获得性、持续性智能障碍综合征。智能障碍指在语言、记忆、视觉空间、情感或人格、认知心理活动领域中存在 3 项及以上的障碍。根据发病年龄将痴呆分为：(1)老年期痴呆年龄(≥60 岁)，此类主要为阿尔茨海默型老年性痴呆(简称老年性痴呆)；(2)老年前期痴呆年龄(45～60 岁)，主要指阿尔茨海默病；(3)青年期痴呆年龄(<45 岁)。也可将老年期痴呆和老年前期痴呆统称为阿尔茨海默型痴呆或阿尔茨海默病(陈惠英，2015)。

阿尔茨海默病的主要临床表现为进行性认知功能损害、人格精神异常。目前全球阿尔茨海默病患者已达 3000 多万人，而我国阿尔茨海默病患病总人数已超过 600 万人。阿尔茨海默病已成为全球需要优先解决的重大健康问题，但临床上尚无针对该病的有效治愈措施(衣磊，于慧，崔维珍，2016)。药物治疗效果欠佳且存在加剧认知功能障碍恶化的副作用，而非药物干预副作用少、容易被患者及家属接受。具体而言，非药物干预的措施包括认知干预、运动疗法、电、磁刺激疗法和艺术疗法。一项有关非药物治疗阿尔茨海默病的系统性评价显示，非药物治疗可改善阿尔茨海默病患者的认知功能、一般日常生活活动能力、精神行为症状。非药物治疗虽然提高了患者及照料者的生活质量，但也有可能存在某些非药物治疗被夸大了真实作用。非药物治疗作用及其可行性还存在很多问题，如治疗持续时间、治疗强度、治疗频率以及疗效的可靠性方面尚需更多高质量的研究进一步证实(张艳，王莉，余巨明，2016)。

　　落日综合征(sundown syndrome)指傍晚或夜间出现的谵妄症状，主要出现在老年痴呆的中晚期。药物毒性作用、电解质紊乱、感染等均可能是诱发因素，但目前人们对其发病机制尚不清楚。抗精神药物对落日综合征有一定疗效，能缓解或减轻恐惧、幻觉、谵妄、行为异常等症状。患者在发病前数小时少剂量服用药物对控制症状有一定效果。一旦症状得到控制就应减量或逐渐停药。老年病人长期饮酒或安眠药撤药时也易出现落日综合征。抗精神病药物易诱发癫痫，故使用时应慎重(张熙，2005)。

　　总之，老年期是人生中的一个特殊时期，我们要充分了解老年人的生理特点、生理疾病、社会生活的特点及规律。生理上的老化和疾病常常困扰着老年人及其家人。生理疾病不仅是生理变化导致的，还受很多心理因素的影响。我们只有充分了解老年人的生理、心理以及社会层面等多个方面，才能给予他们必要的、真正的关心和帮助。

2.1.4 专栏

离退休是人生的一个重要转折，离退休综合征是一种非常普遍的老年心理疾病。据统计，1/4 的离退休人员会出现不同程度的离退休综合征。

离退休综合征是指老年人在离退休后不能适应新的社会角色、生活环境和生活方式，而出现的焦虑、抑郁、悲哀、恐惧等消极情绪，或因此产生偏离常态的行为的一种适应性心理障碍，这种心理障碍往往还会引发其他生理疾病，影响身体健康。离退休是生活中的一次重大变动，由此，当事者的生活内容、生活节奏、社会地位、人际交往等方面都会发生很大变化。由于适应不了环境的突然改变，而出现情绪上的消沉和偏离常态的行为，甚至引发疾病，即离退休综合征。

从群体生活的大天地转向家庭的小天地，从忙人变成闲人，容易使人萎靡不振、意志消沉和情绪低下。离退休综合征是一种复杂的心理异常反应，患者一般会出现以下症状：性情变化明显，要么闷闷不乐、郁郁寡欢、不言不语，要么急躁易怒、坐立不安、唠唠叨叨；行为反复、无所适从，注意力不能集中，做事经常出错，对现实不满，容易怀旧，并容易产生偏见。总之，其行为举止明显不同于以往，给人的印象是离退休前后判若两人（罗静，赵颖，陈晓春，2004）。

离退休人员有如下心理特点。(1)荣誉感强烈。一般来说，在管理基础好、待遇落实好、经济实力强的离退休人员身上表现得更为明显。(2)依赖感强烈。离退休人员在养老、医疗等方面非常依赖组织，依赖感、归属感强烈，但是当某些意愿无法实现时，就会出现失望、抱怨等消极心理。(3)怀旧，沮丧感强烈。在改革开放不断深入、社会收入差距不断拉大的形势下，离退休人员和在职人员的工资差距越来越大，导致部分离退休人员出现思想变化，心理难以接受，进而表现出不同程度的怀旧心理，易产生悲观失望、思想偏激等不良情绪。(4)孤独，寂寞感强烈。离退休人员离开一直工作的岗位与相处的同事，生活圈子变小，必然会产生一定的失落感，进而易出现孤独感，特别是离异、丧偶等人员经常备感孤独寂寞。(5)疾病恐惧感强烈。离退休人员的愿望就是可以健康长寿，安度晚年，随着年龄的不断增长，相关疾病的发生率越来越高，离退休人员越来越注重自身健康。他们一方面担心生病给家人带来麻烦，成为家庭的负担；另一方面害怕生病，对疾病有着很大的恐惧感(韦程辉，2016)。

2.2　老年人生理健康变化趋势

为了了解老年人的生理健康现状，我们首先需要界定一下何为健康。经验告诉我们，老年人的内部健康状况必然与年龄密切相关。认识老年人生理健康变化趋势，对于筛选出需要密切关注的年龄群体有重要的意义。在认识到老年人的生理健康变化趋势以后，对于老年人生理健康的防治，我们从心理、生理等各个角度列出了一些可行的方法。

2.2.1　老年期生理健康现状

老年人的健康状况不仅关系到老年人自身，还关系到家庭、社会的养老负担和整个社会的发展、活力。在谈到老年人时，人们通常会想到步履蹒跚、体弱多病等形象，认为人口老龄化必然会增加医疗费用的开支和家庭的负担，从而对人口老龄化忧心忡忡。那么，目前我国老年人的健康状况究竟怎样呢？

健康的含义

《辞海》(2019年版)中关于健康的概念为：健康的人体首先要各

器官各系统发育良好，功能正常、体格健壮、精力充沛；同时还要有良好的劳动效能，社会上和谐相处的表现和处理各种危险因素及应激的能力。1984 年，世界卫生组织提出健康乃是一种在身体、心理和社会上的完满状态，而不仅仅是没有疾病和虚弱的状态。这一提法首次确立了整体健康观，并将健康的概念从一维的躯体健康扩展到生理、心理和社会适应的三维角度，把人的身心、家庭和社会生活的健康状态均包括在内。其他各种模式，如环境模式、健康整体模式等，对健康的定义有所侧重和不同，但都同时强调了健康是人的生理、心理和社会适应性三方面完好的一种平衡状态。

　　世界卫生组织针对老年人群健康指标制定了相关评定维度，并主要划分了五类指数：身体健康指数、精神健康指数、人际关系健康指数、生活自理能力指数、经济状态指数（黄怡，2015）。世界卫生组织认为，健康的最高标准是生理、心理、社会三方面的良好状态（高亮，王家宏，王莉华，2016）。根据世界卫生组织的定义，健康可以理解为不同文化和价值体系中的个体对与他们的目标、期望、标准以及所关心的事情有关的生存状况的体验，包括个体生理、心理、社会功能及物质状态等方面。其中，生理维度和心理维度是评价老年人健康最主要的两个方面。

　　关于老年人生理健康的评估，生理维度主要体现了机体的器官功能，如肢体的活动能力、心肺功能以及其他器官功能等。对于老年人来说，活动能力随着年龄的增加呈现不可逆的下降趋势，因此评价老年人的日常生活活动能力在反映生理维度变化方面具有良好的代表性。日常生活活动能力（activities of daily living，ADL）是指人们在生活中为了照顾自己的衣食住行，以及在社区生活中所必需的一系列基本活动的能力。基本日常生活活动能力（basic activities of daily living，BADL）和辅助性日常生活活动能力量表（instrumental activities of daily living，IADL）也就出现了。这两个量表是评价老年人生理维度健康水平的重要手段和方式。这类量表在评价老年人的活动能力等生理健康状况方面具有广泛的适用性和较好的稳定性，且在农村和城市、健康状况良好的老年人和有肢体缺陷的老年人等不同的实验对象中均展现出了良好的评价效果。此类量表在国内外的研究中被广泛应用（王憓，2012）。

生理健康现状

第六次全国人口普查首次以老年人自评健康状况的方式对老年人的健康状况进行调查，为全面研究中国老年人健康现状、了解老年人对照料的需求提供了重要依据。

随着人口老龄化的加速发展和高龄化的凸显，老年人健康状况及长期照料问题正变得越来越突出。2010年，我国人口平均预期寿命达到74.83岁，比2000年的71.40岁提高了3.43岁。寿命的延长是否意味着老年人生活质量的相应提高？延长的寿命是在健康状态下度过的，还是丧失了生活自理能力在病床上度过的？这在宏观上直接影响着亿万个家庭的养老和照料，也是对中国养老服务体系的挑战（薛川，2014）。

2010年中国城乡老年人口状况追踪调查报告显示，老年人健康自评状况整体上不理想，日常生活完全不能自理（失能）的老年人口多且呈上升趋势。大量证据表明，患慢性疾病可导致老年人的生命质量下降。老年人的生命质量还受所患疾病程度、种类及数量的影响。留守老年人、空巢老年人患慢性疾病比例高，且身体健康状况相对较差。江苏省老年人心理健康调查数据显示，老年人的躯体化特征明显，且其程度随老龄化程度的加深而增加。综上，人类步入老年阶段后，生理功能逐渐减退，躯体化症状明显（傅宏，陈庆荣，王港，2017）。

老年人是人群中的特殊群体，随着年龄增长，老年人的健康状况和各项生理功能逐渐下降，除了慢性病患病率提高、日常生活能

力减弱、残疾失能之外，焦虑、抑郁、离退休综合征和空巢综合征
等心理问题也日益凸显。

2.2.2 老年人生理健康变化趋势

老年人虽然身体健康状况较差，各种患病率、失能率较高，但
有一点我们不能忽略：老年人内部健康状况和年龄密切相关，60 岁
左右的老年人和 80 岁及以上的老年人在健康状况上相差甚远。2010
年中国城乡老年人口状况追踪调查报告显示，中国老年人口分年龄
健康状况的变化明显，健康的变化情况如图 2-1 所示。

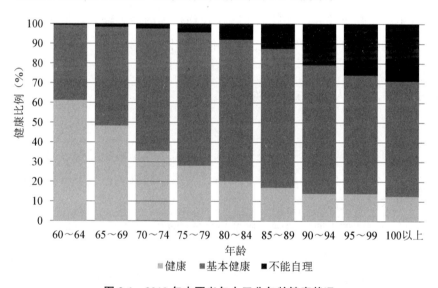

图 2-1　2010 年中国老年人口分年龄健康状况

从图 2-1 来看，在 60～64 岁组中，健康比例为 60.77％；在
65～69 岁组中，这一比例下降到 50％以下，为 48.36％；在 70～74
岁组中，健康的比例下降到 35.24％；而在 80～84 岁组中，这一比
例只有 20％。可见，从低龄老年人组到高龄老年人组的过渡期中，
老年人口的健康比例下降快，健康状况变化明显。

从生活不能自理的比例来看，在 85～89 岁组之前，不能自理的

比例在 8％以下；在 60～64 岁组中只有不到 1％；在 85～89 岁组中，生活不能自理的比例达 12.68％；之后持续增长，在 90～94 岁组中突破 20％；在 100 岁以上老年人中，有近 3 成的老年人生活不能自理。可见，随着年龄的增长，老年人口健康状况逐渐变差，表现为健康、基本健康比例减少，生活不能自理比例增加。

从健康和生活不能自理的状况来看，老年人总体健康水平在 60～84 岁时下降明显，生活不能自理的比例在 80 岁后迅速增加。到了高龄阶段后，老年人的健康水平较平稳地维持在较低水平。这种趋势突出反映了高龄老年人的健康状况堪忧，他们在日常生活中需要依赖家庭或社会，对日常照顾及长期护理的需求较大，是在应对人口老龄化过程中要特别关注的群体(薛川，2014)。

2.2.3　老年人生理疾病的防治

体育锻炼

随着年龄的增长，人体各器官、系统逐渐衰老，生理功能不断衰退，但许多因素可以改变或延缓这些疾病的发生，其中运动的效果是不可忽视的一面。

大量证据表明：积极、科学的身体锻炼可以改善大脑供氧环境，抵消衰老带来的中枢系统退化，降低心血管疾病等的发病率。有人发现，老年女性在 24 周有氧健身操锻炼后，体内脂肪分解效果提升，脂肪作为能量的利用率提高；身体质量减轻，腰围缩小；心血管功能得到改善，安静时心率有所下降；高密度脂蛋白胆固醇升高，总胆固醇、低密度脂蛋白胆固醇、三酰甘油下降，血管胆固醇沉积减少，动脉血管粥样硬化的发生得到延缓(江滔，黎健民，何津，2007)。

衰老不仅表现为生理机能上的衰减，同时也伴随着注意、记忆、执行能力等认知功能的减退。保持正常、有效的认知功能对于中老年日常工作、生活具有重要作用（如日常交往、处理突发事件等）。锻炼过程中积极心理状态（自我效能、态度、注意等）的提升，以及消极心理状态（焦虑、抑郁、紧张等）的下降会为认知功能的改善提供心理保障。有人发现锻炼身体对于中老年认知功能的改善、认知衰减的延缓具有积极作用，此结果与以往研究较为一致，其中老化态度与一般自我效能作为中介变量较好地传递了锻炼身体对中老年认知功能的间接影响。

要进行科学、有效的体育锻炼。每次锻炼强度、每次锻炼时间、锻炼频率和锻炼年限是身体锻炼的四个重要维度，人们通常将此作为评价科学、有效地进行身体锻炼的参考指标。每次锻炼时间与认知功能具有显著正相关，二者间具有积极的联系。此外，不同锻炼时间对认知功能促进效果各不相同，只有每次锻炼 1 小时～2 小时与 2 小时以上对认知功能的促进才有效。也就是说，在身体锻炼四个维度中，每次锻炼时间与中老年认知功能的联系最为紧密，具有独特价值。从适度的、科学的老年健身角度出发，每次身体锻炼控制在 1～2 小时较为适合，低于 1 小时或高于 2 小时的身体锻炼对其认知功能的促进效果为无效或等同（高旭，柴娇，孟宇，2015）。

因此，老年人在科学锻炼身体的过程中，应注意合理分配每次锻炼时间并能持之以恒地坚持下去。同时，老年人在锻炼进程中应有针对性地监控、调整、改善老化态度和一般自我效能，以此提升认知功能，改善生活质量。

主观态度

用乐观、积极的态度对待老年生活。人到暮年不应该自卑，要把握好在世的每一天。面对同样的夕阳，李商隐感叹"夕阳无限好，只是近黄昏"，朱自清却说"但得夕阳无限好，何须惆怅近黄昏"。同样的夕阳却带来不同的感受，而这一切的关键就在于我们用什么样的生活态度面对它。我们用什么样的态度感觉生活、对待生活，生活就会以什么样的姿态来回报我们。只要我们充满热情，只要我们积极、乐观、进取，我们的生活就会充满阳光，我们就可以发现生活的积极意义，就可以走出心理困境。积极、乐观的人愿意享受生活中的每一个时刻，他可以看到万物的生长，更能够看到自己生命的茂盛。这样的态度对老年生活是十分有利的(赵楠，2015)。

世界卫生组织通过调查提出：一个人健康长寿的原因中，15%取决于遗传因素，25%取决于社会因素、医疗条件和气候因素，而60%则取决于个人的身心卫生、生活方式和习惯、饮食结构等。也就是说，虽然我们无法选择遗传因素，但对于其他不利因素方面都可以通过个人的努力加以预防，个人在健康维护方面负有不可推卸的责任。心理因素是外部因素影响老年人健康的重要媒介，对社会生活事件的影响起放大或缓冲作用。在老年人的心理健康状况影响因素中，主观因素对心理健康的影响(55%)远大于客观因素(21%)和一般人口学变量(24%)。主观态度是调适心理健康的关键因素，积极的自我调节是实现健康老化的核心环节(张秋霞，2013)。

进入老年期也是人生的一个重要转折点，以前的生活经验和方法有些可能失效，老年人对此要有足够的心理准备。多项关于健康长寿的调查结果显示，百岁老人都豁达乐观、心境稳定、知足常乐，抑郁情绪和躯体疾病也相对较少(张秋霞，2013)。

社会支持

一是来自家庭的社会支持。在老年期，兄弟姐妹通常能够提供很强的情感支持，因为兄弟姐妹之间的关系是老年人一生中维持时间最长的人际关系，他们是老年人个体发展的见证者。现在的老年人仍然有幸享受到这种血浓于水的亲情，但如今的独生子女一代将来进入老年期后，他们在这方面的缺失是无法弥补的。当然，对于老年人而言，更重要的支持力量来自自己的子女和孙子女等，他们提供的情感、经济和照料等全方位的支持具有别人无可替代的作用。

二是来自社会力量的支持。定期开展老年人健康教育，有针对性地介绍疾病的基本知识，能帮助老年人正确认识疾病，增强自我保健和自我照顾能力，增加老年人对生活的信心，从生活中寻找生存的意义和乐趣，从而提高生活和生命质量，消除或减少各种心理问题。同时，鼓励老年人规律生活、适度进行脑力和体力劳动。让老年人学会安排规律的生活与合理的作息时间，鼓励老年人保持与社会的接触，给予老年人特别的关心，主动与他们沟通，帮助他们认识自身的变化，尊重衰老的客观规律，使他们走向社会，从社会生活中寻找生活动力，这样才能帮助他们摆脱孤独，消除失落感和不必要的担心。此外，我们还可以帮助老年人正确看待疾病，给予老年人特殊的照顾、热情的关怀，帮助老年人积极面对疾病，树立正确对待疾病的态度和信心，减轻孤独、恐惧的心理（覃国维，2011）。

2.2.4 专栏

适合老年人锻炼的体育项目很多，老年人可根据年龄、性别、体质状况、锻炼基础、兴趣爱好及周围环境条件等因素，选择适宜的锻炼项目。较为简单易学并且比较适用于老年人的锻炼项目包括广场舞、太极拳等（张昌霞，2008）。下面介绍一下广场舞及其功效。

广场舞源于 20 世纪 90 年代全民健身风潮下的体育舞蹈，目前已经演化为融合了多种舞蹈元素并具有多种表现形式的集体性舞蹈，多在广场或空地等开阔场地上展开，由社会成员自发组织并参与，深受老年"大妈"的青睐。但随着社会的发展与进步，广场舞已经不是"大妈"的专利，越来越多的"大爷"也逐渐加入广场舞的锻炼中来。毫无疑问，广场舞俨然已成为一道亮丽的文化景观，在全国刮起了一阵全民健身的旋风。

广场舞对生理健康有促进作用。生理衰老是人类生命活动中的必然现象，人一旦进入老年期就会出现生理衰老的现象，各器官、系统的功能发生退行性变化，常常表现为心肺功能下降，消化功能紊乱，心脏收缩力减退，大脑老化，肌力下降，骨质疏松等。广场舞在运动过程中有许多踢腿、扭腰、挥手等动作，长期练习不仅能够提高老年人的身体协调性，还可以增强肢体的柔韧度，延缓年龄增长带来的肌力下降和肢体僵硬，减少跌倒的风险。广场舞同跑步一样，属于有氧运动，跳广场舞会加速血液循环，促进心肺功能。此外，人在适当的运动下可以促消化，并促进营养物的吸收，因此广场舞对改善老年人的消化功能也有一定的作用。

广场舞对心理健康也有促进作用。老年人在离退休或失去劳动能力后，由社会舞台上的主角变成配角，人际关系逐渐淡化，社会角色逐渐弱化，在这种情况下其心理上就会失落、不安宁、浮躁。老年人退休后，社交圈子变得狭小，这时候老年人极易产生孤独的心理。此外随着近年来我国住房条件的不断改善，老年人与子女分住情况增多，加上子女在外地工作或经商、留学等致使家庭规模日益小型化，从而导致大量的"空巢老人家庭"出现。"空巢老人家庭"的出现在一定程度上加重了老年人的孤独感，影响了老年人的幸福指数。为了缓解这些问题，参与广场舞便成为众多老年人的有效选择。广场舞往往是配合节奏欢快的音乐进行的，这些音乐往往能够使人身心愉悦。老年人在跳广场舞的过程中注意力主要集中于模仿教练的动作。这种注意的转移往往能够使自身的烦恼、焦虑得到转移、分散，心理压力也得到释放。有人发现广场舞锻炼能明显提高中老年妇女人群的幸福感指数，相较于参与其他体育项目及未参加体育锻炼的中老年妇女人群，广场舞锻炼组中的老年人幸福感指数最高(李静，2017)。

2.3 影响老年人生理健康的因素

认知老年人的生理特征，了解影响老年人生理健康的因素至关重要，除了人口学因素之外，一定还有其他因素起到了重要作用。老年人出现生理疾病仅仅是老化带来的吗？

根据老年人健康的定义，影响老年人健康的因素可以归为三类，即生理、心理和环境因素。生理因素对老年人健康的影响主要由遗传基因决定。随着年龄的增加，老年人的抗病能力开始减弱，身体机能开始衰退，各种基因缺陷导致的疾病开始显现，生理健康受到威胁。而心理因素对老年人健康的影响大多也会反映在生理层面。失落感、衰老感、孤独感、恐惧症、抑郁症和认知障碍等都会直接影响老年人的行为方式和生活态度，并导致健康问题。另外，环境因素也是影响老年人健康的重要因素之一。从宏观层面上看，生态环境和社会环境深深影响着老年人群的健康水平。所谓生态环境，就是我们日常赖以生存的物理环境，包括饮用水、空气和土壤等。物理环境如果遭到污染，老年群体作为抵抗力偏低的群体，必然是受害者。社会环境包括文化环境、居住环境、经济环境、医疗环境等。健康文化氛围较差、经济发展水平低、医疗条件不好的地区的老年人面对的健康威胁自然要大一些。从微观层面上看，个人的生活与行为方式是影响老年人个体健康的重要因素。不良的生活方式导致疾病发病的概率目前已达到 37.7%，居各种因素之首。有证据证明：体育锻炼、戒烟戒酒、营养平衡和规律生活等是保证老年人健康的主要因素。有人发现，相对于不吸烟者而言，吸烟者患慢性支气管炎的概率高出 2.8 倍，患肺气肿的概率高出 4.2 倍，患恶性高血压的概率高出 3 倍，因此，长期不良生活习惯是导致老年人罹患疾病的重要原因(童峰，2014)。

2.3.1 人口学因素

影响老年人健康状况的因素有很多，包括生物学、医学、经济学、心理学等方面的因素，自然科学因素和社会科学因素都有。从人口学因素来看，老年人健康状况主要有年龄、社会经济地位、社会性别、婚姻家庭状况、地区社会经济发展和老年人个体等差异。这些因素往往又是相互交织的，它们共同影响、作用于老年人的健康。有研究发现：年龄、婚姻状况、患病数量和吸烟习惯等是老年人 ADL 损害的主要危险因素，而锻炼身体、月均收入和一般健康保健知识是 ADL 损害的保护因素。此外，不同患病种类对老年人的 ADL 功能影响差异较大（吕桦，李盛，倪宗瓒，2001）。接下来将重点介绍人口学因素方面中的年龄、社会经济地位和婚姻家庭状况对老年人生理健康的影响。

年龄

年龄变量在生理健康上表现为年龄越大，生理越不健康（李建新，李春华，2014）。有研究者将南京的 1108 名 60 岁及以上的老年人作为研究对象后发现：随着年龄的增长，老年人自测健康得分总体上呈逐步下降的趋势。其中，不同年龄段的老年人之间存在差异。在生理健康上，71～75 岁与 76～80 岁老年人之间生理健康自测得分没有显著差异，其余各年龄段老年人之间的健康状况差异很大。也就是说，高龄老人和低龄老人的健康水平差异悬殊。随着年龄的增长，老年人的生理健康水平不断下降（高亮，王家宏，王莉华，2016）。

社会经济地位

社会经济地位与健康之间的关系是双向的。一方面，根据社会肇因说，社会经济地位会影响健康水平。社会经济地位制约着健康相关资源的可及性和利用程度，并由此通过多种途径影响健康水平。

另一方面，根据健康选择假说，健康状况也会影响个体的社会经济地位。个体的健康水平能提高劳动生产力，使个体获得更多的工作机会和经济收入，从而取得更高的社会经济地位。

老年人的经济状况决定着其对健康维护的投入。经济状况好的老年人在生活上更充裕，有着较好的物质条件，比经济状况差的老年人享有更好的医疗服务，这直接影响着其健康状况。老年人的经济状况也关系到老年人的居住方式、消费水平、心理健康等，这些也间接地影响着老年人的生理健康。收入是影响老年人健康的最重要因素，收入够用的老年人的健康状况显著好于收入不够用的老年人，收入不平等会带来相应的健康状况的显著不平等（杜鹏，武超，2006）。

此外，儿童期社会经济地位对中老年健康具有长远的影响。儿童期社会经济地位处于劣势，会增加中老年健康状况不良的风险。在生命历程里，社会经济地位的变动会影响健康状况。社会经济地位上移能补偿儿童期低下社会经济地位的不良影响，社会经济地位下移也会将儿童期良好社会经济地位的影响抵消（仲亚琴，2014）。

婚姻家庭状况

75%的老年人认为夫妻和谐美满与健康长寿密切相关。可见，不同的婚姻状况对老年人的健康有较大影响。在婚姻状况上，多数研究发现，在婚状态的老年人的生理健康明显比未婚、分居、离异或丧偶等非在婚状态的老年人好。老年人的婚姻状态对其生理健康有非常重要的影响。在婚状态的老年人的健康状况明显好于其他婚姻状态的老年人（吕桦，李盛，倪宗瓒，2001；雷鹏，徐玲，吴擢春，2011）。

也有人认为，有无配偶不是老年人健康自评的影响因素。有研究者的调查结果显示，有配偶虽然对老年人的健康有积极的影响，但有配偶的老年人与其他婚姻状况的老年人的健康自评水平无显著差异，两者没有统计学关联。未婚、离异或丧偶的老年人群生活规律性不强，尤其是对不良行为的限制力度较小。吸烟、喝酒等不良生活方式会对身心健康造成不利影响。由于无配偶或配偶不在，个体存在孤独感、压抑、抑郁等不良情绪，这些情绪也容易造成心理和社会健康的失调（孙玉华，2013）。

2.3.2　心理因素

老年人的生理健康和心理健康是息息相关的。我们首先对心身障碍与心身疾病做一个区分。心身障碍是指心理因素引起的生理功能失调，如失眠症、神经性厌食、神经性皮炎。心身疾病指的是心理因素引起的，与情绪有关的，有病理形态学改变，表现为有各种躯体症状的疾病，如偏头疼、支气管哮喘、高血压、消化性溃疡、荨麻疹、心绞痛、关节疼痛等。

不良心理因素指人们在心理活动中产生的冲突、紧张等，这些会对身体健康产生负面影响，导致内脏功能紊乱，最终破坏人体相应器官的正常功能。例如，焦虑、抑郁可抑制肠胃蠕动和消化腺分泌，导致食欲减退、心率加快、血压上升、血糖增加。某些严重疾病，如心肌梗死、高血压、癌症的发生，也与情绪不良有关。进入老年期后，老年人面临更多的是"失去"的感觉。工作、社会地位、熟悉的人际圈子和交往方式变化了，几十年的生活惯性一下子被打乱了。身体疾病、丧偶等带来的痛苦，以及退休、经济收入减少造成的社会、心理上的压抑，使得老年人情绪低落、沮丧、痛苦。抑郁状态成为老年人常见的情绪反应。在此基础上，老年人还可能产生悲观、厌世情绪以及自责自罪心理，甚至出现自杀行为（张秋霞，2013）。

生活满意度是个体根据自身选择标准对自己的生活质量做出的总体性认知评估，是心理幸福感的重要组成部分。有人发现较高的生活满意度对老年人的健康是有益的，可以提高其健康自评水平。生活满意度与抑郁、焦虑水平关系密切，互相影响。生活满意度低的老年人易产生抑郁、焦虑等情绪，而这种不良情绪反过来又会影响老年人的生活满意度。生活满意度高的老年人有较好的生活品质，不易产生抑郁、焦虑等不良情绪，有较积极的心态，能正确地处理不良刺激，促进身心健康（辜滟翔，2014）。

2.3.3 社会环境

按照生态学观点，四种环境对个体的身心健康有影响：（1）社会文化环境，主要包括性别、年龄、社会经济地位、教育水平及文化背景等；（2）人际环境，主要包括正式与非正式的社会关系网络；（3）个人环境，主要指日常生活中个人与生活环境的关系以及个人的特征等；（4）当时情境，主要指事件发生时的即刻情境。这四种环境从不同层次对老年人老化过程的身心健康产生影响。

社会支持

个体获得的社会支持来自家人、朋友、社会团体等，是社会环境的一个方面。国内外研究证明，社会支持对健康的影响是正向的，存在积极的影响。有研究者对中国健康与养老追踪调查的数据进行了分析，并结合农村老年人的实际状况考察了社会支持对农村老年人身心健康的影响，结果发现社会支持对农村老年人的身心健康具有积极影响。子女代际支持对老年人身心健康影响显著，子女提供的经济支持能有效地改善农村老年人的生活状态，且传递着子女对老年人的关爱和孝敬，符合"养儿防老"的传统养老文化。老年人的社会交换感和家长角色感得到维护，从而提升了老年人身心健康水平。农村老年人获取情感慰藉的渠道单一，子女提供的情感支持能够满足他们情感上的缺失性需求。良好的情感支持还能使老年人感知到潜在的实际支持，增强其安全感和对未来的信心，提升其角色掌控感，从而对其身心健康产生积极的影响。融洽的代际关系是子女对父母的地位和付出的认可，农村老年人由此得到了安慰并实现了自我价值（陶裕春，申昱，2014）。但是，城市老年人的身心健康对家庭支持的依赖性低于农村老年人。这可能是因为受到城乡经济差异的影响，城市老年人有更多的机会和条件去利用更丰富的社会资源。社会活动丰富、社会参与积极、情感慰藉支持多元化，在一定程度上补偿了子女的精神慰藉。农村老年人受到社会经济以及自身条件的影响，获得情感支持的方式比较单一。农村老年人群精神生活匮乏，因此对子女情感支持的需要更加迫切（罗会强，吴侃，钱佳慧，等，2017）。

生活方式

此外，国内外研究证实，不良的生活方式及行为习惯是影响人类健康的主要因素，其对人体健康的影响已远超过所有药物。改变不良生活方式和行为习惯，可以降低患慢性病的风险，延缓慢性病的发展。国外有文献报道，健康的生活方式对预防高血压等慢性疾病有明显的效果，培养正确的生活方式是治疗高血压的必不可少的部分。规律的体育锻炼、健康的兴趣爱好、良好的睡眠习惯、合理的膳食、均衡的营养、戒烟戒酒对老年人的身心健康起促进作用（辜滟翔，2014）。

2.3.4　专栏

个体进入老年期后，虽然人格发展已经比较稳定，但仍然有变化。发展心理学家罗伯特·派克认为，老年人的人格发展由三个主要发展任务或挑战组成。第一个主要发展任务是必须用与工作角色或职业无关的方式来重新定义自己，更注重那些与工作无关的角色；第二个主要发展任务是超越对身体的专注，学会应付和看淡那些由衰老带来的体能变化；第三个主要发展任务是自我超越，对自我关注、对即将到来的死亡有所认识，并意识到自己已经对社会做出了贡献，这些贡献将超越自己的生命而延续下去(罗伯特·费尔德曼，2013)。个体对老年期适应程度高，则心理因素起到维持老年人健康的正向作用，反之则会对老年人的健康状况起到反向作用。

人的一切心理活动都会有生理反应，心理上的每一个变化都会引起心率、血压、呼吸、代谢以及体温等不同程度的变化，只不过在这种变化不是太大时，人们不会有明显的感觉而已。这是因为支配人们心理活动的神经系统，同时也是体内各个器官的支配者，也就是心理和生理有一个共同的支配者——神经系统，故而身体、心理的变化都能相互影响。心理因素能影响身体内脏器官的功能，这一般是通过情绪活动实现的。人体作为非常精密灵敏的有机体，对各类刺激都会产生反应。情绪对人类健康有着极大的影响，不良情绪不仅可以直接作用于人的精神活动而导致心理疾病，还可以通过神经体液、内分泌、免疫等一系列中介机制，影响人体组织器官的生理功能，甚至引起组织器官的器质性病理改变。总之，情绪影响健康的生理机制是通过中枢及"外周神经—体液"调节的，主要通过"交感—肾上腺髓质轴"和"下丘脑—垂体—肾上腺皮质轴"协同作用实现的。从情绪的生理机制中可以看出，情绪是心理社会因素和人体心理、生理变化的桥梁，与健康有着密切的联系。现代医学研究表明，人类76％的身体疾病都与情绪有关。心理一旦摆脱或调适了各种情绪和压力之后，就可以减少多种疾病的发生，延缓健康水平的下降，促进健康状态的维持(张秋霞，2013)。

认识老年人：老年人的
社会功能特征

伴随着全球老龄化日益加剧，老年人的健康问题日益受到全社会的关注和重视。而老年人的健康是一个复合概念，不再仅仅指生理健康。世界卫生组织对健康的定义为："健康是一种在躯体上、心理上和社会功能上的完美状态，而不仅仅是没有疾病和虚弱的状态。"这一定义表明社会功能也是老年人健康的重要组成部分。本章将具体介绍老年人社会功能的基本特征，主要包括老年人社会功能的概念、老年人社会功能的评估、正常老年人社会功能的维护和针对病态老年人社会功能的干预。

3.1 老年人社会功能的概念

正如李海峰和陈天勇(2009)所总结的那样，关于老年人社会功能的定义主要有三个视角，分别是宏观的视角、微观的视角和两者兼有的视角。我们认为，微观的视角将更有利于老年人从自身的角度出发，考察自身社会功能的现状，并进行动态的调整。因而，我们将具体地介绍两个从微观视角出发的定义。世界卫生组织所指的社会功能良好，主要指的是一个人的外显行为和内在行为都能适应复杂的社会环境变化，能为他人所理解，为社会所接受，行为符合社会身份，与他人保持协调的人际关系。研究者（Ware，Brook，Davies-Avert，et al.，1980）将健康分为身体健康、心理健康和社会健康，其中社会健康就是指社会功能的完好程度。他们强调社会参与，把社会健康定义为与社会参与有关的人际交流活动，通过客观报告（如朋友的数量）和主观评定（如与他人相处的好坏程度）来评估。从这两个定义出发，良好的社会功能主要包括两个方面的内容：一是良好的社会适应，即老年人的内外行为要符合外在的社会要求，并能够针对社会环境的变化进行及时调整；二是良好的人际互动与人际关系。

3.2 老年人社会功能的评估

3.2.1 老年人社会功能的评估维度

根据董翠红等人（2015）所提出的观点，老年人社会功能的评估主要包括了三个基本维度：角色维度、家庭维度和社会适应维度。这一评估维度的划分遵循由微观到宏观、由自我到外在的原则，从老年人的自我感知出发，逐步过渡到与老年人生活最为紧密的家庭环境，最后才涉及老年人生活的整个外在社会环境，具有一定的逻辑性和现实合理性。下面，我们就从这三个基本维度出发，具体介绍老年人社会功能的评估内容。

角色维度

根据董翠红等人（2015）提出的观点，个体在步入老年后，所承担的角色将面临着重大的转变，其角色转变的特点主要呈现为以下三个方面的内容。

一是社会角色的变更。这主要指的是老年人在退休后，离开了原有的工作岗位，开始受到社会保障体系的照顾和优待。社会角色的变更对个体的基本生活和心理都会造成一定的冲击。首先，离开工作岗位后，老年人依托工作关系建立的人际关系网络将难以维系，这意味着他们与人交流和获得社会支持的渠道将会相应减少。其次，老年人在退休后，经济收入将会较大幅度减少，如公积金收入和企事业单位绩效收入的减少。这将会对他们的生活造成一定的经济压力。最后，老年人也将逐渐丧失工作带来的自我满足感和成就感。但是，不容忽视的是，对于一些重体力劳动者而言，退休对于他们来说也意味着体力负担的解除。

二是家庭角色的变更。这主要指的是在家庭环境中，老年人原有的一些家庭角色的丧失和一些新的家庭角色的确立。一方面，老年人离开了原有的工作岗位，开始逐步将生活重心转向家庭，这让他们与子女之间的关系发生了微妙的变化。换言之，在这一过程中，老年人在家庭关系中正承受着一些角色的丧失和自我价值、自尊的下降。这一点在农村老年群体中可能表现得更加明显一些。另一方面，由于家庭中第三代成员的出生，老年人开始承担新的家庭角色：祖父或祖母。老年人需要承担一些照顾第三代的责任。与此同时，随着年龄的增长，老年人还会遭遇老伴的离去，这也会在一定程度上造成角色的变化和丧失。

三是角色期望的变更。角色期望是指一个人对自己的角色所规定的行为和性质的认识、理解、希望。此时，老年人在角色期望上面临着两个任务。第一，老年人需要从内心承认和接受一些角色的丧失与变化。第二，在此基础之上，老年人需要逐步接受老年期新的角色体系，并在实践的过程中对新的自我角色进行评估和反省，即角色期望的变更过程。需要说明的是，老年人对新的角色的期望可以带有比较明显的个人风格，即老年人可以根据现代社会对于老年人的要求和期望，创造和建立一些老年期的新角色。

根据董翠红等人（2015）提出的观点，老年人角色功能的评估主要涉及以下三个方面的内容。

一是承担角色的评估。这里又要了解老年人所承担的一般角色、家庭角色和社会角色。例如，对于一般角色，评估者可以询问："目前您是否还在工作？承担什么职务？您是否感到任务过重或不足？"对于家庭角色，评估者可以询问和了解："您是否照顾孙辈？您老伴是否健在？"社会角色的主要目的是收集老年人每日活动的资料，对其社会关系类型进行评价。例如，对于社会角色，评估者可以询问："您愿意参加老年人组织的活动吗？您对未来有什么规划吗？"

二是角色认知的评估。这里评估者应请老年人描述自己对承担角色的感受，与自己的角色期望是否相符，角色转变对自己的生活方式、人际关系方面的影响。与此同时，评估者还应询问别人（如家庭内的其他成员）对老年人的角色期望是否认同。

三是角色适应的评估。这里评估者应让老年人描述自己对所承担角色的满意度以及与自己的期望是否相符，观察其有无角色适应不良所引起的身心行为反应，如头痛、抑郁、焦虑等。

家庭维度

根据董翠红等人（2015）提出的观点，有关家庭维度的评估主要包括以下几个方面的内容。

一是家庭的基本资料，这主要包括老年人家庭成员的姓名、年龄、性别、受教育程度、从事的职业及健康状况等。

二是家庭的结构类型。社会学界一般将家庭结构划分为主干型、联合型、核心型和单身型四种。

三是家庭成员间的内在关系。具体而言，这主要包括家庭内的基本关系现状（包括夫妻关系、父子关系、母子关系、婆媳关系、祖孙关系等）以及成员间关系的融洽程度。

四是家庭的功能与资源。这具体是指家庭本身所固有的性能和作用。良好的家庭功能与资源能够较好地满足家庭成员的需要，以

及社会对家庭的基本期望。它对老年人的作用主要表现在为老年人
提供全部或部分经济支持、日常生活照顾、情感支持及健康防护等。

五是家庭内的压力。家庭内的压力一般来源于家庭中发生的重
大生活变化，如家庭成员间关系的改变、家庭成员间的角色冲突、
家庭成员患病或死亡等。这些都会扰乱家庭的正常生活。

社会适应维度

有研究者(Gunzburg，1963)提出了观察社会适应行为的四个指
标：一是自理能力，主要指饮食、穿戴和排便自理能力；二是沟通
能力，主要指自我表达和了解他人的能力；三是社交能力，主要指
与人交往的社会技能；四是职业技能，主要指运动、手工以及工作
技能。因此，我们认为社会适应的评估可以从这四个指标入手。

韦德曼和特斯默（Wedman & Tessmer，1991)提出了社会适应
行为障碍的分级标准，如表 3-1 所示。

表 3-1 社会适应行为分级标准

分级标准	表现
轻度(能教育)	有通常的社会技能和职业技能，可达到低等自给，但如果处于非常的社会压力和经济压力时需要有指导。
中度(能训练)	在有保护的情况下，可从事一些非技术性的生活和工作；在有社会压力或经济压力时，需要有监护或指导。
重度(部分自理)	在完全的监护下生活半自理，在被控制的环境里可发展自我保护技能。
极重(需要护理)	有些运动和言语有发展，在自我照顾上可能有非常有限的改进，整体上需要人的护理。

韦德曼又进一步提出了评分标准。临界：有一定潜在的社会和
职业的适应能力。轻度：可以从事非技术性或半技术性的工作。中

度：部分生活可自理。重度：不能独立生活，经过训练可做些简单工作。极重：全部生活需要人护理。评估可以根据老年人在社会适应上的具体表现，将一些存在社会适应障碍的个体分入其中的一种类型。

3.2.2 老年人社会功能的评估工具

目前，国内用于评估老年人社会功能的工具主要有"社会功能缺陷筛选量表"(social disability screening schedule，SDSS)、"个体和社会功能量表(中文版)"(Chinese version of the personal and social performance scale，PSP-CHN)、"精神病人社会功能评定量表"(scale of social function in psychosis inpatients，SSPI)等。其中，"社会功能缺陷筛选量表"在老年人群体中被使用得较多，而"个体和社会功能量表(中文版)"和"精神病人社会功能评定量表"被使用得较少。下面，我们对这三个评估工具进行详细介绍。

社会功能缺陷筛选量表

"社会功能缺陷筛选量表"来源于1988年世界卫生组织制定的"功能缺陷评定量表"，并由我国12个地区精神疾病流行学调查协作组修订而成。目前，该量表在国内进行了广泛使用(蔡舒，刘雪琴，2008；刘玉平，2016)，取得了比较好的信效度。"社会功能缺陷筛选量表"共包括10个条目：职业和工作、婚姻职能、父母职能、社会性退缩、家庭外的社会活动、家庭内的活动、家庭职能、个人生活自理、对外界的兴趣和关心、责任心和计划性。每个条目分为3个等级：没有异常或者轻微缺陷(0分)、功能缺陷(1分)、严重功能缺陷(2分)。根据该量表的评分分级标准，得分越高代表社会功能缺陷越严重，0~2分为良好，2~9分为尚好，大于9分为差。值得说明的一点是，该量表由调查者直接询问家属来完成。

个体和社会功能量表

"个体和社会功能量表"是在"社会和职业功能评定量表"(social and occupational functioning assessment scale，SOFAS)基础上开发的一个评估患者社会功能的量表(司天梅，舒良，田成华，等，2009)。目前，该量表在国内进行了修订和使用(司天梅，舒良，田成华，等，2009；乔颖，何燕玲，赵靖平，等，2012)，且取得了比较好的信效度。该量表主要评估个体 4 个方面的功能：社会中有用的活动(包括工作和学习)、个人关系和社会关系、自我照料、扰乱及攻击行为。前 3 项共用一个评分标准，第 4 项单独使用一个评分标准。每个题项计 0～5 分。总分的范围是 0～100 分，分为 10 个等级。其中，71～100 分表示个体社会功能和人际交往无困难或有轻微困难；31～70 分表示个体有不同程度的能力缺陷；30 分及以下表示个体功能低下，需要积极的支持或密切监护。

精神病人社会功能评定量表

"精神病人社会功能评定量表"是由郭贵云于 1992 年根据"社会功能缺陷筛选量表"编制的。该量表在国内得到了一定程度的使用(盛嘉玲，窦忠运，周宝珠，1995；周朝当，贾淑春，普建国，2004；吴会敏，赵娇文，张燕华，等，2017)，具有较好的信效度。"精神病人社会功能评定量表"主要包括 12 个条目：饮食主动性、衣着状况、卫生自理情况、室内活动情况、外出活动情况、社会交往情况、与异性交往情况、对亲人的态度、对时事的关心、对学习的态度、劳动技能、组织能力和责任心。这 12 个条目可以根据性质归纳为 3 个因子：因子Ⅰ为日常生活能力(条目 1～3)；因子Ⅱ为活动性和社会交往情况(条目 4～8)；因子Ⅲ为社会活动技能(条目 9～12)。该量表采用 5 级(0～4)评分，总分分值范围为 0～48 分。总分越高表示社会功能恢复越良好，得分越低表示社会功能缺陷越严重。

3.3 老年人社会功能的维护

3.3.1 老年人社会功能的理论模型

针对老年人的社会功能，已有研究者提出了大量的理论模型，如生命阶段理论(the life course theory)、护航模型(the convoy model)、社会情感选择理论(the socio-emotional selectivity theory)、活动理论(the activity theory)、社会整合与健康连续模型(the social integration and health continuum model)等。这些理论模型的视角有的是从宏观方面入手的，有的是从微观方面入手的，有的是兼而有之的。

为了更为准确地和老年人的实际生活相吻合，我们试图从微观的视角出发，对已有的理论模型，特别是社会情感选择理论和活动理论，进行一定程度的整合。

第一，我们强调主观能动性在老年人社会功能动态过程中的重要地位。具体而言，维护老年人的社会功能应当以老年人的主观愿望为出发点，并尽可能满足老年人的基本社会需求。在此过程中，老年人可以根据自己的实际情况，对自身的各种状态(如情绪情感等)与各种社会网络进行适宜性的调整。第二，较高水平的老年人社会功能要以活动为基础。然而，与活动理论有所区别的是，这里的活动不再泛指很多的活动，如生产性活动、志愿、业余爱好、社会交流、锻炼等(李海峰，陈天勇，2009)，而是应同时具备两个基本的特征。一是这种活动能够维护老年人的生理健康。换言之，该活动起到一定的锻炼作用。二是这种活动带有一定的社交性，在一定程度上起到保持社交网络的作用。在该活动中，参与的老年人被维系在了一个较为稳定的社交团体中，成员间保持了一定的联系和交流。具体而言，我们所提出的老年人社会功能理论模型如

图 3-1 所示。

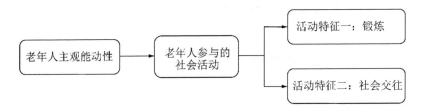

图 3-1　老年人社会功能的理论模型

3.3.2　维护老年人社会功能的活动案例及其分析

根据前文我们总结提出的老年人社会功能模型，活动对于维护老年人社会功能起到了十分重要的作用。为了进一步对老年人维护自身社会功能起到指导作用，我们将结合活动的两个基本特征举一些活动的案例，并加以具体分析。

健步走及其对维护老年人社会功能的作用分析

世界卫生组织提出的 21 世纪健康箴言：最好的医生是自己，最好的药物是时间，最好的运动是步行。作为步行这种锻炼形式中的一员，健步走这几年正在国内迅速流行，并成为 2017 年全民健身日的主要推广活动之一。

健步走指的是以促进身心健康为目的，讲究姿势、速度和时间的步行运动。具体而言，健步走在自然行走的基础上，伸直躯干、收腹、抬头、挺胸，随着走步速度的加快而自然弯曲肘关节，以肩关节为轴自然前后摆臂，同时腿朝前迈，由脚跟着地过渡到前脚掌，然后推离地面。健步走时，上下肢应协调运动，并配合深而均匀的呼吸。在健步走的过程中，速度的快慢是决定锻炼效果的关键因素。根据个体每分钟的步幅频率，健步走通常又可以进一步划分为慢步走(步幅频率为每分钟 70～90 步)、中速走(步幅频率为每分钟 90～120 步)、快步走(步幅频率为每分钟 120～140 步)、极快速走(步幅频率为每分钟 140 步以上）。

从活动的两个基本特征出发，我们发现健步走可以比较好地达到健身的目的。美国运动医学会及美国心脏协会的《规律运动指南》指出，成年人长期有规律地有氧运动在保持或降低其自身体重、降低慢性疾病风险等方面将发挥一定的作用。作为有氧运动的形式之一，长期进行健步走活动也有可能在以下三个方面对老年人的生理健康发挥积极的作用：一是降低心血管患病风险；二是减少体内脂肪百分比，预防过度肥胖；三是提高人体的免疫能力。从整体上看，健步走所达到的健身目的将为维护老年人社会能力打下良好的生理基础。

然而，健步走这一活动形式所带有的社交性却比较少。不容否认的是，老年人可以独自进行健步走活动，而不一定需要组团进行。换而言之，健步走无法有效地将参与的个体联系起来，形成一个相对稳定的团体，用以维护和拓展老年人的社交网络，进而在一定程度上提高他们的社交频率和社会支持度。因而，老年人在进行健步走活动时，可以考虑与一些志同道合的朋友组成小型的社团。这样将更为有效地维护老年人的社会功能。

麻将及其对维护老年人社会功能的作用分析

麻将是一种起源于中国的游戏活动。客观地说，麻将在中国社会中十分普及。此外，早在 20 世纪 20 年代，麻将就辗转传入日本、澳洲、美国和欧洲等地。目前，麻将这一娱乐性、博弈性、益智性活动已经在全球范围内形成一定的影响，并得到各地人民的喜爱。

麻将的用具一般为用竹子、骨头或塑料制成的小长方块，上面刻有花纹或字样。每副麻将有 126 张牌（有的地区为 74 张）。麻将活动一般有 4 人参与进行。与其他的骨牌相比，麻将的玩法最为复杂、有趣。一方面它的基本规则简单，十分容易上手；另一方面它的具体打法又因人而异，变化多端。在这里，我们就不再对麻将的具体规则进行详细介绍。

从活动的两个基本特征出发，我们发现麻将活动带有很强的社交性。在国内一些麻将活动比较盛行的地区，如四川等，麻将已经较为显著地成了一种社交活动。老年人在参与麻将游戏的过程中，不仅享受了游戏带来的乐趣，还与游戏中的其他人进行了较多的交流。在长期参与麻将活动的过程中，老年人可以与一些固定牌友建立较为稳固的友谊。因此，我们认为麻将活动在拓展老年人社交网络、为老年人提供情感交流渠道和社会支持等方面具有特殊的积极作用。

然而，麻将作为一种静态的脑力游戏活动，并不能在保持老年人生理健康方面发挥积极的作用。从环境因素而言，老年人在参与麻将活动时，大多是在家里或者一些公共的棋牌室里。室内的空气流动性不佳，加上一些人抽烟，对老年人的身体健康很有可能造成一定的危害。同时，老年人长时间保持坐姿，也会增加其颈部、腰部等部位患病的风险。此外，麻将活动还具有一定的成瘾性，这有可能对老年人的心理健康造成不利的影响。因此，我们认为，为了有效地维护老年人的社会功能，老年人在参与麻将活动时应秉承适度的原则，同时要兼顾一些体育锻炼的活动。

摄影及其对维护老年人社会功能的作用分析

伴随着摄影术在 1837 年的诞生，摄影开始逐渐成为一门独立的艺术。摄影是一门随着摄影技术的形成和发展而产生的应用科学，它以摄影光学、摄影化学和电子成像技术为基础，在长期实践中形成了独特的拍摄体系。在摄影艺术逐渐在中国推广的过程中，不得不介绍的一位先驱就是郎静山。郎静山于 1892 年出生在江苏淮阴（现淮安市）。在艺术上，他结合中国古典水墨画的手法，总结出了集锦摄影法。在社会活动上，他是中国第一位摄影记者，第一位开创摄影教育的摄影家，是中国摄影学会的创办人之一。因而，郎静山为摄影在中国的早期传播和发展发挥了十分重要的作用。

新中国成立后，随着人民群众生活水平的不断提高和精神世界的不断丰富，摄影在中国得到了进一步普及和推广。在摄影组织和相关活动的开展上，中国摄影家协会及其在各省市的分支组织先后成立，相关的活动以及各种与日常社会生活紧密联系的摄影比赛、影展十分活跃，深受人民群众的喜爱。以江苏省淮安市为例，淮安市摄影家协会下辖洪泽区摄影家协会、清江浦区摄影家协会、涟水县摄影家协会等多个分支机构，并接受淮安市文联在业务上的指导。此外，淮安市总工会于2017年还成立了淮安市职工摄影家协会。总体上的会员数（涵盖淮安市摄影家协会和淮安市职工摄影家协会）已经有近两千人，其中同时是中国摄影家协会会员的人数也有一百多人。在摄影教育上，全国开设摄影专业本科的高校已有几十所，其中不少高校还设置了硕士研究生的相关专业（一般为广播电视编导或新闻学下设的方向）。不少地区的老年大学也开设了摄影专业，用于开展社会教育。综上而言，摄影已经不再单纯作为一种艺术形式被束之高阁，而是逐渐成为广大人民群众用于记录生活、自我提升、自我表达的社会活动。

从活动的两个基本特征出发，摄影活动带有一定的社交性。正如前文所述，摄影组织在全国的省、市、县中十分普及和完善。老年人在参与摄影活动的过程中，很容易在相应组织中找到一些志同道合的朋友，他们彼此间可以交流和切磋摄影作品。这对于维护和拓展老年人的社交网络大有裨益。以笔者的忘年交王松春先生为例，他退休前一直在淮安市文化馆从事摄影的专业创作，同时也是淮安市摄影家协会的创办人员之一。王老为了跟上潮流，甚至在70岁后自学了上网，与淮安市不少摄影爱好者保持频繁的交流。此外，欣赏优秀的摄影作品还有助于提高老年人的审美和情操，并在保持老年人的良好心情上发挥一定的作用。

然而，不可否认的是，在摄影的不同分类中，可能只有风光摄影有助于保持和促进老年人的生理健康。其他的摄影分类，如商业摄影、人像摄影、静物摄影等，都不太需要个体太多的运动。因此，老年人在参与摄影活动的同时，也要注意提高自身的运动量，并将二者有机结合起来。这样将更有效地维护老年人的社会功能。此外，摄影器材一般都比较昂贵，大量购买有可能给老年人的生活带来一定的经济负担。因此，老年人在摄影器材的购买上要尽可能地秉承实用原则，不要盲目地跟风或攀比，并尽可能在购买前咨询专业人士的意见。老年人也可以先购买一些入门级的器材，然后根据自身感兴趣的方向逐步购买一些更为专业的器材。

"广场舞"及其对维护老年人社会功能的作用分析

近年来，伴随着人民生活水平的日益提高，社区体育活动开始蓬勃发展（于秋芬，2014）。作为社区体育活动的重要形式之一，广场舞由于对场地和设备等客观因素的要求相对较低，因此在人民群众中迅速得到推广和普及。

广场舞指的是居民自发地以健身为目的的，在广场、院坝等空旷场地上进行的富有韵律的舞蹈形式。居民在进行广场舞活动的过程中，通常伴有高分贝、节奏感强的音乐伴奏。在整体上，广场舞呈现出以下几个方面的特征。一是团体性，这里的团体性又包含两方面的内容。一方面，在广场舞开展的过程中，参与人数是比较多的，少则几十人，多则一百多人；另一方面，广场舞强调参与人员动作的协调性和一致性，大家在统一的音乐伴奏下起舞，以呈现整体美感。二是自发性，人民群众往往在相对固定的时间里，自发地参与广场舞活动。三是娱乐性，人民群众在参与广场舞的过程中不仅实现了健身，也享受了舞蹈带来的快乐。

从活动的两个基本特征出发，我们发现广场舞具有一定的健身作用，特别是在协调肢体动作和保持记忆力等方面有积极作用。作为舞蹈的一种形式，广场舞同样也要求舞者能够尽可能地配合音乐节奏，做出相对协调的肢体动作。同时，广场舞也要求舞者记住在不同歌曲中的相应动作。这刺激了相应的脑区，起到了延缓记忆力随年龄衰退的趋势的作用。以上积极作用将为维护老年人的社会功能奠定重要的生理基础。

此外，广场舞也具有一定的社交性。正如前文所述，广场舞是一种集体性活动。居民在长期组织、参与该活动的过程中，一般会形成一个相对稳定的团体。在该团体中，成员相互之间的社会性交流十分频繁，这又为成员提供了新的社交平台和更多的社会支持。一些老年人在参与广场舞活动的过程中，与一些志同道合的朋友组建了舞蹈队。在每天晚上的固定时间，他们都会在广场上学习新的广场舞曲目或练习旧的广场舞曲目。舞蹈队里的成员之间也结下了深厚的友谊，彼此在生活上相互帮助、相互扶持。因此，广场舞较为有效地兼顾了活动的两个特征，能够在维持老年人社会功能方面发挥较为全面的作用。

然而，老年人在进行广场舞活动的过程中，也需要处理好自身权益和他人权益之间的关系。目前，居民进行广场舞活动引发的噪声污染等一系列社会问题层出不穷，引起了社会各界的广泛讨论。国内的一些城市先后出台了相关的地方性法规，试图对广场舞引发的噪声污染问题进行治理。例如，2014 年温州市鹿城区发布了广场舞公约，并由公安、环保、城管等部门联合执法。西安市出台的《西安市环境噪声污染防治条例》规定：在街道、广场、公园，开展宣传庆典、文化娱乐、体育健身等活动中，使用音响、抽打陀螺、甩响鞭等方式，产生噪声影响周边居民正常休息的，由城市管理综合执法主管部门责令改正，给予警告；拒不改正的，将对单位或个人进行罚款处罚。从本质上而言，这种冲突是居民的体育权利和安居权利间矛盾的表现（于秋芬，2014）。在现今公共体育资源还比较紧缺的现实背景下，老年人在参与广场舞活动的过程中，也要合理地组织和安排：一方面，尽量降低播放音乐的音量，并避免在过早和过晚的时间开展活动；另一方面，在遭遇矛盾和冲突时，要加强沟通和交流，避免采取极端手段导致事态进一步升级和恶化。

3.4　针对病态老年人社会功能的干预

目前，国内针对病态老年人社会功能的干预主要包括两个方面的内容：针对心理或精神疾病老年患者社会功能的干预和针对生理疾病老年患者社会功能的干预。下面，笔者就从这两个方面内容出发，分别加以具体介绍。

3.4.1　针对心理或精神疾病老年患者社会功能的干预

国内研究者一般采取两种方式对心理或精神疾病老年患者的社会功能进行干预：采用心理治疗或将心理治疗、认知干预、生活锻炼等方面结合起来的方式。在这里需要说明的一点是，考虑到老年人心理或精神疾病的不同严重程度，研究者在采取以上两种干预方式的同时，有时还会对这些老年人进行药物治疗。

针对心理或精神疾病老年患者社会功能的心理治疗

国内研究者在使用心理治疗的方法对心理或精神疾病老年患者社会功能的干预或恢复上进行了一系列有益的尝试，且均取得了一定的效果。然而，国内心理治疗的发展还相对滞后，这方面的尝试仍显得比较少并正处于进一步发展的过程中。下面，笔者将就这些尝试进行举例，并加以具体介绍。

孙磊等人(2016)考察了在药物治疗的基础上，团体人际心理治疗对老年抑郁症患者社会功能及生活质量的干预效果。他们将 84 名老年抑郁症患者分为两组：研究组和对照组(各 42 名老年人)。其中，对照组只接受药物治疗。研究组在药物治疗的基础上，每周接受一次团体人际心理治疗。两组均接受 12 周的治疗。团体人际心理治疗的主要内容如下：一是了解每一位患者的病情及抑郁发生时的人际问题，确定治疗目标，向患者解释治疗的过程，并征得患者的同意；二是患者相互介绍、促进彼此熟悉，向患者讲解老年抑郁症的相关知识、团体心理治疗的原理和过程，引导患者发现抑郁症状与自身人际关系问题的联系；三是帮助患者倾听相互的问题并提出看法，针对特定人际问题，帮助患者改变适应不良的交流模式，并试图做出改变，鼓励患者尝试建立社会支持网络；四是组织患者谈论抑郁症状的变化，讨论人际交流模式改变后生活中的变化及感受，对团体人际心理治疗进行总结。在该研究中，研究者使用"社会功能缺陷筛选量表"评估患者的社会功能。结果显示，在 12 周的治疗后，研究组的老年抑郁症患者在整体的生活质量评分、心理功能的子维度上的得分均显著高于研究组的前测得分和对照组的后测得分。研究组在社会功能上的得分均显著低于研究组的前测得分和对照组的后测得分。这表明，相较于单纯的药物治疗，药物治疗联合团体人际心理治疗的方式将更有助于改善老年抑郁症患者的社会功能和生活质量。

李净(2016)考察了在药物治疗的基础上，内观认知治疗对老年偏执型精神分裂症康复期患者社会功能的干预效果。他将 56 名老年偏执型精神分裂症康复期患者分为 2 组：观察组和对照组(各 28 名老年人)。其中，对照组只接受药物治疗。观察组在药物治疗的基础上，接受 4 周的内观认知治疗。内观认知疗法主要指的是借用"观察自我内心"的方法，设置特定的程序进行"集中内省"，以达到自我精神修养或者治疗精神障碍的目的。内观疗法又被称作"自我观察法"或"自我洞察法"。在研究中，患者参照内观认知疗法操作指南进行治疗，每天 1 次，每次 3 小时，共 28 天。患者以 3～5 年为一个回忆阶段，选择最亲近的人、次亲近的人、朋友、次讨厌的人、最讨厌的人为对象，以我为对方做的、对方对我做的、我给对方带来的麻烦为内容进行回忆。治疗遵循的原则为：进入情境、重温感受、换位思考、察觉感悟、联想矫正等。在该研究中，研究者使用以下工具对患者的社会功能进行评价，分别为："家庭亲密度与适应量表""自尊量表""自知力自评量表""信赖他人量表""容纳他人量表"。结果显示，对照组的前测和后测在社会功能各个维度上的得分均不存在显著差异。观察组的前测和后测在社会功能各个维度上的得分均存在显著差异。相较于前测得分，后测得分向好的方向发展。这表明，内观认知治疗对老年偏执型精神分裂症康复期患者社会功能的干预具有一定的效果，且有一定的参考性。

吴会敏等人（2017）考察了在药物治疗的基础上，规范化小组认知行为治疗对老年精神分裂症患者生活质量的干预效果。他们将 60 名老年精神分裂症患者分为两组：对照组和观察组（各 30 名老年人）。其中对照组接受包含药物治疗在内的常规护理，而观察组在此基础上还接受规范化小组认知行为治疗。在该研究中，规范化小组认知行为治疗是指在规范化的小组内进行认知行为治疗。认知行为治疗（cognitive behavior therapy，CBT）主要指的是通过改变思维来修正消极认知，从而达到改变不良情绪和行为的目的。具体而言，研究者将观察组中的 30 名老年人分为 3 个规范化小组，每周进行 2 次，每次 60 分钟的认知行为治疗，共持续 12 周。认知行为治疗的主要内容包括：认知训练，行为训练（主要是生活能力训练），社交技能训练（文化娱乐活动、情景模拟和角色扮演）等。在认知行为治疗的过程中，研究者对积极完成各项治疗作业的患者给予一定方式的奖励。在该研究中，研究者使用"精神病人社会功能评定量表"评定了患者的社会功能。结果显示，在治疗后，观察组在"生活质量量表"的总分及各个子维度的得分上均显著低于治疗前的得分和对照组的得分，这预示着治疗后观察组的生活质量得到提高且优于对照组。

观察组在"社会功能评定量表"的总分及各个子维度的得分上均显著高于治疗前的得分和对照组的得分，这预示着治疗后观察组的社会功能得到提高且优于对照组。此研究表明，规范化小组认知行为治疗有助于改善老年精神分裂症患者的生活质量和社会功能，是一项值得被注意的辅助治疗手段。

针对心理或精神疾病老年患者社会功能的综合治疗

国内研究者也开始将心理治疗、认知干预、生活锻炼、社会支持等方面的内容结合起来，对心理或精神疾病老年患者进行综合性干预，且均取得了一定的效果。从相关文献的发表时间来看，国内研究者开展综合性干预的时间要略早于单纯开展心理治疗的时间。这可能与近几年来心理学及其相关治疗技术逐渐开始被社会各界认知、接受和重视有一定的联系。换言之，直至近几年，研究者才开始认为心理治疗可以作为独立的辅助治疗手段加以运用。从另外一方面而言，综合性干预对相关的专业知识和操作要求略低，因而比较容易开展。这也可能是其开展较早的原因之一。下面，笔者将就这些尝试进行举例，并加以具体介绍。

朱峥泓(2013)考察了集束健康干预对老年抑郁症患者个人及社会功能的影响。研究者选取了在社区卫生服务中心诊治的38名老年抑郁症患者，并进行了较长时间的集束健康干预。在此研究中，集束健康干预方案主要包括健康教育、家庭教育、认知干预、社会支持等方面的内容。其中，健康教育主要指的是医务工作者向患者介绍抑郁症的相关基础知识，以及如何自我预防和应对等方面的知识。家庭教育主要是让家属进一步知晓患者的病情，鼓励家属参与治疗，建议家属给予患者身心方面更大的支持。认知干预主要是帮助患者针对已有的不良情绪进行重新认知，并注重培养患者的社交技能。社会支持主要是鼓励患者巩固已有的社交网络，建立新的社交网络，并从优化后的社交网络中获取更大的社会支持。在该研究中，研究者使用了"个体和社会功能量表（中文版）"来评估患者的社会功能。结果显示，在集束健康干预后，老年抑郁症患者在"老年抑郁量表"上的得分显著低于前测得分，其中16例患者的评分已经恢复至正常状态。老年抑郁症患者在"个体和社会功能量表（中文版）"上的总分，以及各子维度的得分（除扰乱和攻击行为之外）均显著高于前测得分。这些结果表明，集束健康干预对老年抑郁症患者抑郁症状的缓解、个体和社会功能的恢复具有一定的干预效果。

邓娟等人（2012）考察了综合康复治疗对老年精神分裂症患者社会功能的干预效果。他们选取了78名老年精神分裂症患者。在该研究中，综合康复治疗主要包括生活自理、劳动技能、社交技能等方面的康复治疗。其中，生活自理指的是研究者对患者进行个人日常卫生的料理训练，每天1次，每次30～60分钟。劳动技能指的是研究者对患者进行劳动技能的训练，每天1次。社交技能指的是研究者组织患者参加趣味活动、体操比赛、文娱演出等活动，或者组织患者到医院日间中心参与经营等，每周1次。在该研究中，研究者使用以下工具评估患者的社会功能，分别是"日常生活能力量表"、"简易智力状态检查量表"（mini-mental state examination，MMSE）、"精神护理观察量表"。结果显示，在6个月的训练之后，78名患者在"日常生活能力量表"和"精神护理观察量表"上消极因子的得分显著低于训练前，在"简易智力状态检查量表"和"精神护理观察量表"上积极因子的得分显著高于训练前。这些结果表明，综合康复治疗能够提高老年精神分裂症患者的日常生活自理能力、认知水平及社会交往能力。换言之，综合康复治疗在老年精神分裂症患者社会功能的恢复上具有一定作用。

张富松等人（2011）考察了心理社会干预对老年抑郁症患者社会功能及生活质量的干预效果。他们将320名老年抑郁症患者分为两组，其中单纯药物治疗组有160名老年人，药物结合心理社会干预组有 160 名老年人。在该研究中，心理社会干预主要包括以下几个方面的内容。一是心理健康教育，主要包括抑郁症的病因、症状、诊断、治疗的方法、不良反应、预防康复等方面的知识。心理健康教育的目的是启发患者认识自身精神状态，提高患者的治疗依从性。二是家庭干预，主要包括向患者及家属提供家庭支持、危机干预的知识及应对措施，向患者和家属介绍沟通交流的技巧，调整患者与家属之间的情感表达方式等方面的内容。三是认知行为治疗，主要针对药物不能消除的症状。其主要目的在于减少这些症状产生困扰的强度，增强应对能力和社会适应能力。四是技能训练，主要包括生活能力、家政能力、人际交往、应对精神应激和求职技能训练等方面的内容。在该研究中，研究者使用"社会功能缺陷筛选量表"评估患者的社会功能。经过 6 个月的治疗和干预后，心理社会干预组在"汉密尔顿抑郁量表""汉密尔顿焦虑量表""健康状况问卷""自知力与治疗态度问卷""大体评定量表""社会功能缺陷筛选量表"上的得分均显著高于单纯药物治疗组。这些结果表明，相较于单纯的药物治疗，心理社会干预与药物治疗相结合的方式将有助于进一步提高和改善老年抑郁症患者的社会功能与生活质量。

3.4.2 针对生理疾病老年患者社会功能的干预

目前，国内针对生理疾病老年患者社会功能干预的相关研究还比较少。其中可能的原因是当老年人患有生理疾病时，特别是比较严重的生理疾病时，相关研究者很自然地会将关注重点聚焦到如何缓解生理疾病的症状、恢复老年人的身体健康上。在对国内已有的相关文献进行总结后，我们发现国内针对生理疾病老年患者社会功能的干预主要有两个视角：一是分析生理疾病老年患者社会功能的影响因素，进而在理论上探讨如何对其社会功能进行干预；二是采用药物治疗的方式对生理疾病老年患者的社会功能进行干预。下面，我们就从这两个视角出发，分别举例进行介绍。

从第一个视角出发，蔡舒和刘雪琴（2008）考察了尿失禁对老年人社会功能的影响，并据此提出维护其社会功能的相关对策。在该研究中，他们选取了 11 名尿失禁老年患者。研究者使用"社会功能缺陷筛选量表"评估了患者的社会功能。结果显示，在这 110 名老年人中，有 90 人存在社会功能缺陷，社会功能缺陷发生率为 81.81%。年龄和尿失禁严重程度是老年人社会功能的显著预测变量。年龄越大，尿失禁程度越严重，对社会功能的影响越明显。此外，老年尿失禁患者的社会功能与生存质量之间存在显著相关关系。社会功能缺陷越严重，生存质量越差。据此，他们提出针对尿失禁老年患者社会功能的恢复要从以下三个方面着手。一是积极改善老年尿失禁患者的疾病症状。正如研究结果显示，尿失禁症状是影响老年尿失禁患者社会功能的主要影响因素之一。因此，要想恢复和改善老年尿失禁患者的社会功能，医疗护理的首要任务便是采取有效的措施，改善和缓解患者的临床症状。二是加强针对老年尿失禁患者的心理护理。从老年尿失禁患者的视角出发，尿失禁的相关症状很有可能对老年人的心理造成一定的压力，影响其社交自信心和正常的社会交往。因此，医务人员和社会健康工作者有必要加强对老年尿失禁患者的心理护理。三是帮助老年尿失禁患者建立良好的社会支持网络。具体而言，针对老年尿失禁患者的医疗护理服务应注意改善患者的家庭关系和已有的社交网络，从而帮助患者获得更多的社会支持。

从第二个视角出发，刘玉平（2016）考察了依达拉奉对老年急性脑梗死患者血清炎性因子及其社会功能的治疗效果。研究者将 80 名老年急性脑梗死患者分为两组，其中对照组的 40 名老年人只接受常规治疗；观察组的 40 名老年人在接受常规治疗的基础上，辅以依达拉奉的药物治疗。研究者使用"社会功能缺陷筛选量表"评估了患者的社会功能。结果显示，在治疗前，观察组和对照组在社会功能的评分上不存在显著差异。在治疗后，观察组在社会功能的评分上较治疗前显著下降，且显著低于对照组。这些结果表明，依达拉奉可以有效地提高老年急性脑梗死患者的社会功能，值得在临床上进行推广。

基于前文所述的两个视角，我们不难发现以往针对生理疾病老年患者社会功能的干预研究存在以下几个方面的问题和缺陷。一是国内研究者开展的干预研究在数量上仍然极少，理论上的探讨相对多一些(总体数量也比较少)。这使得我们无法对一些干预方法的有效性进行广泛验证。二是已有的干预研究大多都是采用单一的药物治疗，几乎没有辅以心理治疗或综合性治疗。正如前文所述，在药物治疗的基础上，心理治疗或综合性治疗在对心理疾病老年患者社会功能的恢复中都取得了比较好的效果。那么，药物治疗结合心理治疗或综合性治疗的干预方法是否会在生理疾病老年患者中同样取得比较好的效果呢？这有待于未来研究者进一步尝试和验证。

3.4.3 针对病态老年人社会功能的干预模式

总体上，国内研究者开展了一些针对病态老年人社会功能的干预研究，且大多数都取得了一定的效果。其中针对心理疾病老年患者社会功能的干预研究较多，干预的方式主要有两种：基于心理治疗的方式和基于综合性治疗的方式。而针对生理疾病老年患者社会功能的干预研究还比较少，且基本上都只是采用了药物治疗的单一方式。在对这些干预研究进行总结后，我们试着提出了针对病态老年人社会功能恢复的"一个基础、一个支撑、多点结合"的动态干预模式。下面，我们就对这一动态干预模式进行介绍。

"一个基础"主要指的是针对病态老年人社会功能恢复的干预要以医学治疗和护理为基础。无论是老年人的生理疾病，还是心理疾病，在严重的情况下，往往都会涉及生理结构改变、内分泌失调等一系列临床上的症状。这意味着病态老年人只有接受专业的医学治疗和护理，才能恢复基本的生理健康。换言之，医学治疗和护理将有助于恢复病态老年人的生理健康，这将为他们社会功能的恢复打下坚实的基础。

"一个支撑"主要指的是针对病态老年人社会功能恢复的干预要着力于重构和优化老年人的社交网络，给予他们更多的社会支持。具体而言，社交网络的构建又包括了两个层面的内容，分别是原生家庭的关系重塑和新的社会关系的建立。从原生家庭的角度而言，家庭成员应从心理上逐步接纳病态老年人的现状，并共同商议如何对病态老年人进行进一步治疗，从而恢复他们的社会功能。此外，家庭成员应与病态老年人保持较多的交流，鼓励他们悦纳自己的现状，给予他们康复的信心。从社会关系的角度而言，干预人员应组织一些社会交往的活动，如集体性的联欢会等，鼓励病态老年人参与到这些活动中来。在病态老年人的社会功能恢复到一定水平后，干预人员应鼓励病态老年人根据自身的兴趣和爱好，自主参与到更多的社会交往活动中去。此外，干预人员也可以组织一些心理互助小组。病态老年人可以通过定期参与这样的心理互助小组，相互扶持，汲取更多的康复自信心。

"多点结合"主要指的是针对病态老年人社会功能恢复的干预要结合健康知识的普及、心理治疗、生活技能的锻炼等多个基本点，采用一种比较综合的方式。具体而言，干预人员要注重以下两个方面的内容。一是全面性，即干预人员在具体干预的过程中，应尽可能涉及多个基本点。换言之，在干预过程的早期阶段，干预人员应着力进行多方面尝试，为后期更为有效的干预过程打下坚实的基础。二是针对性，即干预人员在对某一类型病态老年人社会功能进行干预的具体过程中，应强调和突出某一个基本点。换言之，干预的基本点很多，干预人员可以根据病态老年人的具体情况，进行重点性的干预。针对性干预建立在早期全面性干预的基础之上。然而，针对性干预并不意味着干预人员只采取某一种干预方式。干预人员仍然要选择其他基本点，只不过这些基本点处于相对次要的地位。

总体上，"一个基础、一个支撑、多点结合"的干预模式是一个动态的过程。干预人员在具体干预的过程中，应实时地根据干预措施的效果和病态老年人的状态变化，对原有的干预策略进行进一步调整。整体的干预模式如图 3-2 所示。

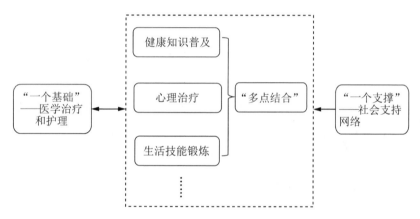

图 3-2 "一个基础、一个支撑、多点结合"的干预模式

认识老年人：老年人的
心理特征

根据世界卫生组织的定义，心理健康是老年人健康的重要组成部分。本部分将具体介绍老年人心理的基本特征，通过认识、了解老年人随着年龄增长其心理的发展变化特点，分析老年人的心理健康现状及其影响因素，为改善老年人心理健康状况提出相关建议。

4.1　老年人的心理特点

老年人群体有着与其他群体不同的心理特点。本部分主要介绍老年人的感知觉、记忆、智力、需要的特点，老年人的心理健康及其影响因素，老年人的心理健康评价与测量方法。

4.1.1　老年人感知觉特点

老年人视觉特点

第一，眼部病变比例高。随年龄增长，晶状体硬化，聚焦于较近的物体的能力下降，这被称为老视现象，即老花眼。黄海静等人（2017）的调查显示，38％的老年人视力正常，62％的老年人视力存在一定的问题。在有视力问题的老年人中，患有生理性老视（老花眼)的占 38%，患白内障的占 12%，其他问题有青光眼、黄斑变性、糖尿病视网膜疾病等。

第二，立体视觉功能降低。立体视觉是人的重要视觉功能。它能使人感知外在物体的三维空间关系，准确判断周围物体的大小、位置、方向和距离。立体视觉对老年人的生活有重要作用。随着年龄增长，老年人的立体视觉功能降低。刘海峰等人(2000)在研究中对 161 名 60～93 岁的老年人进行了立体视觉检查，结果表明 87.6% 的老年人有立体视觉，但部分老年人的立体视觉范围明显变窄。立体视觉功能降低明显影响老年人的生活质量，如夹菜、灌热水壶以及穿针引线等存在障碍；更重要的是安全问题，如上、下楼梯时不能明辨台阶的位置及高低，出门时不能判断周围快速移动的车辆或物体的准确方位和距离，这样增加了意外伤害的可能性。

第三，瞳孔变小导致感光能力变差。随着年龄增长，老年人瞳孔变小，能进入眼睛光感受器的光减少，瞳孔对光环境变化的适应能力也逐渐降低。人在 60 岁时眼睛能够接收到的光量只有 20 岁时的 33%；在将近 80 岁时，这个数字就更是降到了 12%。这意味着老年人在光线不足的环境中面临更大的视觉困难。

第四，更易发生眩光。眩光是指视野中在空间内存在极端的亮度对比，视野内产生人眼无法适应的光亮感觉，以致引起视觉不舒适和降低物体可见度的视觉现象。可能引起厌恶、不舒服甚至丧失明视度。老年人的眼睛容易产生眩光。老年人的黑眼球、角膜一般仍然透明，但稍变厚，外界光线照到眼球上可引起光线散射。老年人比年轻人更易出现眩光，在日光或夜晚灯光下更易出现怕光现象，因而看不清外界物体或目标。

第五，视觉对比的灵敏度下降。老年人要想清楚地区分目标和背景，就需要更加清晰的边界和更大的对比度。陈华(2003)的研究以 20 岁年轻人的视觉敏感度为基点，提出不同年龄段为保持相同的可见度所需要增加的对比因数。在 60 岁时这个对比因数为 2，随后随着视觉对比敏感度的急剧下降，80 岁时这个对比因数就达到了 6。

第六，视觉适应变慢。视觉适应是指因刺激的持续作用而引起的视觉感受性的变化。视觉适应分为暗适应和明适应两种类型。暗适应指人从明处到暗处的感受性的变化；明适应指人从暗处到明处的感受性的变化。黄海静等人（2017）的研究显示，老年人视力的衰退会降低其明暗变化的适应能力。调查发现，从明亮环境到暗环境或者从暗环境到明亮环境时，52％的老年人表示不能马上适应，而要经过十几、二十秒才能反应过来；马上能适应的老年人占 24％，不及前者的一半；18％的老年人需要 1 分钟左右才能适应；个别视力更差的老年人则需要几分钟及以上的时间。这增加了他们在晚间活动或开车的困难。

第七，视野变小及景深感觉减弱。周边视觉下降导致视野减小，使得老年人有时会对眼前的物体视而不见。对比敏感度降低导致物体间对比和物体边界变模糊，景深感减弱，从而使老年人不能准确判断物体的远近和高低。

第八，颜色视觉退化。水晶体发黄、增厚，使眼睛对颜色的感知力下降，将进入眼睛的短波光过滤掉，阻碍蓝色光进入眼睛。这使老年人对蓝色和绿色的辨别变得困难，他们也不易看清纹理和图案。1957 年，吉伯特（Gibert）研究发现，颜色鉴别能力从 29 岁起以每 10 年为一个周期减弱，相对于对红色、黄色的鉴别能力，对蓝色、绿色的鉴别能力下降得更为明显。弗里德里希斯（Friedrichs，1969）研究发现，70 岁时颜色知觉有明显变化，但直至 90 岁时这种变化才达到影响正常生活的程度。

视觉的变化对老年人的生活产生了不利影响。黄海静等人（2017）对 50 名老年人的调查显示，57％的老年人的视觉变化对其生活有影响。其中，12％的老年人表示自己看不清楚人或物，常因看不清楚熟人没打招呼而感到尴尬。约 24％ 的老年人由于视力不好而不能再看书、看报或者练习书法。约 9％ 的老年人会因看不清而不能再做针线活。约 6％ 的老年人表示自己走路比以前更加不方便，尤其是晚上。约 6％ 的老年人认为看电视或者看手机比较费力等。

老年人听觉特点

第一，听力衰退。随着年龄的增长，很多老年人出现听力衰退。张勉等人（2008）对南宁市社会福利院的 52 位老年人进行听力调查发现，被定为听力残疾的有 42 例，占 80.77％，其中，26 例为男性，16 例为女性。老年性耳聋是一个生理老化的过程，是随着年龄增长听觉器官衰老、退化的表现，呈渐进性的感音神经性听力减退，先是高频听力下降明显，中、低频听力尚可，之后逐渐发展至低频听力下降。

第二，言语理解能力降低。随着年龄增长听力衰退，言语理解能力也成比例地降低。林德曼（Lindeman & Platenberg-Gits，1990）调查了荷兰 7 座养老院的 111 名老年人，发现他们从 60 岁左右开始出现语言理解困难，70 岁时就有相当明显的语言理解障碍。这一方面是由于以年龄为主要因素的听力减退，另一方面是由于认知能力（如记忆力和推理能力）的减退。

老年人嗅觉特点

第一，嗅觉衰退。希夫曼在 1979 年应用一种嗅觉测定仪，比较了大学生和老年人辨别嗅觉、味觉的能力。两组人的情况和社会经济水平尽可能相同。希夫曼发现，大学生比老年人更能嗅出低浓度的气味。老年人不仅对食物的嗅觉下降，而且对不好气味的感受能力也下降。希夫曼用类似尿的气味对他们进行实验，发现老年人嗅出这些气味的能力较嗅出食物的气味更为困难。希夫曼也发现，老年人失去了辨别不同味道的能力，也不能鉴定类似的味道。

佩尔扎特认为老年人对煤气这类警告性气味的敏感性不如年轻人。

因此，老年人不大容易注意到煤气泄漏。老年人还有所谓"交叉适应"，即某些气味能让人感觉不到其他的气味。比如，香草的气味能够降低人对玫瑰香气的敏感程度。年轻人的嗅觉从来不会出现"交叉适应"，而 20％的老年人都会有"交叉适应"。

对于老年人来说，受嗅觉衰退影响最大的就是吃饭。人们通过鼻子来辨别食物的大部分味道。如果失去了嗅觉，食物可能就变得寡淡无味。即使老年人的嗅觉已经减弱，也可以用胡椒、辣椒、桂皮等调料，让老年人在吃东西的时候享受到食物的美味。

第二，阿尔茨海默病患者出现明显的嗅觉障碍。很多研究显示，阿尔茨海默病患者会出现明显的嗅觉障碍。早在 1974 年，瓦尔登（Walden）就提出阿尔茨海默病患者存在嗅觉障碍。一系列研究显示，阿尔茨海默病患者嗅觉功能障碍包括气味的感知、识别和再认记忆全面受损。王黎萍（2004）对 30 例轻、中度阿尔茨海默病患者的嗅觉功能进行了全面的评估，结果显示，轻、中度阿尔茨海默病患者的气味感知、气味识别和气味再认记忆功能均受到损害，与既往的研究结果一致，嗅觉障碍为阿尔茨海默病的早期症状。

老年人的味觉特点

老年人的味觉特点表现为味觉衰退，但衰退的个体差异性大。张作礼等人（1987）对 310 名老年人的味觉测定发现，老年人对于四种不同呈味物质的味觉阈值的几何均数较年轻人有明显提高。这证明老年人的味觉功能明显减退，但是衰退的规律和程度具有很大的个体差异性。张作礼等人的研究发现，老年人对酸和苦的味觉感受性减退程度更为明显。陈志兴等人（1985）研究发现，最先减退的是酸味觉，味觉减退的基本规律是酸＜咸＜甜＜苦。张宁宁（1992）对 30 名年龄在 60～75 岁的老年人进行味觉测定发现，与成年人相比较，老年人对甜味、酸味的感觉下降，苦味觉增高，而咸味觉没有改变。研究还显示，仍有 1/4～1/3 的老年人的味觉功能仍很好，即使在 80 岁以上，仍和年轻人完全相同。这说明老年人味觉衰退的个体差异性很大。

老年人味觉衰退的原因有很多。老年人机体代谢改变、内分泌异常、脑动脉硬化、肝机能不全和糖尿病都是造成味觉功能减退的重要因素，特别是微量元素锌、铁缺乏。唾液分泌量减少，口干舌燥，唾液的 pH 值和电解质含量的变化都可造成味觉功能的改变。味觉退化与舌头上味蕾减少也有关系。一个人年龄越大，味觉受纳器就越少。例如，轮廓乳头中所含的味蕾，从出生到成人时有 200～250 个，老年时则减少到 100 个左右。轮廓乳头在青年时期发育最完全，45 岁以后开始有退化性改变。因此老年人的味觉不灵敏。

老年人肤觉特点

肤觉是客观刺激作用于人的皮肤所产生的感觉。肤觉包括触觉、温度觉、痛觉。触觉，又称触压觉，包括触觉和压觉，是皮肤触及物体或承受物体压力时产生的感觉。温度觉是冷觉和温觉的合称，其区别在于刺激物的温度是高于还是低于皮肤表面的温度，也就是生理零度。如果高于生理零度，则产生温觉；如果低于生理零度，则产生冷觉。痛觉因肌体损伤或被破坏而引起。

老年人皮肤变薄、干燥、粗糙、有鳞屑、皱纹增加，皮下脂肪少，皮肤松弛、弹性减退、萎缩、色素沉着（在手背和面部暴露部位出现黄色或褐色色素沉着斑，俗称"老年斑"）。皮肤的感觉功能、血管反应性、体温调节、出汗和皮脂腺分泌能力均有所下降。在寒冷的冬季，由于缺少皮脂，老年人的皮肤就会干燥脱屑，甚至可见细小裂口，再受温度变化、衣服纤维灰尘等的刺激，老年人的皮肤就出现瘙痒的感觉。受外伤时皮肤易破损，伤口的愈合速度也减慢了。

老年人对低温和高温的感知能力随年龄增长而有不同程度的下降，反应变迟钝，不能敏锐地感知高温的灼热和低温的寒冷，容易受到意外伤害。承欧梅等人（2005）研究发现，老年组的各感觉阈值均高于非老年组。老年人上肢的温度觉阈值低于下肢，也就是上肢比下肢对温度要敏感。

4.1.2　老年人记忆特点

第一，记忆随年龄增大而减退。许淑莲等人（1985）的实验表明，记忆老龄化表现有阶段性，50 岁后开始减退，50～60 岁无明显差异，70 岁以后又有更显著减退。吴振云等人（1985）的研究也证实，75 岁以后的记忆减退比 60 多岁时明显，年轻的老年人（60～74 岁）比年长的老年人（75～89 岁）的记忆要好些。黄文湧（2017）以"智力状态检查量表"检查立即记忆一题的成绩作为瞬时记忆的客观指标，以回忆一题的成绩作为短时记忆的客观指标。结果显示老年人短时记忆有障碍的发生率为 26.9%。随着教育程度增加，短时记忆减退的比例下降。体力劳动者的短时记忆减退比例高于脑力劳动者。但是，老年人的记忆减退不是整体性和全面性衰退，具有不同记忆类型衰退的差异性和个体的差异性。

第二，近期记忆弱，远期记忆强。老年人往往对童年往事历历在目，纵然已经过去几十年，讲述起来依然清晰明了。但他们却经常想不起发生在几天前、几小时前，甚至几分钟前的事情，在近期发生的事情上显得十分健忘。

第三，短时记忆弱，长时记忆强。许淑莲等人（1982）研究表明，老年人短时记忆的特点是在逻辑故事记忆、图像自由回忆、数字广度记忆和指向记忆四项成绩上，均有随年老而衰退的明显趋势。其中除数字广度外，其他三项记忆在进入老年后（65～90 岁）有继续减退的趋势。

第四，工作记忆老化。工作记忆作为人类认知活动的核心，具有相对复杂的结构。工作记忆的多成分模型和注意控制模型都表明，工作记忆既包含短时记忆成分又包含中央执行控制能力。其中，中央执行控制能力被认为是工作记忆的核心成分，主要负责工作记忆中的控制性加工，其功能主要包括协调工作记忆中的各子系统功能、控制编码和提取策略、操纵注意管理系统以及从长时记忆中提取信息。

刘昌等人(2000)的研究结果表明，工作记忆能力的高低对心算加工效率存在明显影响，高工作记忆能力组的心算效率约是低工作记忆能力组心算效率的 1.32 倍。工作记忆对心算年老化的作用量为 30%～50%。李德明(2003)的研究还表明，很有可能在认知老化进程中，由于加工速度影响了工作记忆，进而影响了认知老化。

根据恩格尔(Engel)等人的观点，工作记忆广度随年龄衰退主要反映的是中央执行控制能力(如对于前摄干扰的控制)而非存储容量本身的衰退，即执行控制功能随年龄衰退可能是老年人工作记忆任务成绩衰退的主要原因。

第五，机械记忆弱，理解记忆强。对无关联信息的机械记忆，老年人的成绩要显著低于年轻人，表现为老年人不善于死记硬背。在面对一串数字、一堆英文单词时，老年人经常感到记忆困难。这表明老年人的学习记忆较多依赖于从长时记忆中取得支持，难以建立和过去经验无关的新联系，而这又和老年人很少自动运用记忆方法有关。但老年人擅长理解记忆，凡是他们理解了的知识，他们就会记得快，记得准，记得牢。心理学家曾做过一个实验，给出两项学习任务：一项是机械记忆，另一项是理解记忆。他们要求老年人和青年人同时记忆。结果发现，在机械记忆学习中，老年人的学习成绩明显低于 20～30 岁的年轻人；而在理解记忆学习中，老年人的学习成绩与年轻人不相上下，理解记忆是老年人所擅长的。

第六，情景记忆弱，语义记忆与年轻人没有差异。情景记忆即以时间和空间为坐标对个人亲身经历的、发生在一定时间和地点的事件(情景)的记忆。情景记忆是对增龄最敏感的记忆，受年龄影响的程度远高于其他记忆类型。汪凯等人（2002）认为情景记忆障碍与老年人额叶功能的衰退有关。语义记忆是涉及词和概念的含义的记忆。研究发现，老年人的语义记忆与年轻人的语义记忆没有显著差异。研究者（Walsh & Baldwin，1977）用 4 个简单句组成一套实验材料，即树很高、树长在前院、树荫下站着一个人、人在抽香烟，被试需要用这 4 个简单句组成一些复杂句，每个复杂句中含 2～3 个简单句。例如，"树荫下站着一个抽香烟的人""前院的树荫下站着一个抽香烟的人"等。他们首先要求不同年龄的被试阅读每个简单句及含有简单句的复杂句，然后向他们呈现三类句子，即老句子、新句子（由简单句新构成的复杂句）和不一致的句子，并请被试回答是否阅读过它们。他们发现，在语义记忆方面，老年人和年轻人没有年龄差异。研究者（Lachman，Lachman，& Thronesbery，1979）从历史、地理、文学、神话、传记、运动、圣经、新闻等方面选取了 190 个问题，对青年组（19～22 岁）、中年组（44～53 岁）、老年组（65～74 岁）进行了测试。结果显示，三个年龄组之间没有显著差异，甚至在有些问题上，老年人回答的正确率高于中年人和青年人。实验者认为这是因为老年人的知识和经验发挥了补偿作用。即使存在一定的年龄差异，也是时代变迁过程中知识经验的内容构成所致，如老年人对以往的事情知道得多一些，年轻人对当下的事情知道得多一些。在语义记忆能力方面，老年人并不比中年人和青年人差。

第七，内隐记忆受年龄影响小，外显记忆衰退。内隐记忆是指在不需要意识或有意回忆的条件下，个体的过去经验对当前任务自动产生影响的现象，又称自动的、无意识的记忆。外显记忆则是在意识的控制下，过去经验对当前作业产生的有意识的影响，又称受意识控制的记忆。大多数被试的内隐记忆不随年龄的变化而变化，而外显记忆却明显相反，其毕生发展曲线呈倒"U"形。外显记忆受学习阶段的加工深度、学习后的时间间隔以及干扰因素的影响较大，而内隐记忆则受这些因素的影响较少。相对于外显记忆而言，内隐记忆不随个体年龄的增长而变化。

第八，前瞻记忆衰退。前瞻记忆是一个与日常生活紧密联系的记忆类型，是对预定事件或未来要执行的行为的记忆，即对于将来的某种意向和计划的记忆。前瞻记忆使人们记得要去做某事，如记住何时吃药、记得缴费等。日常生活中50%～70%的记忆失败都发生在前瞻记忆中。前瞻记忆的失败状况在老年人身上体现得更明显。李海萍(2008)的实验结果表明，基于时间的前瞻记忆需要更多的自我发动的加工过程，存在年老化效应。基于事件的前瞻记忆有外部线索作为适当时机启动行为的一个标志，更多依赖自动加工，因此衰退不及前者明显。

第九，再认好于回忆。许淑莲等人(1982)研究发现，老年人的再认明显好于自由回忆。他们认为老年记忆减退主要是由于提取困难，而较少是由于编码和储存的障碍，但仍有老化现象，并且随任务的困难程度而异。

第十，记忆减退可通过训练得到改善。陈长香等人(2011)研究了三种训练方法对改善老年人记忆的作用。研究者用"Rivermead行为记忆测验(第2版)"测量了老年人的记忆水平。对于路线即时回忆和延迟回忆评分差者，采取视觉记忆训练＋地图作业训练＋近期事件记忆训练＋手指保健操的方式。对于即刻回忆故事、即刻延迟回忆信息和即刻回忆路线评分差者，采取视觉记忆训练＋照片记忆训练＋彩色卡片拼图训练＋手指保健操的方式。对于脸部再认、图片再认、延迟回忆故事、即刻延迟回忆信息、延迟回忆路线、记被藏物品、回忆姓和名、回忆预约时间上评分差者，采取复述短小故事＋照片记忆训练＋彩色卡片拼图训练＋手指保健操的方式。研究结果显示，干预3个月后，有6项记忆评分提高。干预6个月后，有9项记忆评分提高。干预6个月与干预3个月的结果对比，有1

项记忆评分提高。这说明记忆训练方法达到了一定效果，有效延缓和阻止了记忆功能的下降。

研究者发现，通过技能锻炼、认知训练及营养干预都能有效地提高老年人的工作记忆能力。任杰等人（2009）研究发现，老年时开始学习钢琴有利于老年人的视听材料加工速度和听觉材料工作记忆容量的保持，这对老年人的认知能力发展有积极作用。高旭等人（2015）研究认为，老年人参加身体锻炼能够对其一般自我效能、老化态度产生积极影响，进而提高锻炼者的认知自我效能感，最终对认知功能产生积极影响。

2013 年，香港中文大学的郭（Kwok）等人开展了一项干预研究来考察认知训练的有效性。该项研究有 223 名主观记忆减退的老年人。研究者将被试随机分配到认知训练组（$n = 111$）和对照组（$n = 112$），其中认知训练组老年人接受针对注意、记忆和推理能力的综合认知训练。结果显示，经过为期 12 周的干预，认知训练组老年人的注意和记忆等认知功能得到显著改善，并且训练效果在训练结束 9 个月之后依然得到了保持。

目前，在国外研究中，针对老年人的认知训练研究主要有 3 种方式：基于策略的训练、基于过程的训练及多因素的训练。基于策略的训练包括位置法训练、联想法训练和人名面孔记忆术训练等。记忆策略训练能够有效提高个体特定的认知能力（如情节记忆），但是很难迁移到其他认知能力或日常功能上。

基于过程的训练是通过训练执行功能和工作记忆来改善记忆的方法。一般认为这种训练能取得较好的效果，可能是一种更有希望给老年人带来广泛迁移效果的训练方式。但是基于过程的训练的局限性在于其很难提高情景记忆这种受老化影响最为严重的认知能力。

多因素的训练的优势在于能广泛提高个体认知能力。尹述飞等人（2016）设计了一套针对感觉功能、短时记忆及阅读等认知功能的综合训练方案，结果只有实验组在多种认知测验成绩上有显著提升，而且成绩在训练结束 3 个月后得到保持。电脑游戏也越来越多地被用于老年人的训练研究。研究显示，老年人的电脑游戏训练有益于注意力和加工速度的提高。电脑游戏的趣味性强，能提高老年人的参与度，而且能更广泛地提高老年人的认知能力。研究发现，良好的睡眠有助于改善记忆。刘小平等人（2010）的研究表明，睡眠和记忆干预的综合作用可使老年人在记忆训练的基础上改善睡眠质量，记忆功能的改善效果更佳。

4.1.3 老年人的智力特点

智力总体上随年老有所衰退

关于智力与年龄的变化趋势，很多学者进行了大量的研究，研究结果却出现了较大的分歧。大量的横向研究表明：智力在成年期达到高峰以后，随着年龄的增长而逐渐衰退。同时，智力的发展变化也是不均衡的。例如，韦克斯勒和很多学者用韦氏测验测量的结果表明，全量表分在 20～34 岁时达到顶点，35 岁以后逐渐下降，60 岁以后急剧下降。就 11 个分测验的成绩来看，言语量表成绩的下降速度比操作量表成绩的下降速度要缓慢得多。格林和摩西（Green & Moses，1966）的研究指出，青春期以后智商的分数是平稳下降的，但言语智力与非言语智力的发展趋势不同，言语智力在 25～64 岁时平稳增长，非言语智力在 40 岁以后则开始衰退。陈国鹏等人（1990）用瑞文推理测验测量了年龄在 20～70 岁的群体，发现成人各组测验的平均得分随年龄的增长而下降，20～25 岁仍处于智力发展的高峰期；30～45 岁智力有下降的趋势，但不显著，且保持平稳状态；50 岁后智力开始出现明显下降。

大量纵向研究表明：智力并没有随着年龄增加而显著衰退。奥文斯（Owens）的纵向研究从 1919 年持续到了 1976 年，分别在 1919

年、1950 年、1960 年、1976 年对同一批被试用同一智力量表进行了测量。测验结果证明，在 1950 年的测验中，被试的全量表智商比 1919 年提高了 5.5 分；1960 年的测试与 1950 年的相比，没有什么有意义的变化；1976 年的测验结果仍旧如此。因此，这项纵向研究对成年智力发展趋势的描述是，就成年人智力的总体情况来看，直到 60 岁，人们的智力并没有下降的趋势，而是保持在一个比较稳定的水平并略有提高。

布拉姆等人（Blum，Jarvik，& Clark，1970）的纵向研究发现，65～73 岁被试的智力测验分数只有微弱减退，而 73～85 岁被试的智力则衰退得更快。在纯知识测验方面，直到 85 岁时还未见到衰退的迹象，而当测验要求速度或空间知觉推理时，65～73 岁被试已明显衰退。夏埃等人（1983）进行了一项纵向研究。他们在 1956 年挑选出 20～70 岁的 500 名被试，对他们进行了基本心理能力测验。1963 年，对原团体中的 302 人进行了重测。1970 年，对原团体剩下的 161 人再一次进行了重测。结果表明，被试的总体智力水平在 50 岁左右时很少或没有衰退，言语和计数能力在 60 岁以前是继续上升的，空间能力在 60 岁大致呈高原状态，推理能力在 40 岁前表现为上升趋势，其后才缓慢下降。从纵向研究结果可以看出，即便在跨度很大的年龄阶段，智力变化的速度也是相当缓慢的。

为什么不同的研究方法得出了不同的智力变化趋势？横向研究选择在同一时期针对不同年龄的被试做调查，这种选择被试的方法不可避免地会受到不同年代的社会文化和教育的影响。例如，在中国，20 世纪 40—60 年代出生的人缺乏良好的教育，而智商受教育影响很大，但不能据此推断智商随着年龄衰退。所以，不难理解，为什么横向研究得出的结论是智力在 30～40 岁就出现了衰退。描述智力与年龄的关系让人更信服的研究应是纵向研究结果。也就是说智力在成年期到达顶峰以后很长一段时间内保持不变，甚至有些稳定上升，到了 60 岁、70 岁以后，智力才会衰退。这会让我们乐观地对待老年人的智力衰退现象。

智力的不同结构衰退速度不同

随着年龄增加，首先衰退的是心理活动速度、空间知觉、短时记忆（含工作记忆）、注意稳定性、计算能力；而语言理解、应用、分析与判断能力较晚衰退，且衰退不明显。布拉姆等人（1970）的纵向研究表明，当测验要求速度或空间知觉的推理时，被试在 65～73 岁就已明显衰降。在纯知识测验方面，直到 85 岁还未见到衰退的迹象。吴振云、许淑莲和孙长华（1985）用韦氏成人智力量表，对我国成人智力老化的趋势进行了研究。结果表明，语言量表在 30 岁时达到最高点，直到 60 岁后才有下降，80 岁时下降明显。其中，"领悟""词汇""知识"得分下降缓慢，到 80 岁时才有明显减退。这三个分量表都与语言理解和应用有关。操作量表在 30 岁时达到最高值，50 岁后逐渐下降，60 岁时则下降明显。数字符号成绩在 40 岁后已有明显下降趋势，填图、木块图、图片排列和图形拼凑得分在 50 岁后逐渐下降。操作量表多与短时记忆、空间知觉、反应速度有关。吕和平等人（2005）用龚氏非文字智力测验工具，对受测者分别进行认色辨数、编码、分类、填图、填数、接龙测验。研究结果说明，老年人的分析综合能力、视觉组织能力、逻辑推理能力等晶体智力没有明显变化，受年龄影响较小，而学习记忆能力、心理运动速度明显下降。

智力训练可改善老年人智力

吴振云等人（1989）采用"反复训练法"进行了一项认知训练研究，该研究使用了 4 种测验。数字符号测验是韦氏成人智力量表中的一项分测验，规定一种符号与一个数字相配成对，要求被试按照"键"填写与数字相应的符号；默写测验要求被试不看"键"，直接根据回忆并默写与数字相应的符号，主要用于测量记忆水平；临摹测验要求被试尽快地边看边抄符号，排除记忆因素，主要用于分析反应速度因素；迁移测验是自行编制的另一种"数字—符号键"形式的数字符号测验，主要用于观察已学会的一种作业对学习类似的新内容有无帮助，是否产生迁移作用。选取被试 100 人，分为两组，其中老年组 60 人(平均年龄 66 岁)，青年组 40 人(平均年龄 25 岁)。每组根据训练与否，分为训练组和对照组；各组在性别、文化条件方面互相匹配。训练过程：以数字符号测验为内容，共进行 10 次功能训练，分 3 天连续训练，训练完成后的第二天复查，内容除与第一次测验相同的 3 项外，还包括迁移测验。前后两次测验间隔 2~4 周。对照组则不给予训练，也相隔 2~4 周后进行第二次复查。各项测验均以 90 秒内正确填写的符号数和填写 90 格符号所需时间为指标，分析比较老年组与青年组以及训练组与对照组的各项结果。结果表明：训练前，老年组各项作业的测验成绩明显低于青年组；训练后，老年组各项测验成绩显著提高。如果将老年训练组与未训练青年组加以比较，则前者成绩明显好于后者。这说明，训练对改善老年人智力是有效的，同时也证明老年人智力有一定可塑性。

4.1.4　老年人需要的特点

老年人需要的种类

综合研究老年人需要的研究结果发现，老年人的需要通常为身体健康需要、生活安全需要(刘颂，2004)、亲情需要、交往需要、尊重需要、获取知识的需要、文化娱乐需要(明艳，2000)和价值需要。生活安全需要是城市老年群体最突出的精神需求。老年人希望生活安定，日子太平，在整个老年时期老有所养、疾有所医、弱有所助，充分满足生活安全需求(刘颂，2004)。亲情需要分为子女的关心照顾和配偶的关爱。孙璐熠等人(2014)调查了西安市 6 个城区中的 550 名老年人。调查显示，有 77％的老年人渴望得到子女的精神慰藉，有 65％的老年人渴望向家人、朋友倾诉心事。从年龄来看，60～69 岁老年人渴望精神慰藉的人数占该年龄段人数的 70.5％，70～79 岁老年人渴望精神慰藉的人数比例上升为 79.5％，80 岁及以上老年人渴望精神慰藉的人数比例高达 88.2％。由此可见，老年人的年龄越大，对亲情越渴望。交往需要表现为老年人渴望交到朋友，渴望加入某一团体。有调查显示，40％的老年人渴望加入老年团体组织。其中，60～69 岁老年人的需求比例为 29.5％，70～79 岁老年人的需求比例为 48.7％，80 岁及以上老年人的需求比例为 47.1％。关于尊重需要，刘颂(2004)认为老年人具有强烈的自尊和他尊需求，渴望获得来自家庭和社会的尊重。尊重需求的表现：一是享有对自己财产的拥有权和自主支配权；二是受到家庭和社会的重视，成为家庭与社会不可缺少的重要成员，而不是居于儿孙之后的次要人物，不是退出社会舞台的闲人；三是客观评价老年人在工作期间的辛勤付出以及这种付出对社会发展的贡献。关于获取知识的需要，孙璐熠等人(2014)的调查显示，超过半数的老年人渴望获取更多的科学文化知识(其中，非常渴望者占 40％，比较渴望者占 17％)。该需要与年龄相关联，60～69 岁老年人渴望科学知识的人数占 52.3％，70～79 岁老年人渴望科学知识的人数比例上升为 69.2％，80 岁及以上老年人渴望科学知识的人数比例又下降至 41.2％。刘颂(2004)调查了南京市 6 个城区和 2 所老年大学，并以随机抽样的方式选取 1200 位老年人为研究对象，结果显示 79.7％的城市老年人认为自己还能够学习。但是，考虑到调查对象没有涵盖农村老年人，这个调查结果不能推广到农村老年人上。关于文化娱乐的需要，孙璐熠等人(2014)的调查结果表明，在西安的城市老年人中，有 68％的老年人渴望参与文化娱乐活动。但是，老年人对文化娱乐活动的需要随年龄的增长呈下降趋势，具体表现为 60～69 岁有文化娱乐需要的老年人占该年龄段的 70.5％，70～79 岁有文化娱乐需要的老年人的比

例降至 66.7%，80 岁及以上有文化娱乐需要的老年人的比例仅为
64.7%。因为调查对象是城市老年人，所以该调查结果不能反映农
村老年人的文化娱乐需要状况。关于价值需要，研究者普遍认为城
市老年人更多表现出对自我价值实现的需要。刘颂（2004）的调查结
果表明，在南京城区中 80.6% 的老年人认为自己依然能够为社会做
贡献，有 18.7% 的老年人仍然在工作，26.1% 的老年人想继续工作，
有工作意向的老人比例高达 44.8%。他们工作或希望工作的目的有
三类：一是增加收入、改善生活，占 50.3%；二是充实精神生活、
扩展人际交往、保持身心健康，占 26.5%；其三，发挥专业特长、
实现人生价值和理想，占 21.2%。这说明老年人十分留恋工作，渴
望生活得有价值、有意义。有如此高的比例与研究者调查的老年人
中有 60% 在 60～69 岁有关。但是，价值需要不是老年人的核心需
要。明艳（2000）认为，价值需要是老年人处在第三层次的需要，在
需要的"差序格局"中处于最外层。关于农村老年人价值需要的研究
较少。

　　老年人需要的关系与差异

　　多种类型的需要对于老年人来说并不处在同等位置。阴国恩等
人（2001）研究发现，老年人的物质需求水平较低，而尊重和健康需
求水平最高。据 1997 年一项对浦东 2300 户老年人所做的专题问卷
调查的结果显示，在老年人最关心的事中，排在第一位的是自身健
康（42.5%）。刘颂（2004）认为社会尊重需要是城市老年人排在第二
位的精神需要，也是最为敏感的需要。韩露和王冠军（2013）对居家
老年人与养老院中的老年人的心理需求进行对比研究，他们发现两
种养老方式的老年人的需求排序一致：生理需求最高，其次是交往
需求、自我实现需求、认同需求。不同的是养老院组老年人的交往
需求大于居家组，自我实现需求小于居家组。城市老年人和农村老
年人的需求也有区别。由于城市和农村的生活环境、配套设施不同，

以及农村老年人子女外出打工等原因，农村老年人的需要有其特殊性。袁桂(2004)选取了湖南省长沙市城区和衡阳市某村60岁及以上的老年人做对比研究，结果显示，城市老年人的交往需要和价值需要都高于农村老年人，而以"血缘""地缘"为基础的农村老年人对亲情需要的依赖性更强。

4.2 老年人的心理健康

4.2.1 什么是心理健康

自20世纪以来，国内外学者关于心理健康的研究成果丰富，但是时至今日，学术界一直没有对这一概念有较为统一的定义。当前人们普遍使用的是世界卫生组织对心理健康的定义。1946年第三届国际心理卫生大会提出心理健康是指：身体、智力、情绪协调；适应环境，在人际交往中能彼此谦让；有幸福感；在工作和职业中能充分发挥自身的能力，过有效率的生活。

众多心理健康的定义可被概括为：个体心理活动内部一致，知、情、意心理过程协调；个体心理活动与外部环境统一，表现一致，即主观反映与客观现实相符；个体与环境协调，人际关系和谐；人格健全，个性心理特征相对稳定(吴振云，2003)。

4.2.2 老年人的心理健康

进入老年阶段，身体机能的衰退成为不可逆转的趋势。身体各器官和组织细胞出现退行性变化，个体的运动机能、视觉、听觉、味觉、嗅觉、记忆力等各方面都有不同程度的退化。伴随着老年人生理上的衰退，心理上相应地也会发生变化。老年期的心理健康标准既有和其他年龄群体的共同之处；也有老年人特有的身心特点。

吴振云等人(2002)根据以往的研究结果，从心理学角度出发归纳出老年人心理健康的理论框架应涉及五个主要方面：一是性格健全，开朗乐观；二是情绪稳定，善于调适；三是社会适应良好，能应对应激事件；四是具有一定的交往能力，人际关系和谐；五是认知功能基本正常。他据此编制了"老年人心理健康问卷"，经过因素分析、信效度检验，验证了心理健康的五个方面理论。

4.2.3　老年人的心理健康研究

老年人心理健康研究现状

（1）老年人心理健康总体状况。大多数研究表明老年人的心理健康总体水平较高。方必基等人（2016）对近 10 年老年人心理健康调查结果进行分析，结果显示，与正常成人常模相比，普通老年人在躯体化因子上的得分明显偏高，在恐怖因子上的得分不存在显著差异，在强迫、人际敏感、抑郁、焦虑、敌对、偏执和精神病性 7 个因子上的得分较正常成人常模明显偏低。他们认为老年人心理健康的总体水平显著优于全国常模。田苗苗等人（2015）对河北省 3 个城市的 60 岁及以上的 6173 名老年人进行问卷调查。在 6173 人中，无心理症状者有 4758 人，约占 77.1%；轻度心理症状者有 1257 人，约占 20.4%；中重度心理症状者有 154 人，约占 2.5%。齐玉玲等人（2017）评估了老年人的心理健康状况，结果显示，心理健康状况良好的老年人有 909 人（占 75.2%），所占比例最大；心理健康状况一般的老年人有 186 人（占 15.4%）；心理健康状况较差的老年人有 93 人（占 7.7%）；心理健康状况差的老年人有 20 人（占 1.7%）。

值得注意的是，也有研究显示，老年人的心理健康状况不容乐观，出现心理问题的老年人的比例在增加。陈庆荣和傅宏（2017）用"症状自评量表"（SCL-90）在 2012 年调查了江苏省 13 个城市的 2733 名老人，结果显示老年人的躯体化、强迫、人际关系、抑郁和焦虑等因子得分显著高于全国平均水平。按照因子得分，排在前三位的依次是躯体化、强迫和抑郁。在 2733 个调查样本中，有 310 名老年人的阳性项目数超出了 20.32±16.03 的范围，大约占总样本人数的 11.34%。2014 年，江苏省老年人的躯体化、强迫、人际关系、抑郁和焦虑等因子得分显著高于全国平均水平，且差值呈扩大趋势。按照因子得分，排在前三位的依次是躯体化、强迫和抑郁。他们在江苏省范围内调查的 2988 名老人中，421 名老年人的阳性项目数超出了 20.32±16.03 的范围，大约占总样本人数的 14.09%。

(2)城市老年人与农村老年人。大部分研究结果显示，农村老年人的心理健康状况要差于城市老年人，农村老年人的心理健康形势更加严峻。邢华燕等人(2005)用吴振云等人编制的"老年心理健康问卷"为评定工具，调查了 1500 名河南省农村老年人，结果显示，河南省农村老年人的心理健康水平较低，低于同期调查的城市老年人的心理健康水平。同时，农村老年人的心理健康状况随年龄增长呈显著下降趋势，而在同期郑州市城市老年人的心理健康状况调查中，不同年龄差别不显著。邱莲(2003)调查了广东省 11 个县区的 175 名老年人。他们采用"症状自评量表"评定了农村老年人的心理健康状况，以因子分≥3 为阳性症状计算检出率。结果显示，至少存在一项以上阳性症状因子的农村老年人有 83 人，占样本总数的 47.42%，而至少存在一项以上阳性症状因子的城市离退休老年人占样本总数的 32.14%。农村老年人的心理健康水平比城市离退休老年人低，且差异达到显著水平。陶琳瑾等人(2016)采用元分析方法对 1994—2013 年城乡老年人心理健康状况的报告文献进行分析，结果显示城市老年人 SCL-90 无障碍的比例显著高于农村老年人，而城市老年人和农村老年人之间的心理健康自评却没有差异。

(3)养老机构老年人与居家老年人。大多数学者认为，养老机构中的老年人的心理健康状况明显劣于居家养老老年人的心理健康状况。吴振云(2003)采用自编老年心理健康问卷调查了机构养老的老年人和居家养老的老年人，结果表明，机构养老组的总分和 5 项分量表分(情绪、认知、人际、性格、适应)均明显低于居家养老组，差异均非常显著。在控制了年龄和教育程度两个变量后，总分和 5 项分量表分仍是机构养老组明显低于居家养老组。

孙颖心和王佳佳(2007)的研究结果与吴振云的研究结果大体相同。稍有不同的是，孙颖心认为居家养老组和机构养老组的心理健康分数差异不显著。刘欢、孟瑛、方晓萍等人(2016)的研究显示，居家养老组和机构养老组老年人在抑郁等四个量表总评分上差异均非常显著，居家养老组量表总分均明显优于机构养老组。陶琼英和马修强(2013)用老年抑郁量表评估了上海某养老院中的老年人，老年人抑郁分值为 10.71±6.84 分，抑郁发生率为 36.25%，其中轻度抑郁者占 24.38%，中重度抑郁者占 11.88%。

随着老龄人口的剧增，一部分老年人自愿或被迫进入养老院养老。缺少子女的照顾和心理沟通，养老机构的精神文化生活不够丰富，部分老年人的社会交往能力相对较弱，导致他们形成了不健康的心理状态。另外，两种养老方式的老年群体略有不同，养老机构中高龄和高丧偶比例、失能的老年人多于居家养老的老年人，高龄、丧偶和失能也会导致养老机构中老年人的心理健康状况明显劣于居家养老的老年人。

4.3　老年人的心理健康影响因素

4.3.1　社会人口学变量

教育程度

几乎所有的研究都表明，心理健康总分有随文化教育程度的提高而增加的趋势(吴振云，2003；孙颖心，王佳佳，2007；刘娅，叶运莉，杨超，等，2012；刘欢，孟瑛，方晓萍，等，2016；齐玉玲，高航，张秀敏，等，2017）。受教育程度低的老年人的心理健康状况较差，受教育程度高的老年人的心理健康状况较好。文化程度高者大多从事脑力工作，即使退休后，他们仍会有丰富的生活，如读书、看报、学习新事物。他们富有生活情趣，注重人际交往，对待事物有更宽广的视角、更理性的认知，也有更多的机会参与社会活动。这些都有利于保持良好的情绪和愉快的心情。

性别

大多数研究都显示，男性的心理健康状况要好于女性。陈庆荣和傅宏（2017）于2012年和2014年的调查数据显示，不同性别老年人的心理健康状况存在显著差异，女性老年人在强迫、抑郁、焦虑因子上的得分显著高于男性。刘欢等人（2016）的研究表明，老年男性在"老年抑郁量表""日常生活能力量表""简易精神状态量表""社会支持评定量表"上的得分均明显优于女性。刘娅等人（2012）用"中国心理健康量表"进行调查（该问卷共有68个题目，采用4级计分，包含人际、认知、情感、适应和自我，总分越高，心理健康状况越好）。调查结果显示男性比女性的心理健康总分要高，且差异显著。邢华燕等人（2005）研究了河南省农村老年人的心理健康状况，发现在心理健康状况总分、性格、情绪、适应、认知上男性均显著高于女性，在人际分量表上男女无显著性差别。姚远和陈立新（2005b）用SCL-90评估了武汉市老年人的心理健康状况，发现男性老年人的心理健康水平要显著好于女性老年人。

姚远和陈立新（2005a）用陈仲庚教授于1983年修订的"艾森克人格问卷（成人式）"研究老年人人格和心理健康的关系，结果显示，女性老年人的精神质分数显著高于男性老年人。同时，结果还显示，低精神质的老年人的心理健康水平要显著好于高精神质的老年人。这两个结果可以从两性人格差异角度解释为什么女性心理健康水平要低于男性。

关于情绪加工的研究表明，在情绪加工、情绪记忆、情绪易感性和情绪调节上均存在性别差异。这主要表现为女性人群具有情绪识别优势，并且有更好的情绪记忆能力与更强的负性情绪易感性。此外，情绪加工的性别差异也表现为情绪调节过程的不同。相比男性，女性更善于抑制情绪行为，却较难通过认知策略调节负性情绪。而不善于调节负性情绪及更强的消极情绪易感性可能是女性更易患情绪障碍的重要原因（袁加锦，汪宇，鞠恩霞，等，2010）。这样的研究结果可以在一定程度上解释为什么女性的心理健康状况要劣于男性。

也有研究表明，心理健康的性别差异不显著。吴振云（2003）的研究表明，除性格分量表上女性高于男性和认知分量表上男性高于女性的差异显著外，总分和其余分量表得分的性别差异均不显著。米拉依等人（2016）的研究也显示，不同性别老年人的心理健康总分及各维度得分的差异无统计学意义。

年龄

近10年关于老年心理健康的研究表明，心理健康和年龄的关系并不确切。目前研究结果有三种。第一种是心理健康的年龄差异不显著。吴振云（2003）用老年心理健康问卷对老年人进行评估，结果显示，集中养老的老年人，除了50～59岁老年人的适应分量表的得分明显低于75岁及以上老年人组之外，总分和认知、情绪、人际、性格分量表的得分的年龄差异均不显著。孙颖心和王佳佳（2007）的研究表明，心理健康总分的年龄差异不显著，但性格分量表的得分随年龄增长而上升，适应和认知分量表的得分均随年龄增长而下降。米拉依等人（2016）的研究表明，不同年龄组老年人心理健康的认知维度得分的差异有统计学意义，而心理健康总分和其余分量表得分的差异无统计学意义。81岁及以上高龄老年组的认知健康水平最低，70岁及以下低龄老年组认知健康水平相对最高。这符合老年人随着年龄增加，认知能力逐渐下降的规律。

第二种是低龄老年人的某些心理症状比高龄老年人更明显。陈庆荣等人（2017）使用 SCL-90 评估了老年人心理健康状况。2012 年的调查数据显示，60～69 岁老年人除了在躯体化因子上的得分显著低于 70 岁及以上的老年人外，在人际敏感、抑郁、焦虑、敌意因子上的得分要显著高于 70 岁及以上的老年人。70～79 岁老年人在人际敏感、抑郁因子上的得分要显著高于 80 岁及以上的老年人。在其他因子上年龄差异不显著。2014 年的调查数据显示，79 岁及以下的老年人除了在躯体化因子上的得分显著低于 80 岁及以上的老年人外，在人际敏感、抑郁、焦虑因子上的得分显著高于 80 岁及以上的老年人。其他因子的年龄差异不显著。

第三种是年龄越大，心理健康问题越严重。刘欢等人（2016）的研究显示，老年人心理健康状况在不同年龄组上的差异有统计学意义，各量表评分与老年人的年龄呈负相关，各量表评分出现随着年龄增长而逐步变差的趋势。老年化、身体各器官功能衰退和疾病增加等，或多或少地会影响行为能力、抑郁情绪及认知功能等，进而影响到整个心理健康状况。付双乐（2016）研究了老年人自评心理健康状况，研究结果显示：高龄老年人心理健康自评较差（差和一般）比例最高，为 30.04%；其次是中龄老年人；低龄老年人心理健康自评较差的比例最低，为 26.67%。

关于年龄和心理健康的关系，目前尚没有定论，研究结果更多依赖样本的选取和评估工具的使用。

4.3.2 生理因素

身体健康程度

齐玉玲等人（2017）对威海市、潍坊市、聊城市 60 岁及以上的常住老年人进行了面对面调查。研究结果显示，患有慢性病、最近两周内患病、身体不适的老年人"简易心理状况评定量表"的得分较高，心理健康状态较差。该量表共有 10 个条目，内容为"在过去 4 周中经历的焦虑"和"压力水平"等非特异性心理健康相关症状的发生频率。这表明老年人的躯体健康对其心理健康有重大影响，失能、疾病所带来的躯体痛苦和经济负担将直接影响老年人的心理健康状况。

付双乐（2016）的研究也证明，身体健康状况正向显著影响老年人的心理健康自评。患有慢性病的老年人，须打针吃药，注意饮食。身体疾病会导致老年人产生低落、烦躁等情绪，降低其心理健康水平。

家庭因素

独居老年人的心理状况差于与子女同住、夫妻同住的老人。孙颖心等人（2007）的研究工具是吴振云编制的"老年人心理健康问卷"，研究结果表明，在家庭养老的老年人中，夫妻同住的老年人的心理健康状况总分及 5 个分量表得分均比与子女同住的好，而与子女同住的比独居的好，且这三种居住方式的老年人的心理健康状况总分差异显著。

陈庆荣等人（2017）的研究表明，独居老年人在躯体化、强迫、人际敏感程度、抑郁、焦虑、恐怖因子上的得分显著高于和配偶居住、和子女居住、在福利院居住的老年人。李德明等人（2003）对北京市空巢老年人进行研究发现，绝对空巢（子女全在国外或外地，或无子女）的老年人在"非孤独感"和"社会支持"方面低于非空巢老年人，在"适应能力"和"非孤独感"上低于相对空巢（子女都在同一城市或有子女在同一城市里，但不在一起吃住）的老年人。邢华燕等人（2005）对河南省新乡市、郑州市和南阳市老年人的调查也发现，绝对空巢组老年人的心理健康水平明显低于相对空巢组和非空巢组的老年人，相对空巢组与非空巢组老年人的心理健康水平不存在显著差异。齐玉玲等人（2017）的研究显示，无配偶老年人、独居老年人的心理健康状态较差。

配偶、子女是老年人重要的信息支持、物质支持和情感支持者，单身、独居老年人比有配偶、子女相伴的老年人更多地体验到孤独和无助，因而心理健康状况更差。

经济因素

经济状况好的老年人的心理健康水平比经济状况欠佳的老年人要好。陈庆荣和傅宏（2017）在 2012 年和 2014 年的调查结果相同，月收入在 1000 元及以下的老年人在躯体化、强迫、焦虑因子上的得分显著高于月收入在 1000 元及以上的老年人。月收入在 3000 元及以上的老年人在躯体化和焦虑因子上的得分显著低于月收入在 1001～2000 元的老年人。邱莲（2003）的研究显示，农村经济状况差的老人在 SCL-90 所有因子上的分数都要高于经济状况好的老年人，且二者差异显著。他认为影响农村老年人心理健康状况的最重要因素是农村老年人的经济问题，大部分农村老年人缺乏最基本的生活养老金和养老环境。他们的晚年在生活和经济上都只能依靠儿女赡养或亲朋好友的资助，缺乏劳动力和经济收入来源的农村老年人只好在儿女家中生活，这对他们的身心健康是极其不利的。老年人也因经济问题在生病时有可能未能及时就医，从而导致躯体症状增加和心理抑郁。

子女数量

陈庆荣和傅宏（2017）的研究表明，育有多子女的老年人比只有独生子女的老年人的心理健康水平要高。有 1 个子女的老年人在人际敏感、抑郁、焦虑、恐怖因子上的得分显著高于有 2 个和 3 个以上子女的老年人。更多的子女具有几方面潜在优势：家庭式养老成本降低；更多的子女在很大程度上减轻了家庭式养老的经济负担；社会支持，尤其是客观支持和主观支持度高；代际支持度的增加。与独生子女相比，非独生子女与父母同住的比例显著增加，由此父母也能感受到更多的代际支持。子女（或者孙子、孙女、外孙、外孙女等）提供的代际支持，尤其是情感性支持是老年人非常渴望的。骨肉亲情、天伦之乐、儿孙满堂等传统文化赋予的心灵体验可以有效减少孤独、抑郁等不良心理症状。

婚姻状况

刘娅等人（2012）认为婚姻满意度对心理健康状况有影响。在婚老年人的心理健康状况要好于未婚、离婚或丧偶者，主要原因在于在婚可以降低老年人的孤独感，在婚老年人配偶的情感支持对老年人的身体健康和心理健康都具有保护作用。在农村，无配偶老年人的心理健康水平大大低于有配偶老年人的心理健康水平（邱莲，2003）。米拉依等人（2016）的研究结果显示，有配偶组老年人的心理健康总分、性格、情绪、适应和人际维度的得分明显高于无配偶组老年人。

4.3.3 社会因素

社会支持

岳春艳等人（2006）用老年心理健康问卷和社会支持问卷研究了老年人心理健康与社会支持的关系。研究结果显示，心理健康与总体社会支持显著相关，并与客观支持、主观支持和支持的利用度显著相关。性格、情绪与主观支持相关，适应、认知与主客观支持相关，人际与社会支持的 3 个维度（客观支持、主观支持和支持的利用度）均呈正相关。这说明心理健康与社会支持之间关系密切。齐玉玲等人（2017）的研究表明，有知心朋友的老年人的心理健康状况较好。社会支持可缓冲压力事件对身心状况的消极影响，保持和增进个体的身心健康。

医疗社会保障

付双乐（2016）认为，社会保障水平显著提高了老年人的心理健

康自评得分，也就是说老年人享受的社会保障水平越高，其心理健
康自评状况越好。原因有两点。其一，老年人享受的社会保障水平
越高，应对突发性事件的能力就越强，突发性事件对其日常生活乃
至心理健康造成的影响越小；其二，老年人享受的社会保障水平越
高，其生活越能得到有效保障，对社会的满意度越高，因此心理健
康自评越好。傅蓉(2012)认为，医保制度对老年人心理健康水平的
预测力显著高于人口学因素。在不同医疗保健制度下，老年人的心
理健康状况存在显著差异。城镇医保条件下的老年人的生活满意度
及主观幸福感均显著高于农村合作医疗组，抑郁得分显著低于农村
合作医疗组。

4.3.4 心理因素

人格

姚远和陈立新(2005a)研究了老年人的人格和心理健康的关系。
研究显示，情绪稳定的老年人的心理健康水平要显著好于情绪不稳
定的老年人，即老年人人格特征中的神经质(情绪稳定性)与心理健
康总均分以及心理健康各因子均呈非常显著的正相关；在神经质维
度上也存在显著的差异，低神经质的老年人的心理健康水平要显著
好于高神经质的老年人。老年人人格中的内外向与心理健康总均分
以及强迫症状、人际关系、抑郁和恐怖等因子呈比较显著的负相关。

自我概念

黄希庭等人(1998)研究了自我概念与老年人心理健康的关系。
研究发现，高自我概念组的老年人在躯体化、抑郁、恐怖和精神病
性等因子上的得分及总分低于低自我概念组，他认为高自我概念组
老年人的心理健康水平高于低自我概念组。在所有自我概念因子中，
生理自我对老年人心理健康的影响最为显著，几乎与所有的心理症
状有关。随着年龄的增长，机体功能逐渐衰老，但老年人要适应这

一事实。个体对自己的生理状况保持积极的态度，将会促进其健康
水平；相反，对自身的身体状况持消极的态度，将会削弱其健康水
平。社会自我对个体的心理健康也有相当大的影响。个体对自我的
社会形象越满意，其心理症状就越少，心理健康状况就越好。因此，
提高老年人的社会地位，发挥社会支持系统的作用，可以提升其心
理健康水平。自我批评与大多数心理症状呈高度正相关关系。自我
满意与部分心理症状呈高度负相关关系，这些结果提示老年人对自
我不宜过分苛求，应维持自我满意，悦纳自我，这将有助于提高其
心理健康水平。家庭自我与抑郁具有高度负相关，这表明老年人的
抑郁症与不良的家庭环境和不良的家庭生活密切相关。和谐融洽的
家庭氛围可以减少老年人患抑郁症的概率。

4.4　老年人的心理健康评价与测量方法

　　目前，研究者在评估老年人的心理健康状况时多使用量表。国
内研究常用的量表有四种。一是"纽芬兰主观幸福度量表"，该量表
由 24 个条目组成，其中 5 个反映正性情感，5 个反映负性情感，7
个反映正性体验，7 个反映负性体验，采用 3 级计分。二是"症状自
评量表"（SCL-90）。SCL-90 共含有 10 个因素：躯体化、强迫症状、
人际关系敏感性、抑郁、焦虑、敌对、恐怖、偏执、精神病性及其
他。各症状量表的效度系数在 0.77～0.90，表明该量表具有较高的
效度。国内研究者发现，SCL-90 总量表的同质性信度为 0.97，各个
分量表的同质性信度在 0.69 以上，重测信度大于 0.7，结构效度在
0.79～0.92（陈树林，李凌江，2003）。这是目前使用较广泛的、质
量较好的自评量表。三是吴振云等人在 2002 年编制的"老年人心理
健康问卷"。该问卷将心理健康分为认知效能、情绪体验、自我认
知、人际交往和适应能力，共 50 道题，并建立心理健康问卷的北京

城区老年人百分等级常模。他们根据每个分量表分数的百分等级分布，制定了好、中、差等级评分标准。四是 2009 年以后，李娟等人在吴振云编制的"老年人心理健康问卷"基础上编制的"老年心理健康量表（城市版）"，该量表被研究者广泛引用。该量表与"老年人心理健康问卷"的维度相同，共 65 题。其中认知效能 10 道题，情绪体验 15 道题，自我认知 11 道题，人际交往 10 道题，适应能力 19 道题。为保证问卷的可靠性，另加 3 道重复题以观察被试是否认真作答，如果有 1 道以上题目的前后回答不一致，此问卷就作为废卷。量表采用 4 级计分（1. 与我不符合或不同意；2. 与我较不符合或较不同意；3. 与我较符合或较同意；4. 与我符合或同意），将所有被试的原始分数转化为 Z 分数，采用心理健康指数作为评估指标（心理健康指数＝500＋Z×100），建立全国常模。这是国内目前得到大量使用的比较权威的量表，目前可用于老年心理健康的研究。

引进的国外的心理健康评估量表有"心理状况危险因素自我管理评分等级量表"（Kessler 10 量表）。该量表共 10 个条目。它将心理健康状况分为 4 个等级：10～15 分，心理健康状况良好；16～21 分，心理健康状况一般；22～29 分，心理健康状况较差；30～50 分，心理健康状况差。周罗晶等人于 2004 年引入世界卫生组织推荐的"心理指数量表"（WHO-5 Well-Being Index，WHO-5）。WHO-5 由愉快并且精神状态好、平静和轻松、积极上进并且精力充沛、睡醒时感觉清新并睡得很足、日常生活中充满了令人感兴趣的东西 5 个条目构成，采用 6 级评分。其中文版的信度为 0.87，效度为 0.67。该量表可用于老年人的心理健康测量，也可用于抑郁症的初筛工作。

关爱老年人：一般(处境)老年人的心理健康状况

案例

说不到一起的祖孙三代

朱爷爷有一个非常有出息的儿子，就读于名牌大学，毕业后又找了份让所有邻居都羡慕的工作，在城市里娶了老婆，买了大房子，还给朱爷爷生了个胖孙子。老两口不知道有多高兴。可这份"高兴"时常是笑在脸上，却苦在心里。其原因说到底就是祖孙三代之间没有共同语言，说不到一起。家里经常是朱爷爷说的话，儿子不爱听，孙子不搭理。儿子说朱爷爷是"老观念，跟不上时代"，孙子说朱爷爷"什么都不懂，像个古代人"。在父子二人眼里朱爷爷是这也不对，那也不对。而父子二人也经常因话不投机而闹矛盾。在孙子看来，父亲和爷爷相差无几，也是不懂时尚、落后于潮流的传统人，是"年轻的古代人"。这一家人只要碰到一起，说不上三句话就会争吵。朱爷爷为此苦恼极了。

(参见王荣炳：《老年心理关爱案例》，18页，北京，华夏出版社，2012。引用时有改动。)

案例中朱爷爷的生活貌似令人羡慕，实则让人痛苦。祖孙三代说不到一起，朱爷爷经常被儿子和孙子排斥，一家人说不上三句话就会争吵，这让朱爷爷内心十分苦恼。家庭是老年人的主要生活、社交场所，家庭关系长时间不和谐会使老年人产生诸多心理问题。

5.1 老年人常见心理问题

林崇德在《发展心理学》一书中将老年人定义为 60 岁及以上的人群，认为老年期是一个在退行性变化的总趋势下仍保持诸多优势的时期，是衰退与获得性发展并行的时期。老年期的主要发展任务是获得自我完善感和避免失望感、厌倦感，体验智慧的实现。老年期是个体一生发展的最后一个阶段，如果个体对自己的一生都较为满意，则会产生一种完善感。这种完善感是个体在其一生中经验积累形成的智慧和人生哲学。反之，如果个体没有这种感觉，就会不免恐惧死亡，觉得人生苦短，对人生感到厌倦和失望，并产生诸多心理问题。

5.1.1 适应与人际问题

案例

退休后的心理困惑

张大伯从单位退休了，多年的工作辛劳瞬间离他而去，涌起一股前所未有的轻松。当晚，他拉着老伴灯下夜话，畅谈退休后的生活计划，洋洋洒洒，恢宏壮观。张大伯决定从此之后"好好生活一把"。可第二天早上一睁眼，一丝失落感不知从何处悄然袭来，张大伯的眼角湿润了。接下来的日子刚开始还不错，他按照计划，早起去公园打太极拳，回来后看看报纸，然后接小孙子回来吃午饭，午休后去老年活动室下棋，下午四点钟回到家中给老伴打下手，为儿子一家准备晚餐。按照计划，张大伯把以前因工作抽不开身"只能耳闻，未曾谋面"的省内旅游景点玩了个遍，带着老伴隔三岔五外出一次"享山乐水"，这给了张大伯从未有过的快乐。可是，就在热热闹闹地过了两个多月之后，张大伯的生活兴致日渐衰减。他感到日子过得索然无味，做什么事情都提不起精神，心烦意乱，坐立不安，与儿子一言不合就拍桌子打板凳，怒气冲天。

（参见王荣炳：《老年心理关爱案例》，2 页，北京，华夏出版社，2012。引用时有改动。）

材料中的张大伯为何在决定"好好生活一把"之后，会有失落感？为何在热热闹闹两个月之后，他的生活兴致日渐衰退，稍有不适就怒气冲天？

1982 年维也纳老年问题世界大会将 60 岁作为发展中国家和地区的老年人口起点年龄。在此基础上，大会按照生命阶段将老年人划分为低龄老年人（60 岁～70 岁）、中龄老年人（70 岁～80 岁）、高龄老年人（80 岁以上）。数据显示，截至 2014 年，我国 60 岁及以上的老年人口总数达 2.12 亿，占总人口比重达 15.5%。我国已成为世界上老年人口总量最多的国家（吴凤兰，2005）。

离退休综合征

随着社会的进步和人们健康水平的提高，提前离职、退休的人逐年增多。退休意味着原本需要自己决策的事情已经不再需要你来执行，会有人代替你的角色；意味着原本的上司、同事已经不再与你保持原有的上下属关系或同事之间的关系；意味着你要从家里的顶梁柱"退位"，让后辈接手，配合他们完善家庭。这些环境、角色及关系的转变，都为退休下来的老年人增加了很多适应问题，使他们产生离退休综合征反应。

据《中国老年报》统计，约有 1/4 的离退休人员会出现不同程度的离退休综合征。离退休综合征是非常普遍的一种老年心理疾病（罗静，王骏勇，2004)。离退休综合征是指离退休老人因不适应生活内容、生活节奏、社会地位、人际交往等方面的变化，而出现的情绪消沉和偏离常态的行为(Trull & Phares，2001)。退休后的老年人可能出现寂寞、失落、焦虑、抑郁和烦躁等负性情绪，其中影响最大的是抑郁情绪。

离退休老年人从原有工作岗位上退居家庭，一般需要经历从不适应到适应的心理调整过程，该过程分为四个阶段。

第一个阶段：蜜月阶段。刚刚离开工作岗位，很多人都会对自己以及好友宣称："太棒了，我终于可以休息一段时间，好好享受生活了。"他们心中会有很多想法，也会列出很多美好的计划来规划自己退休后的生活。

第二个阶段：清醒阶段。短暂的热情过后，生活很快回归"现实"，需要做的事情每天都是重复的，家庭几乎就是全部生活。不再那么被需要，生活波澜不惊，每日柴米油盐。原先计划好的出行、探望亲友也只是生活的一小部分。需要面对的生活很现实，他们逐渐看清退休生活的"真面目"。

第三个阶段：波动阶段。逐渐体验到退休生活的"真面目"之后，离退休人员的情绪会出现波动，易怒，容易抱怨生活，埋怨他人。他们感到被社会以及他人抛弃，孤独日上心头，易产生无用感。

第四个阶段：平稳阶段。随着时间的推移，在家人的宽慰、与友人交流和自我调整下，离退休人员逐渐意识到离退休是人生的必经阶段，并逐渐习惯了新的生活，或者逐渐找到了自己喜欢做的事情。这时，第三个阶段出现的波动情绪逐渐回归平静，他们开始进入正常的退休生活。

每个人因为具体情况不同，所以在以上四个阶段上的"经历"也各不相同。前文中张大伯出现退休综合征是因为他在退休前对退休以后的生活在思想上准备不足。他把退休后的生活想象得太过美好，不能接受现实的生活。于是，他越过前两个阶段，直接进入第三个阶段，情绪反应十分强烈。当然，也有人能够循序渐进，逐渐过渡。决定这种差异的最主要因素是每个人自身的社会适应能力。在四个阶段中，如果离退休者的心理情绪长期处在第三个阶段，停滞徘徊，难以自拔，心理情绪问题得不到妥善处理，就容易产生离退休综合征。

离退休综合征的主要症状如下。

• 精神消沉，萎靡不振，对任何事情都提不起兴趣，郁郁寡欢，不爱与人打交道，日渐缩小自己的交际圈。严重时连老朋友的电话也懒得接，跟儿女也懒得说话。

• 情绪多变，焦躁，易怒，常因鸡毛蒜皮的小事而大发雷霆。心中不踏实，做事缺乏耐心，坐立不安。

• 情绪悲观，片面化、扩大化地看待事物，待人接物多有偏见。过多地注意社会生活及家庭生活的消极方面，并将其放大，对生活缺乏信心。

• 经常感到躯体不适。会头痛、胸闷、腹胀、心悸、浑身无力、失眠多梦及阵发性全身燥热等，并经常因小病感叹命不久矣。

人际问题

离退休的老年人从原有岗位上退下来，生活的重心发生了变化，原本的事业都已不需要自己再操劳。随着年龄的逐渐增长，老年人越发将关注力转向内在，追求内心世界的平和以及"小家庭"的生活琐碎。如果不能很好适应，妥善处理，易出现心理问题，老年人自我评价也会出现差异。

林崇德指出，人际关系是人与人之间在交往过程中产生和发展的心理关系。我国老年人目前的人际状况可以从我国心理学家陈传峰等人的一项调查中看到。陈传峰等人（2006）运用问卷调查法，调查了272名城市老年人，考察了老年人的社会支持与期望的现状及其特点。他们发现老年人的社会支持系统很不平衡。性别、年龄、受教育水平、职业对老年人的婚姻和家庭生活、人际关系和互助行为、住房情况和经济状况以及心理需要和社会期望等具有不同的影响。相当比例的老年人在不同侧面需要家人和社会的关注、理解、支持。其中一项涉及老年人的家庭关系、朋友关系和邻居关系的调查表明：当问及老年人因身体不好而得到的家庭成员的照顾程度时，表示能得到非常好或较好照顾的老年人约占59.7%，但也有约2.6%的老年人表示会被家人冷落或忽视；另外约37.7%的老年人认为一般化，即不好也不差，大多数老年人表示自己的意见和看法会得到家人的尊重，约占90.1%；当问及家人对其存虐待吗，回答每几年受一次和每年一次的老年人共占82%；大多数的老年人拥有美满的婚姻，已婚并且与配偶同住的占78.2%，其中夫妻关系非常和睦和比较和睦的分别占38.4%、46.0%，另有寡居(17.3%)、离婚(1.9%)、与配偶分居(0.4%)和未婚(1.9%)四项共占21.8%，这是一个不可小觑的比例；当问及"您有几个关系密切，可以与之谈私事和求助的亲戚、朋友"时，绝大多数老年人都回答有1~2个，没有亲密的亲戚、朋友的分别占8.0%和8.8%；邻居之间互相关心的占86.6%，从不关心的占13.4%。

肖燕娜(1987)的研究表明，老年人在离退休时往往会发现，他们面临着比中年时复杂得多的家庭关系。家庭关系复杂化的程度与家庭人口数有正相关的关系，但这个关系并不是线性的，而是二次曲线的：$m=n(n-1)/2$，其中 m 为家庭关系数，n 为家庭人口数。这就是说，家庭成员每增加一人，人口多的家庭的内部关系数的增长要比人口少的家庭大得多。有些老年人在工作岗位上的时候，注意力多半集中于业务，轻视乃至忽略了如何正确地对待和处理家庭内部的复杂关系。若老年人不能做好这方面的心理准备，很可能因其中关系的杂乱而自感无力应对，从而产生心理问题。

社会支持对健康自评有直接的影响。许多关于社会支持与健康状况的研究表明，社会支持程度高的个体更健康。子女对老年人的生活照料和老年人向子女提供生活照料对老年人的健康自我评价没有影响作用；而代际的情感交流能够改善老年人的健康自评状况。因此，促进老年人的家庭和睦和代际交流，有助于改善老年人的心理福利和健康状况（杨晶晶，郑涌，2010）。国外研究发现，当父母对代际关系报告高矛盾情感时，子女报告的健康状况更差；当成年子女报告对代际关系的高矛盾情感时，老年父母报告的健康状况更差。老年人和两代人的健康，都需要良好的代际关系。

5.1.2　情绪、情感问题

案例

焦虑的刘阿姨

刘阿姨，60 岁，退休在家。她照顾多年的孙子马上就要高考了，她特别不安。刘阿姨出生在一个农民家庭，那时环境非常恶劣、条件特别艰苦。身为长女，为了弟弟妹妹，她没读过几天书就辍学了，这也是她人生中的一大遗憾。不过，刘阿姨从小做事勤快，人又机灵，特别讨人喜欢。她成年后，便在铁路部门谋得了一份后勤工作。后来，她相亲认识了自己现在的丈夫。他也是农民出身，文化程度不高，但两人紧巴巴的生活却过得有滋有味。结婚两年后，他们的儿子出生了。儿子在学习上很争气，考上了当时非常有名的一所中专院校。当时，村里的人还放鞭炮热烈庆祝。刘阿姨两口子心里乐开了花儿。儿子毕业后成了一名海员，负责轮船的机工修理工作。儿子在事业单位工作，福利待遇好，每年的工资收入也不低。刘阿姨和老伴为儿子感到骄傲。儿子和儿媳两人常年出海在外。孙子从出生后，一直都跟着刘阿姨老两口过。这孩子跟老两口的感情特别好。

眼看着还有一个月就要高考了，刘阿姨也跟着孙子提心吊胆。孙子的成绩在班上处于中等，在重点本科线上徘徊。孙子学习挺努力，不过有时候贪玩，加上没有他爸当年有灵气，所以压力特别大。孙子每天熬夜读书，刘阿姨也陪着他，有时候煮杯牛奶或熬个粥什么的。最近几天，刘阿姨特别担忧，想想高考的确很重要，当年儿子是因为学习成绩好才有今天的好日子，如果今年孙子高考没考好，那他的前程不就毁了吗？儿子和儿媳会不会怪我没把孙子照顾好？刘阿姨特别渴望孙子能够顺利考上大学，因此心里非常焦急、烦躁。要是看到孙子在看电视、打游戏，她就气不打一处来，坐立不安、心跳加快、深感内疚，别提有多着急和担心了。

（参见王荣炳：《老年心理关爱案例》，111 页，北京，华夏出版社，2012。引用时有改动。）

随着年龄增长，老年人的情绪变化较大，或激动易怒，或多愁善感。有的老年人因一点小事而大发脾气，或发无名之火。他们经受不住挫折和打击，会因一点不顺就伤心不已、通宵不眠。这种过于动怒或过于悲伤都不利于老年人的身心健康。

焦虑

焦虑是个体在面对无法控制的、具有威胁性的客观事件，或预期将发生此类事件时，产生的一种紧张的情绪反应。焦虑障碍在患病的老年人身上更为常见，而且往往与抑郁障碍同时发生（Nordbus & Pallesen，2003；Beekman，de Beurs，van Balkon，et al.，2000；Lenze，Mulsant，Shear，et al.，2001；唐丹，王大华，2014）。我国老年人出现焦虑症状或有患焦虑症风险的比率为 4.9%～11.51%（董开莎，程利娜，2014；饶顺曾，陈碧霞，周治荣，等，2002），且在焦虑水平上存在个体差异（唐丹，王大华，

2014；董开莎，程利娜，2014；饶顺曾，陈碧霞，周治荣，等，2002）。江苏省老年人心理健康的调查结果进一步显示，老年人的焦虑水平在区域经济发展水平、居住方式、子女数量等方面存在显著差异。苏南地区的老年人的焦虑水平显著高于苏中和苏北地区；独居和在福利院居住的老年人的焦虑水平显著高于和配偶居住、和子女居住的老年人；有1个子女的老年人的焦虑水平显著高于有2个及以上子女的老年人（傅宏，陈庆荣，王港，2017）。我们可以看出社会支持、居住方式等都对老年人的情绪有很大的影响，从而影响老年人的生活质量。

随着年龄增长，老年人认知衰退的现象越来越严重。老年人很多生理机能上的退化会造成生活上诸多的不便。视觉、听觉的衰退会使得老年人的生活变得充满危机。他们不能判别此刻的生活环境对自身是否安全，很多老年人因此产生不安全感，脾气变得捉摸不定，爱发脾气，爱指责别人。林崇德（2009）指出老年期的情绪情感特点有以下几个方面：老年人比较容易产生消极的情绪情感；情绪体验深刻而持久；各种"丧失"是情绪体验最重要的激发事件。李娟等人（2003）在实验中发现焦虑干扰了老年组的记忆操作。这是老年人情节记忆存在个体差异的原因之一。他们提出选择有效的方式（如情绪调适）来有针对性地延缓老年人记忆功能减退，对促进成功老化具有重要的实践意义。

抑郁

退休后的老人可能出现寂寞、失落、焦虑、抑郁和烦躁等负性情绪。其中影响最大的是抑郁情绪，严重时可发展为老年抑郁症，甚至导致老年人自杀（吴凤兰，2005）。

65％的老年人有抑郁症状，老年群体的自杀率远高于其他年龄阶段的人群（Aldwin，1991）。有研究者（Baune，Suslow，Arolt，et al.，2007）调查发现，在老年人患抑郁症的概率上，女性高于男性；低学历者高于高学历者，这可能是因为受教育水平高者在离退休后，大多仍继续保持学习状态，因此他们的情绪能够保持相对良好的状态。国内研究者也发现高校离退休老年人整体心理健康水平和各维度健康水平(如人际交往、认知效能、适应能力、自我评价、情绪体验)显著高于全国水平，尤其是在高龄阶段的趋势更加明显(陈天勇，李德明，李贵芸，2003；彭义升，李娟，戴必兵，2009)。老年人出现抑郁的原因很多，常见的有家庭不和、健康欠佳和患病久治不愈等。

张玉静和韩布新(2013)研究发现，老年人的消极情绪随着年龄增长呈现先降低后升高的趋势，其中抑郁情绪先降低后升高。抑郁是最主要和最经常出现的威胁老年人心理健康的问题之一。老年抑郁症是以持久的情绪低落为特征的情感性心理障碍，它可能会导致躯体功能下降和出现自杀倾向，从而严重影响老年人的心理健康及生活质量(李晓敏，韩布新，2011)。对于占老年人口一半以上的农村老年人来说，这是不容忽视的问题。抑郁症状是衡量老年人心理健康水平的有效指标之一。以往研究均表明，农村老年人的抑郁检出率较高，显著高于城市老年人。有研究者采用"流行病中心抑郁量表"测量了北京市城乡老年人的抑郁水平，发现农村老年人的抑郁症状检出率显著高于城区老年人(孟琛，汤哲，2000)。刘宏军等人(2004)评定了 2660 例老年人的抑郁症状，也发现农村老年人(20.9%)抑郁症状的检出率显著高于城市老年人(7.4%)。以"老年抑郁量表"为测量工具，对江苏省 1005 名城乡老年人为被试的研究也发现，农村老年人抑郁症状检出率是城市老年人的 1.76 倍；绍兴市的城市老年人的抑郁评分也低于乡镇老年人(丁兰，俞爱月，2010)。这些结果表明农村老年人可能是老年抑郁症的易感人群。研究发现城乡差别在老年人抑郁水平影响模型中起到调节作用。老年人抑郁影响的因素分析表明，对于农村老年人，经济状况对其抑郁水平的影响作用最大，健康的影响作用次之；对于城镇老年人，两者的影响作用正好相反（唐丹，2010）。社会结构性资源的匮乏、经济收入较低可能是农村老年人情绪状况低于城市老年人的内在原因（刘宏军，孟琛，汤哲，2004）。至于城乡老年人抑郁研究的影响因素，有研究发现，无论是城市老年人还是农村老年人，经济、健康、居住方式都是其抑郁症的重要预测因素。经济状况和躯体健康状况较差、农村地区以及独居的老年人比较容易产生抑郁情绪。

孤独

根据 2016 年中国老年社会追踪调查（Chinese Longitudinal Aging Social Survey，CLASS)公布的数据，在老年心理健康方面，近三成老年人有不同程度的孤独感。研究报告指出，中国目前有 24.78％的老年人感到孤独。孤独比贫困更可怕，近四成感到孤独的老年人需要社会的关爱（方锐，2016）。造成老年人孤独的最普遍原因是离开工作岗位，退休在家，脱离了原先的工作关系，孤寂凄凉之情随之产生。老年人最怕孤独。因为孤独使老年人处于孤独无援的境地，很容易产生一种被遗弃感，继而使老年人对自身存在的价值表示怀疑、抑郁、绝望。

孤独感即个体感知到的社交隔离，是个体人际关系无论从数量还是质量方面都不能满足其社交需要时，所产生的一种消极的主观情绪体验（Hawkley & Cacioppo，2010）。我国老年人孤独感水平不断上升的趋势不容忽视（吴振强，崔光辉，张秀军，等，2009）。据调查显示，老年人具有明显的人际敏感性和敌对性，若干不良症状程度从 2012 年到 2014 年呈扩大趋势，且伴随着年龄、婚姻状况、居住方式的差异性模式。60～69 岁、丧偶、独居、苏南发达地区的老年人在人际敏感和敌意因子得分上要显著高于其他类型的老年人（傅宏，陈庆荣，王港，2017）。闫志民等人（2014）对 1995—2011 年的关于老年人孤独感的 25 篇文献进行横断历史元分析后发现，我国老年人的孤独感水平上升了近一个标准差。这表明老年人的孤独感水平随着年代的变迁呈上升趋势(闫志明，李丹，赵宇晗，等，2014)。

心理不协调理论认为，孤独感来源于个体人际关系的不协调，也就是指个体所期待的人际关系与实际所拥有的人际关系不能匹配。蒋煜(2012)用孤独量表调查发现，受访老年人中有较高孤独感的人数比例占 38.99%；有中等程度孤独感的占 50.32%；无孤独感或低孤独感的只占 10.7%。孤独感强烈的老年人在生理上表现为食欲不好、睡眠不好、易疲倦；在行动上表现为孤独离群、动作迟缓；在人际交往上表现为少与他人来往、缺乏生活乐趣。蒋煜发现，影响孤独感的三个主要的个体因素分别是业余爱好、对国家事务的关心和社会支持。若老年人不适应退休后的生活，整日无所事事，没有业余爱好和缺乏人际交往，又没有家人的陪伴，就很容易产生孤独感。

5.1.3 死亡心理

案例

"唉声叹气"的陆大叔

按照当地习俗，陆大叔的家人为陆大叔庆祝了 60 岁生日。亲戚朋友来了几十位，大家频频举杯，把他叫作"老寿星"。听到这个称呼，陆大叔觉得有些别扭，自己才虚岁 60，怎么就老了呢？在接下来的日子里，这个"老"字始终纠缠于陆大叔的心中。"我老了，我是老年人啦，人老了能做什么呢?"陆大叔反复问自己。突然间，一个"死"字跳上心头，这个字犹如雪山崩塌，让他感到冷气抽脊、阵阵寒栗。陆大叔害怕极了。从此之后，陆大叔的生活发生了翻天覆地的变化。他不肯吃好东西，因为他觉得自己是快死的人了，吃什么都一样。他不肯添置衣物，因为他觉得自己是快死的人了，穿不上几次了。他整日里愁眉苦脸，唉声叹气，终日生活在恐惧之中。

（参见王荣炳：《老年心理关爱案例》，62 页，北京，华夏出版社，2012。引用时有改动。）

死亡是生命过程的终结，也是不可抗拒的自然规律之一。印爱平和许广俊(1991)研究发现，19 名老年人被试在临终前有 10 名处于清醒状态，其他人均处于昏迷或意识不清楚状态。在患病期间，有 7 人表现出了明显的恐惧感，其中有 5 人希望尽早结束生命，以减轻痛苦。有 12 名老年人在病重期间对生活往事进行了回忆，并从各自不同的角度谈及生活的价值问题。其中性格外向的老年人回忆的往事较多。在日益美好的今天，如何提高生命后期的生存质量也是当今社会的一个热点。

西方心理学家认为成年晚期，即老年期，面临着三大挑战和四项发展任务。三大挑战为：适应生理上的变化，重新认识过去、现在和未来，形成新的生活结构。四项发展任务为：接受自己（退休后）的生活，促进智力的发展，将精力投入新的角色和活动中，形成科学的死亡观。

韦庆旺、周雪梅和俞国良(2015)总结出死亡心理的核心内涵：外部防御和内在成长。对死亡的抽象认知产生死亡焦虑，死亡焦虑产生死亡恐惧、自我保护、外在价值导向等外部防御反应；对死亡的具体认知产生死亡反省，死亡反省产生死亡接受、亲社会动机和行为、内在价值导向等内在成长反应。"神龟虽寿，犹有竟时。"如何能给生命画上一个完美的句号或正确看待生命的有始有终是老年后期面临的主要问题。

根据第七次全国人口普查结果，全国人口中 60 岁及以上人口约为 2.64 亿，其中 65 岁及以上人口约为 1.91 亿，占总人口的 13.50%。快速老龄化与高龄化一方面说明了我国社会生活水平的提高，另一方面也给个人以及社会带来诸多影响。李君、张大勇和菅林鲜(2011)在研究中发现不同年龄段的老年人的需求是不一样的，他们认为 80 岁及以上的老年人主要是以医疗需求为主，生活需求、情感心理需求为辅；临终时期(最后 6 个月)的生活是以情感心理需求为主，以医疗需求、生活需求为辅(见表 5-1)。

表 5-1   人生老年各阶段需求关系

老年各阶段	需求关系
老年初期(60～80 岁)	生活需求为主，医疗需求、情感心理需求为辅
高龄时期(80 岁及以上)	医疗需求为主，生活需求、情感心理需求为辅
临终时期(最后 6 个月)	情感心理需求为主，医疗需求、生活需求为辅

美国国家心理卫生研究所对健康老年人的抽样调查于 1963 年指出，明显怕死的老年人占被试人数的 30％。杜克大学的杰弗斯等人于 1966 年调查了 140 名 60～94 岁不在养老院的老年人的死亡念头，发现 49％的老年人说每天至少有一次想到死，25％的老年人说每星期至少有一次想到死，5％的老年人否认他们曾经想到死，1％的老年人未表明态度。该研究还发现，承认怕死的老年人的智商一般比较低，休闲活动不多，厌弃和抑郁情绪的发生率也比一般人高。

由于机体老化及抵抗病菌感染能力降低等原因，老年人各种身体疾病增多。看着亲属、好友在生命后期因病而饱受折磨或离去，他们心中产生忧虑的心情。他们担心自己会患病或害怕自己会离去，不愿承担因疾病而产生的后果，开始逐渐产生疑病心理。他们觉得身体稍有不适，便怀疑自己是否得了绝症，是否即将离开人世，不能接受这样的结果，开始大发脾气，疏离亲友。他们很害怕死亡，认为死了就完了，不能正确认识生命的意义。他们稍有不适就开始疑神疑鬼，频繁出入医院，大量服用药物。这些都是老年后期死亡恐惧的表现。

当老年人意识到死亡必将降临或者在面临死亡时，一般会经历怎样的心路历程呢？国际上普遍认可的是屈布勒-罗斯（Kubler-Ross）对于临终心理的阶段划分。他将其分为五个阶段，虽然这些阶段也可能有相互交叉或重叠。第一阶段，否认。患者或者认为关于自己的死亡消息是不真实的，或者认为死亡不可能发生在自己身上。第二阶段，愤怒。患者开始承认死亡，但充满怒气而难以控制，时常会质问身边的亲友或医生。第三阶段，交易，也称讨价还价。患者往往表现得特别随和，他们通常期望自己至少可以活到某一时间以完成某一件事情。第四阶段，抑郁。患者知道自己即将离世，与亲人永诀，即将抛弃所有，因而表现出悲观、沮丧等抑郁情绪。第五阶段，承认。患者听从命运的安排，不得不接受死亡的严峻现实，承认死亡即将来临。

老年人重视死亡前后的安排，是正常的心理需要。面对死亡，大多数老年人没有清醒的认识。有的人害怕疾病的痛苦；有的人担心身体机能丧失而影响个人的尊严；更多的人则因为自己死后留下配偶或子女而感到焦虑。这些令老年人困扰的问题多是因他们对死亡没有充分的认识和心理准备而引起的。当今老年人对死亡的态度，可分为以下五种类型。计划型：能从容地面对死亡，并能安排好自己事后的相关事宜。接受型：一般认为死亡是正常的生命过程，是生命的升华。恐惧型对死亡充满恐惧，留恋人生。无所谓型：认为即使死亡真的来临，也和睡眠差不多。解脱型：比较平静，把死亡看作永久休息。面对死亡的不同态度直接决定了生命后期老年人的生活质量和家庭关系的变化。引导老年人走出死亡心理误区，正确认识死亡的本质，减少无谓的恐惧，有效提高生命后期的生存质量。这是一个深奥的课题（杨娜，胡文静，吴蕾，2009）。

5.2 老年心理健康问题的治疗技术

5.2.1 认知疗法

认知疗法(cognitive therapy)是 20 世纪 70 年代由贝克提出并逐渐发展起来的一种心理治疗方法。它是根据个人的认知影响情绪和行为的理论假设，通过认知和行为技术改变来访者不良认知的一类心理治疗方法的总称。

认知是个人对一件事或对某一个对象的认识和看法。由于生活背景、教育水平、家庭氛围、个人修养等方面的差异，人们对于同一问题往往有不一样的认识和理解，从而产生不同的情绪体验，进一步影响人的行为反应。

贝克认为适应不良的行为和情绪，都源于适应不良的认知。例如，有的人觉得自己各方面都很差，没有称得上优秀的地方，连自己的父母都不喜欢自己。他们做什么事情都没有自信心，这就是他们对自己的评价观念出了问题。认知疗法的策略就是帮助他们重新建构认知，从多方面客观地评价自己，对自己树立信心。

认知疗法是一种心理治疗体系，其中涉及合理情绪疗法、认知治疗、认知行为疗法、认知分析治疗等。在这些技术的运用中，专业心理咨询师的指导是各项技术得以运用的前提，只有这样才能够将技术很好地运用于老年群体。认知疗法可以通过布置家庭作业等形式，让老年人能够得到具体的运用。这对于其减少孤独感、提升生活幸福感有重要的作用。

合理情绪疗法又叫作合理情结疗法(ABC 理论)。在 ABC 理论模式中，A 是指诱发性事件；B 是指个体在遇到诱发事件之后相应而生的信念，即他对这一事件的看法、解释和评价；C 是指在特定情景下，个体的情绪及行为结果。通常人们认为，人的情绪的行为反应是由诱发性事件 A 直接引起的，即 A 引起了 C。ABC 理论指出，诱发性事件 A 只是引起情绪及行为反应的间接原因，而人们对诱发性事件所持的信念、看法和理解才是引起人的情绪及行为反应的更直接的原因。该疗法主要通过逻辑思辨的途径来改变人的不合理的情绪观念，并代之以合理的情绪观念，以帮助其解决负性情绪和行为问题。这种疗法强调情绪的根源在于观念，改变观念就会改变个体的不良情绪体验。

例如，两个学生在同样重要的考试中失败了，但是两人对这同一件事 A，所持的信念 B 可能完全不相同。其中一个学生的想法可能是"我不想在这次考试中失败，真的希望事情不是这样的"。这时候他的情绪反应是后悔的、难过的，但是他决定克服这些情绪，继续努力。另一个学生可能会有这样的想法："我太糟糕了，连这样的考试都会失败，简直是无药可救了。"之后他就会自卑、敏感，难以打起精神来。这就是人们对同一件事情所持的看法不同，将会引起人们的不同的行为及情绪反应。

咨询师将合理情绪疗法的 ABC 理论运用于刘大爷的咨询中。因为刘大爷有一定的文化背景，之前也是退休干部，所以咨询师首先对合理情绪疗法原理进行解释说明，让他明确自己现在面临的问题到底是什么。

事件 A 是指刘大爷从单位退休了，从有工作的人变成退休老人；情绪 C 是刘大爷产生孤独、闷闷不乐的情绪状态，并且对人际交往产生回避，因此他陷入自身的沉闷情绪中不能自拔。刘大爷的信念(想法)B 是什么？

在咨询的过程中，刘大爷说到了以下两点：第一，觉得自己退休了，变成了一无是处的人；第二，不知道活着还有什么意思，家里人都忙着自己的工作。这时候，咨询师需要帮助刘大爷认识自己的不合理信念，设想一下到了退休年纪，其他老年人也从他们自己的岗位上退下来，每个人都要经历这样的过程。别的老年人在退下来之后，开始寻找新的目标。刘大爷要转变自己的不合理信念，用合理信念取而代之：第一，退休之前，自己已经在工作岗位上尽职尽责，完成了自己的使命，自己做的是足够的；第二，活着不意味着只有工作，在忙碌了大半辈子之后的休息，对于自己来说也是一种幸福。咨询师布置了行为家庭作业，采用情绪温度计的形式，将情绪分为开心、平和、悲伤、难过四种，每天记录自己的情绪状态是什么，并用情绪温度计记录当下的心情；进行自我觉察，当自己产生不合理的想法和信念时，进行自我梳理和辩论，用合理的想法替代不合理的想法。

老年人在退休之后，由于身份角色发生变化，因此会产生心理的不适应感。对于这种改变，有些老年人认为自己一无是处，再也不能够体现自我的价值，不能在工作岗位上展现自我风采，从而产生难过、自卑的消极情绪。相反，有些老年人会重新认识自己，积极参加老年大学、老年艺术社团等活动，产生积极乐观的情绪，丰富自己的生活，展现自我风采。我们可以借助新闻媒体、社区力量开展心理健康知识的讲座，进行心理知识的科普，让老年人能够灵活运用，并对身份角色的变化导致的心理变化有一定的了解，从而进行自我调整。

5.2.2　家庭治疗

家庭是个体一生中与他人接触最早、关系最持久的单位。自出生起，我们就接受家庭教育。家庭的经济功能表现是家庭在任何条件下具有的维持生存所必需的消费功能；家庭的教育功能是成员之间有着特殊亲密的联系，家庭承担培养下一代的责任；家庭的情感功能是指家庭可以给个体带来心理和精神上的满足与慰藉，给个体提供社会支持的功能。家庭对于老年人的晚年生活有重要的作用。

家庭治疗是对家庭进行的整体治疗。在治疗时，整个家庭成员都要在场。家庭治疗认为家庭成员之间的不良交往模式是家庭成员之间的关系不清楚导致的，因此家庭治疗重视成员之间的交往模式和家庭成员之间关系的治疗。家庭治疗要遵循系统性原则，需要在整个家庭背景下对问题进行分析和探讨。针对老年人因离退休综合征产生的焦虑、抑郁、人际关系不适应等情况的出现，家庭治疗在医学领域上曾进行过相关研究。例如，宫本宏、王和勤和陈慕琳等人（2014）进行留守老年抑郁症患者家庭治疗的相关应用。他们发现家庭治疗对留守老年人减缓抑郁情绪产生重要的影响。除此之外，我们可以借助社区力量，利用家庭治疗进行深入了解，帮助老年人走出焦虑、抑郁情绪。

家庭治疗的流派众多，分为代际模型、策略模型、结构模型、经验模型等。萨提亚的联合家庭治疗模式广泛吸收了存在主义等众多思想，批判了心理分析的主导思想，为个案社会工作（社会学）和家庭治疗的独立发展做出了非常重大的贡献。

联合家庭治疗模式集中于人性论、人的自我需要、家庭规则以及家庭互动等形式的内容。萨提亚认为人性是乐观的、善良的，在适当的环境中，人性的善良能够表现出来；与之相反，在不恰当的环境中，人性的善良会受到阻碍。从自我价值的角度来看，萨提亚对待人性的态度跟人本主义存在相似之处。她认为个人的自我认识和自我评价对个人及家庭的认识都非常重要，良好的自我认识能带来良好的自我行为及家庭健康，负面的自我认识则会导致自我价值贬低及家庭发展的困难。

萨提亚认为人的一生中会遇到很多问题，但是问题本身不重要，重要的是我们如何看待问题、处理问题。人对待问题的态度从本质上来说还是强调人的主观能动性。面对问题我们应该如何处理呢？就像是一千个读者心中会有一千个哈姆雷特。对待问题的处理，我们应该具备以下特点：要正确认识问题、评估问题；需要全面地认识自我，认识不仅是自我本身，还包括身边可以利用的资源，用一切力量去达到最后的目标，即解决问题。联合家庭治疗曾经应用于婚姻治疗、药物滥用、精神健康及青少年矫治。我们每个人都是无法脱离家庭的，家庭对我们每个人发挥巨大的作用。在中国社会中，家本位观念使家庭的地位和影响更加重要。在目前已经推广开的针对闲散青少年、吸毒人员、犯罪人员等群体，以及在学校、社会工作等众多领域中，联合家庭疗法都发挥了非常重要的作用，被证明是卓有成效的专业社会工作方法。

抑郁作为老年人最常见的心理问题之一，严重影响该群体的生活质量、躯体功能并增加人群死亡率。在这样的现实情况下，我们更要重视家庭对老年人的正面疏导作用，且社区对老年人的日常生活也应该给予充分关注。谢童(2017)在研究中发现，联合家庭疗法在老年人抑郁情绪的个案应用中有较好的成效。他建议心理咨询师可以与社会学中的社会工作联系，在个案服务中结合联合家庭治疗法及社会支持两大理论，介入老年人抑郁情绪的个案中。

延伸阅读

很多人比较好奇，联合家庭治疗模式应该如何运用呢？其实，这个需要专业的心理咨询师深入家庭内进行指导，在家庭成员的相互配合下进行。

萨提亚的联合家庭治疗模式认为，家庭成员是主要的治疗对象，家庭系统则是治疗的基因。联合家庭治疗模式关注的治疗内容主要集中在家庭成员及家庭系统两个方面。

萨提亚认为家庭成员的自尊非常重要，自尊其实就是家庭成员的自我评价。低自尊者对自己的评价较低，也容易导致家庭成员之间出现问题，从而引发家庭本身的问题。低自尊者对家庭成员有较高的依赖，在选择恋爱对象时容易出现恋母或恋父情结。家庭成员自尊的形成往往与父母的教养方式、自尊水平、家庭互动模式相关。在现实中，低自尊者伴有如下特征：自我否定，难以与人沟通，害怕失败，不敢冒险，寻求权威庇护，心理防御机制明显。这些特征是对家庭成员自尊进行评估的基本依据。

萨提亚强调家庭的沟通。她认为家庭沟通的形式其实反映了家庭成员各自的自尊程度。沟通的不良在很大程度上不是因为沟通技能的不足，而是因为家庭成员自尊程度偏低，由此导致沟通过程中心偏离，也就是内心所想和行为所示相背离。自尊偏低的人正是因为想掩盖自我的不良形象，所以就故意表现出相反的举动。沟通是一个多方传递的过程，涉及自我、他人及情境三方面因素。良好的沟通应该是这三个方面之间的合理、顺畅沟通，沟通中常常出现的错误有四种：讨好型、责备型、超理智型、打岔型。

萨提亚认为每个家庭都会形成特定的家庭规则。每个家庭成员都生活在特定的家庭规则下，良好的家庭规则有利于家庭成员发展，负面的家庭规则会阻碍家庭成员的积极发展，也会阻碍家庭本身的健康发展。萨提亚认为人是一个复杂的统一体，人对事物的反应也是一个复杂的过程，正确的反应会导致家庭成员产生积极的情绪和正确的行为，错误的反应则会导致家庭成员产生消极的情绪和错误的行为。人对事物的反应过程主要包括六个程序：第一，发现事件；第二，形成事件图像；第三，对事件做出主观解释；第四，对事件的解释产生的主观感受；第五，对已有感受的进一步主观感受；第六，由此产生外显行为。

（参见维吉尼亚·萨提亚、约翰·贝曼、简·格伯等：《萨提亚家庭治疗模式》，北京，世界图书出版公司北京公司，2007。引用时有改动。）

5.2.3　正念疗法

正念（mindfulness）最初起源于佛学禅修，是从冥想参悟中发展起来的，是个体有意识地把注意维持在当前内在或外部体验之上并对其不做任何判断的一种自我调节方法。

个体在正念状态下注意朝向有好奇、开放和接受的特点。正念冥想是一组以正念技术为核心的冥想练习方法，主要包括禅修、内观、正念减压疗法和正念减压训练等。

正念冥想有助于治疗慢性疼痛、焦虑、抑郁症复发、失眠症、酒精依赖、饮食障碍(Foley，Baillie，Huxter，et al.，2010)。以正念为核心的心理疗法是美国目前最为流行的疗法，其疗效获得了从神经科学到临床心理方面大量科学实证的支持。相关研究获得了美国国立卫生研究院的大力支持。近些年来，正念疗法在中国被医疗方面广泛地研究。庞娇艳等人(2010)将正念减压疗法应用在护士职业倦怠干预中，发现该疗法帮助护士在压力管理和身心疾病康复等方面都产生积极疗效。杨清风等人(2015)发现正念疗法心理干预技术能有效改善老年冠心病介入治疗患者手术期的睡眠质量，患者易接受，且安全有效。单墨水(2014)运用正念疗法缓解乳腺癌住院患者的焦虑、抑郁、失眠和心理痛苦水平，改善生活质量并且效果显著。

正念冥想有利于缓解焦虑和抑郁症状，还能改善睡眠质量。通过监测和观察自己在难过、担忧时的想法与情绪，抑郁症患者可以在负面想法和情感自行萌发时，通过冥想对这些情绪进行管理，从而减少自己对痛苦的强迫性回想。正念冥想训练可以有效调解情绪。它可以维持个体情绪的稳定性，提高个体的情绪调节能力。

正念冥想的最大优点是可以不受地点的限制。老年人自己在家，在睡觉之前、起床之前都可以进行。在城市居住、受教育水平高、有一定文化基础的老年群体更能够接受。

正念冥想训练有音频，可以跟着咨询师的指导语进行。下面截取一段来自乔·卡巴金著的《正念：此刻是一枝花》的指导语：把刚才的事情放下，把等下要做的事情也放下……慢慢闭上眼睛。把注意力放在你的呼吸上，吸气时腹部鼓起，呼气时腹部内收，用鼻子吸气、嘴巴吐气，去专注地觉察你的呼吸。吸气时，感觉你正在吸气；呼气时，感觉你正在呼气。吸气时，对自己说"我正在吸气"；呼气时，对自己说"我正在呼气"……用微微意志的努力，去有意识地觉察你的呼吸……你在哪里？你在观察你的呼吸吗？……

在这个过程中，你可能发现你的注意力有些不集中了，头脑中有一些念头飘过，没关系，念头来了，就看着它来了，走了，就看着它走了。看到它就够了。不要试图去除它，不跟它较劲，它不会留下痕迹，也不会构成障碍。让注意力重新回到呼吸上来。当你发现自己正在思考、回忆、想象，或者沉浸于某种感受时，恭喜你，你正在深入地观察你自己，你知道你在哪里，你回到了当下……慢慢地把它们放下，回到你的目标——有意识地观察你的呼吸。进行这种呼吸练习时，一次无须太久，5 分钟即可。利用呼吸，使我们的思绪回到当下，这是瞬间就可以完成的事情，只需注意力集中，方向稍转变即可。

5.2.4　其他心理治疗方法

娱乐疗法

美国治疗性娱乐联盟在 1984 年将治疗性娱乐定义为：为患者或者残疾人提供智力性娱乐消遣，通常又被称为娱乐疗法。其目的是修复、矫正或促进患者的各项功能，提高其独立性，并减少、消除因疾病或残疾带来的不良后果，提高身心水平。过去娱乐疗法主要针对精神疾病患者、发育迟缓者、残疾人和老年人。现在，娱乐疗法的对象扩大为想要进行恢复和康复的健康人，受益的人群越来越广泛。

亚里士多德以及《乐记》都强调音乐等娱乐活动的治疗作用。中国自古以来就提倡琴棋书画对自身品行的修炼。唐代张彦远的《法书要录》卷三："辩才俗姓袁氏，梁司空昂之玄孙。辩才博学工文，琴棋书画，皆得其妙。"可见，琴棋书画这四项技艺掌握得如何，在古代成了衡量一个人是否具有才华的标准。琴棋书画对古人修身养性也产生了重要作用。近些年来，心理学家关注娱乐疗法对人的影响，并证明娱乐确实是一种有效的治疗方法。

现代对于娱乐疗法的研究较为广泛，其中涉及对广场舞、太极拳、五禽戏、书法、绘画等方向的研究。王琼、宋湘勤、张志如(2013)发现广场舞对老年人心理健康和社会适应产生重要的影响，相比于未参加的老年群体，规律性参加广场舞活动的老年人更加健康和积极。发表在《人类神经科学前沿》(*Frontiers in Human Neuro-science*)杂志上的最新研究显示，经常参加体育锻炼的老年人可以逆转大脑中的衰老迹象，而跳舞的效果最显著。研究结果显示，两种不同的锻炼方式(跳舞和耐力训练)都能改善大脑中随年龄增长而衰退的区域。相比之下，只有跳舞能在改善平衡方面带来显著的行为改变。该研究招募了平均年龄为68岁的老年志愿者，并让他们接受为期18个月的每周一次的舞蹈或者耐力训练和灵活性训练。结果显示，两组被试的大脑海马区都有所增强。这一点非常重要，因为这一区域很容易出现变老带来的衰退，并且会受到阿尔茨海默病等疾病的影响。它也对记忆和学习以及保持身体平衡起着重要作用。

太极拳的练习对老年人的身心也有重要的影响。美国马萨诸塞综合医院研究人员通过广告招募，找到了50位波士顿华人居民。这些人会说流利的普通话或粤语，为华裔成年人，并且被确诊患有轻度到中度的抑郁症，但没有其他精神病史。同时他们近期没有练习过太极拳，也没有接受过精神疾病治疗和心理治疗。研究人员把他们随机分成三组：第一组，17人，练习太极拳；第二组，14人，上课，请他们围绕压力、心理健康和抑郁展开讨论；第三组，19人，什么也不做。练习太极拳的第一组，研究人员组织他们在 12 个星期里每周组织练习两次，并且要求他们每个星期在家里练习三次。与此同时，让他们把练习过程记录下来。结果发现，练习太极拳的第一组成员，在持续练习了 12 个星期之后，情绪的抑郁症状有明显改善，而在第二组和第三组成员身上却看不到这一变化。研究人员说，太极拳是改善情绪的一个重要方法，有助于提升一个人的情绪状态，促使情绪从消极状态向积极状态转化，从而能够避免个体的消极情绪对其生理健康产生不利的影响，提高身心健康水平。

除此之外，曲桂兰（2014）发现长期练习五禽戏对老年人的心理健康具有促进作用。相比不参加体育锻炼的老年人群，五禽戏练习者的社会适应、人际关系和认知能力均得到改善，其情绪调节能力的提高更明显。五禽戏的练习过程是老年人认知能力得以锻炼的过程，练习者既要记住每个动作、用心体会，又要身心放松、排除杂念、全神贯注于每个动作。长期练习，对提高记忆力和集中注意力有良好的效果。五禽戏的锻炼本身也是一个情绪调节的过程。戏中的每种动物的动作形象风趣、优美高雅，有益于练习者心情舒畅。他们在练功过程中切磋技艺，交流体会，彼此相互关照，建立了良好的人际关系，提高了交往能力和对社会变化的适应能力。高健、王欣和桥本公雄等人（2010）发现，书法绘画练习是维护老年人心理健康、提高生活质量的重要方式之一。

娱乐疗法容易为大众所接受，在日常生活中操作方便，贴近老年人的生活。治疗的目的十分直接，即通过社交或者休闲娱乐活动，缓解老年人的孤独感；强调患者的能力，而不是强调存在的问题，增加老年人参加活动的兴趣和主动性。不管是广场舞、太极拳、五禽戏，还是书法练习，只要是喜欢并且能够长期坚持下去的，对于提高老年人自身健康、缓解孤独、降低焦虑都能起到重要的作用。

老年人关注娱乐疗法，对其身心健康起到了重要的作用。前人的相关研究也从科学的角度证实：娱乐不仅仅是休闲与放松的一种方式，更是一种有科学依据的心理问题的矫正技术。

音乐疗法

《黄帝内经》提出了"五音疗疾"。古人的音乐疗法是根据宫、商、角、徵、羽 5 种民族调式音乐的特性与五脏五行的关系来选择曲目，进行治疗。宫调式乐曲，风格悠扬沉静、淳厚庄重，有如"土"般宽厚结实，可入脾；商调式乐曲，风格高亢悲壮、铿锵雄伟，具有"金"之特性，可入肺；角调式乐曲构成大地回春、万物萌生、生机盎然的旋律，曲调亲切爽朗，具有"木"之特性，可入肝。在西方，古埃及有"音乐为人类灵魂妙药"的记载，古希腊、罗马的历史著作也曾有过记述。《圣经·旧约》上就曾记载扫罗王召大卫鼓琴驱魔（其实是精神不宁）的故事。

心理学研究显示，音乐能影响人格。情感培养对人格成长至关重要，而音乐包容了人的情感的各个方面，能够从多方面全面塑造人格。音乐能超越意识直接作用于潜意识，因而在心理治疗中有特殊功效。项春雁等人（2006）的研究表明，中医五行音乐结合音乐电针疗法对恶性肿瘤患者抑郁状态有较好的效果。李铁菊和韶红等人（2006）在音乐疗法的临床应用中发现，通过音乐艺术来影响人体的生理功能可以达到治疗身心的效果。杨凤池和李梅（2003）发现，音乐疗法可以化解手术前焦虑，也可以辅助治疗高血压、心脏神经官能症。彭玉红等人（2006）研究表明，手术室工作人员认为放松音乐能起到缓解紧张和焦虑情绪，以及促进入睡、提高睡眠质量的效果。

对于老年人因离退休综合征而产生孤独的、不适应的心理，音乐疗法具有普遍适用性。不管是在乡村还是在城市，对于高学历还是低学历者，娱乐疗法的受益面都很广。它不仅仅可以陶冶情操，还能够通过活动锻炼记忆力、认知能力，加强大脑的运用。老年人可以通过活动结交更多的同龄朋友，经常沟通交流，缓解孤独感。

知识链接：

音乐疗法歌曲推荐

我们收集国内外相关的音乐疗法的研究，并结合本国的国情，选取了一部分曲目，让老年人在休闲之余可以进行自我放松。

- 消除疲劳：《假日的海滩》《锦上添花》《矫健的步伐》《大海》《十五的月亮》《八月十五月光明》等。
- 宁心催眠：《平湖秋月》《烛影摇红》《仲夏夜之梦》《钢琴前奏曲》《二泉映月》《银河会》《军港之夜》《春思曲》《宝贝》等。
- 镇静安神：《春江花月夜》《平沙落雁》《苏武牧羊》《花之圆舞曲》《第四交响曲》等。

阅读疗法

阅读治疗又被称为阅读疗法、书目疗法等。阅读治疗是指人们在对文学作品尽可能共享的基础上发展出某种技能，借助于阅读，治疗者与参与者之间能建立良好互动。阅读治疗最先应用于儿童。

阅读疗法在国外的研究已有较长的历史，而在国内研究时间较短，研究成果也较少。国内学者王波于 2007 年将阅读疗法定义为以文献为媒介，将阅读作为保健、养生以及辅助治疗疾病的手段，是自己或指导他人通过对文献内容的学习、讨论、顿悟，养护或恢复身心健康的一种方式。结合已有学者的研究，我们认为阅读疗法借用心理学、医学、生物学等学科，选择特定的内容来解决心理问题，以此解读读者的心理困扰，改善情绪，尤其是心理状态和行为方式，从而达到辅助治疗的目的。

阅读治疗适用的症状很多，如偏执、心理失调以及部分情绪困扰（如沮丧、紧张、忧伤、痛苦、孤独等）。阅读治疗对于大多数老年人来说具有一定的实用性。很多老年人喜欢看书、读报纸，甚至浏览网页。他们通过图书和报纸进行知识的获取，并在阅读的过程中获得情感的共鸣，找到自己想要的答案。

5.3 关爱老年人心理健康服务的案例解析

本部分内容围绕第一节中的老年人常见心理问题展开，不同心理问题用一个典型案例呈现，以"案例＋分析"的形式进行讨论。分析中会穿插引用本章第二节中的不同心理治疗技术，具体阐述如何运用相应技术以及注意事项，以期达到帮助社会以及老年人了解心理问题发生的现状、原因以及该如何规避，增加社会对老年人的理解度。关爱老年心理健康，并提出可操作的实际意见。

案例

心神不定的王老

听王老说，他在刚刚离休的第一年，整日心神不定、坐卧不安，经常拿起桌上的电话又放下，放下电话又拿起来。"为什么电话老不响呢？"王老认为一定是电话出了问题，可再拿起来听听，有"嘟、嘟、嘟"的声音，电话没问题呀！王老在房间里踱来踱去，终于明白过来了，原来自己已离休在家，没有人再向他请示、汇报工作，他不用再批复文件，更没有人在门外等着要会见他了。他不用再到下面去视察，也没有人围着他说奉承话了。过去应接不暇的繁忙景象一下子就消失了，王老心里空荡荡的，很是失落。他自己说："离休一年，我仿佛一下子老了十岁，心情很低落，身体也出了问题。"后来，在组织的关心下，他重新参加了社团的组织领导工作，又开始忙碌起来。他经常开会、组织活动、练习书法，参加志愿者聊天陪护等活动，这才让他慢慢适应离休后的生活，精神状态又慢慢恢复过来。

(参见王荣炳：《老年心理关爱案例》，161页，北京，华夏出版社，2012。引用时有改动。)

【问题诊断】

从材料中，我们可初步诊断王老属离休综合征。

【原因分析】

材料中的王老属于离休老干部，他的生活条件比其他普通退休老人要优越。离休老年人多是在 1949 年中华人民共和国成立前参加工作的，他们的年龄一般都近 90 岁或更高。因此，他们中的绝大多数是高龄老年人，这阶段的老年人主要以医疗需求为主，以生活照顾需求和情感心理需求为辅。离休老干部的生活条件尤其是医疗条件都有保障，因而对于他们而言生活照顾需求和情感心理需求更为凸显。高龄老年人往往面临着老伴、亲友过世，自身健康状况下降等问题，容易产生很多心理问题，如离休综合征、焦虑、抑郁、孤独、死亡心理等。

【关爱方法】

认知疗法：帮助老年人正确认知退休后的生活。让老年人知道退休是生命中的一个轨迹，每个人都要经历。退休不意味着被抛弃，生命的不同阶段需要我们去体验不同的事。并不是退了休，老年人对社会就没有价值了，老年人自己的价值也并不能用是否还在岗来评判。可以运用合理情绪疗法，引导老年人正确认识自己的"ABC"。诱发性事件（退休）只是引起情绪（如焦虑、抑郁）及行为反应（如喜怒无常、爱发脾气）的间接原因，而人们对诱发性事件所持的信念、看法、理解（如退休就意味着无用、被抛弃）才是引起人们的情绪及行为反应的更直接的原因。引导老年人树立正确的人生观、价值观。需要注意的是，认知疗法要在心理咨询人员的引导下加以实践，并多次尝试，直至认知有所转变。在日常生活中，老年人自己也可以尝试去分析一个事件的"ABC"，家人在一旁监督，以便整个过程可以顺利进行。老年人可尝试在客厅中放置一块白板，将每天分析的事件以及整个过程的"ABC"记录下来，并签署姓名及日期（若有专业人员的监督则更为有效)。

娱乐疗法或阅读治疗：离退休老人之所以会产生若干奇怪的念头，主要是因为规律性生活被打断，一时不能适应。这时候家人可引导老年人将注意点转向其他事物，如选择一个兴趣班。女性可以参与到广场舞的热潮中，男性可以多锻炼身体，练习太极拳或参加书法班、阅读班，重新找回自己的兴趣点，找到生活的乐趣和自己的交际圈，和同类人一起逐渐适应离退休后的生活。需注意的是不要盲目跟风，要有选择地参与社会活动，找回自尊和被需要感。

案例

父子难道是"对头"

王爷爷老两口与儿子一家三口生活在同一个屋檐下，彼此之间几乎争执不断。不是儿子和儿媳妇批评老两口养育孙子的方式不科学，对孙子过于偏爱，就是媳妇抱怨菜咸了、汤淡了。儿子和儿媳妇不知从什么地方得知，外国人如今的时尚是晚餐不多吃，更不能沾鱼肉腥荤，最健康的吃法是把蔬菜用水烫过，不加油盐，否则会引起各种"现代疾病"。老两口对此不敢苟同，一则是打心里不能接受儿子和儿媳妇的这种健康理念，二则是担心正在长身体的孙子营养不够。于是，他们每天偷偷地给孙子开小灶，煮个红烧肉、弄个清蒸鱼、蒸个清水蛋，每天下午祖孙三人加个小餐。不料被儿子和儿媳妇察觉了，大吵起来。这以后，检查冰箱、质问孩子以及明言或暗指地斥责老人，就成了家常便饭。开始时，老两口耐着性子忍着，可时间一长，终于发展成了你来我往的争吵。"小吵天天有，大吵三六九"，这很让老两口伤心，他们总是想不通，为什么辛辛苦苦养大的儿子、倾尽所有娶进门的儿媳妇反成了自己的"对头"？

(参见王荣炳：《老年心理关爱案例》，22页，北京，华夏出版社，2012。引用时有改动。)

【问题诊断】

从以上案例中，我们可以看出王爷爷老两口与儿子、儿媳妇之间的问题正是代际冲突，也就是我们常说的人际问题。

【原因分析】

人际问题，特别是家庭内部人际关系问题，往往不可避免。两代人会因为彼此的生活观念、价值观、教育方式等不同而产生矛盾和冲突。发生于父母与子女两代人之间的代际冲突经常表现得最为尖锐、激烈和直白。破口大骂者有之，不理不睬者有之，离家出走者有之，寻死觅活者也有之。家庭是每个人最为安全的港湾，父母与子女之间的血缘关系使得子女能够毫无顾忌地反抗。他们不用像在单位里对领导和同事、对朋友和邻居，以及对陌生路人那样，表现出一定的容忍和克制，注意分寸和讲究礼节。这种直接的家庭冲突往往会给双方都带来伤害。对于老人而言，这种伤害是更为深刻和难以排解的。

【关爱方法】

认知疗法：引导老年人以及子女树立正确的认知，争吵并不能解决问题，唯有坐下来认真思考、一起商量解决方法才能解决面临的问题。首先，老人要明白两代人的不同并不是各自的不是，是不同时代造就了不同的人。文化的变化是社会进步的表现，家庭代沟的本质是两代人之间的文化差异，一代文化造就一代人，表现在生活态度、生活方式、价值观等方面。双方都可以去验证到底什么样的生活方式才是健康的，而不是靠争吵。其次，老年人要抛弃"孩子永远是孩子"的错误观念。曾经的孩子，现在已经长大，有了自己的生活和自己的孩子，不再是长不大的孩子。他们有自己追求的生活方式和价值理念，老年人不要过多地干涉他们的生活，包括下一代的教育方式。要相信他们自己可以处理好自己的事情，包括下一辈的教育问题。要减少代际冲突，老年人要从自己的认知方式着手，认真考量一下自己的认知，哪些是正确的，哪些是有待改善的。

家庭疗法：家庭因为其本身的特殊性，是社会的基本单元。家庭内部的特有规则会直接决定整个家庭的关系及氛围。家庭治疗将家庭成员作为一个整体，要求治疗时所有成员都必须在场。家庭治疗认为家庭成员之间的不良交往模式或家庭成员之间的关系不清楚，是导致家庭问题的原因。需注意的是家庭治疗应遵循系统性原则，是在整个家庭背景下对问题进行分析和探讨。家庭治疗需要在专业咨询师的带领下进行，家庭成员之间彼此坦诚沟通，共同商议解决问题。

正念冥想：最早起源于佛学禅修，是一种新兴疗法，很适合老年人。老年人在与家庭成员起冲突时，要学会有意识地运用正念，意识到此刻自己是什么状态，自己的情绪此刻是什么样子的。当你去觉察时，情绪可能就已经离你而去了。正念因为随时随地都可以运用，因而很容易推广。老年人可以先跟着专业人员进行学习，然后自己在家进行每日练习。家庭成员都可以尝试学习正念。它简单易行，可以自己在家听音频，学会觉察自己，觉察情绪。

案例

老人心里有阳光照不到的角落

2018年，年过七旬的张大爷被确诊为前列腺癌，从拿到诊断结果的那天起，他就再不愿与家人多说一句话，除了去医院看病外，平时很少出门，对于前来探望的儿女和对他嘘寒问暖的老伴，都是冷漠对待。即使节假日家人聚餐时，张大爷也是草草吃上两口就匆匆离席。去年9月，张大爷与世长辞，儿女回想起父亲生病这几年的变化，突然意识到老人情绪或许出了问题，通过向医生咨询，才知道张大爷在患病期间情绪低落，是典型的抑郁症表现。

石嘴山市民赵先生已退休 5 年，去年起就经常感觉全身乏力、懒怠进食，以至于靠轮椅代步，最终卧床不起。家人多次带他到医院就诊，可一直查不出病因。后来在医生的建议下去看心理门诊，经医生分析，家人才意识到，老人卧床之前出现的情绪低落、兴趣缺乏、悲观厌世的情绪是抑郁症状，但一直未引起家人的重视，都认为他一时适应不了退休生活，由此延误了最佳治疗期。

"老年抑郁症是很常见的，然而社会、文化、躯体疾病等因素常使诊断更为困难。"心理中心负责人说，老年抑郁症具有一定隐匿性，老年人一般不会主动表达"心情不好"，而会反复诉说各种躯体不适，如头昏、心慌、胃痛、全身无力等，但到医院做各种检查却发现没有明显异常，这时子女就要注意老人是不是经常愁眉苦脸、唉声叹气，是不是经常感到烦躁、坐立不安等。

老年抑郁症要早发现、早治疗。子女误认为老人"心情不好"，自己调节调节、过上一段时间就好了，往往会延误最佳治疗时间，致使病情加重。其实，老年人情绪低落和精神心理压力因素有直接关系，老年抑郁症是可以通过积极治疗好起来的疾病，特别要提醒的是受社会偏见、歧视思想影响，老人及其家人明明知道老人患上焦虑、抑郁这些常见的心理疾病，但是为了所谓名声、面子，担心被人说有"心理疾病"，或者把"心理疾病"等同于"精神病"而不敢或者不愿到正规的精神心理专科医院检查治疗，以致贻误病情。

（参见：《老年人深受抑郁困扰 "精神赡养"不能缺席》，载《宁夏日报》，2021-09-09。引用时有改动。）

【问题诊断】

老年人性情发生了较大变化，如对原本关心的事情漠不关心等，是抑郁症的症状。

【原因分析】

老年人的心理在生理功能衰退的同时也发生着变化。老年期是一种丧失期。随着年龄的增加，老年人逐渐失去的是健康的身体、独立的经济能力等。老年人心理问题的产生是一个复杂的过程，常常随着身体状况、生活及工作环境的变化而变化，如记忆力减退、思维迟缓、性格变化等。不同的老年群体由于生活环境、工作经历、受教育水平、家庭背景等方面的不同，需求也不同。对于有安定工作的老年人来说，退休之后他们只想好好享受生活。有些老年人之前没有稳定的工作，到了老年时各方面并不安稳，生活也面临更多的不如意。例如，城市老年人和农村老年人的需求有差异，居家老年人和养老院中的老年人的需求也有差异。心理学家马斯洛的需要层次理论将人的需求分成以下五个层次：生理需求、安全需求、社交需求、尊重需求和自我实现需求。他认为只有当较低层次的需求得到满足时，较高层次的需求才会凸显出来。我们在看到老年群体间的需求存在共性的同时，也应当看到他们的需求存在着较大的差异性，而这种需求的差异性也影响着老年人的心理。一些年轻时在社会叱咤风云的精英，到了老年赋闲在家，无法接受巨大的反差和失落，日积月累就会导致老年期精神疾病的发生。关于老年人，我们需要关注的不仅仅是身体健康，对于心理问题，也要给予足够的关心。

【关爱方法】

正念冥想：最早起源于佛学禅修，是一种新兴疗法，很适合老年人。老年人可以在接受药物疗法的同时，辅助正念冥想减压训练。指导语如之前所述，进行自我情绪的觉察和反思，感受自己的消极情绪状态的存在，从而进行自我调整。

音乐疗法：可以选择老年人喜爱的歌曲，或者较为清扬的音乐，辅助药物治疗，这样可以帮助老年人缓解焦虑和紧张的情绪状态。

案例

失去老伴后的赵大爷

赵大爷今年 70 岁，老伴张奶奶前些年得了青光眼，由于治疗不及时，导致双眼失明。这场重病虽然给他们的生活造成了影响，却让老两口更加恩爱，因为赵大爷从此成了张奶奶的"眼睛"。他每天照顾张奶奶的饮食起居，还负责把大小事都讲给张奶奶听：谁家娶媳妇，谁家又添孙子等。生活也算是充满乐趣。天气好的时候，赵大爷会领着张奶奶出来散散步、晒晒太阳，有时还给她拉拉二胡。不幸的是，三个月前张奶奶突然得了急病离开了人世。从此，赵大爷的生活像是失去了重心。

老伴过世后，赵大爷身边就少了一个说话的人。他慢慢地感受到了老年生活的孤独。他有一对儿女，女儿嫁到了外地，只有逢年过节的时候才偶尔回来；儿子虽然住得不远，但由于忙于做生意，每次都是来去匆匆。除了简单的问候和给钱外，很少陪他说话；孙子和孙女也都在外地，很少有见面的机会。

赵大爷很少出门，也不参加社区里举办的老年人活动，经常一个人闷在家里。偶尔见他出去，就是提着个小凳子到公园里偏僻的地方坐坐、发发呆。在路上碰到熟人时，他最多也就是打个招呼，绝不多说一句话。以前社区有老年人演出的时候，他经常带着老伴早早地来排队，一边兴致勃勃地看，一边时不时地给老伴讲解。现在即使有精彩的演出，赵大爷也不闻不问。他的二胡也没再被拿出来拉过。电视不看，广播也不听。孩子们劝他多出去走走，他就是不愿意。社会活动几乎为零，在家里经常唉声叹气，总觉得自己老了、没有用了。他常常一个人喝闷酒，容易发脾气。赵大爷的睡眠质量也不如以前，经常夜间失眠，多梦尿频，白天常感到疲惫无力，对什么事情都提不起精神，情绪也十分低落，郁郁寡欢。

（参见王荣炳：《老年心理关爱案例》，99 页，北京，华夏出版社，2012。
引用时有改动。）

【问题诊断】

案例中的赵大爷深感孤独，情绪低落，主要是情绪情感问题。

【原因分析】

案例中的赵大爷在有老伴陪伴的时候，生活有重心，能够找到
自己的价值感，但是当老伴走后，他的行为开始有了重大的变化，
对任何事情都提不起来兴趣，情绪低落，感觉自己已经没有用了。
以前喜欢做的事情，现在也不喜欢做了，经常发呆、少言寡语，也
没有往常那样热爱生活了。社交活动减少、睡眠不佳、酗酒，也伴
随着一些躯体不适的症状。

【关爱方法】

认知疗法：参考 ABC 理论，这时候要采用认知疗法，改变老人
的不合理信念，帮助他们重新找到自我的价值感。

娱乐疗法：近年来，政府借助社区力量纷纷推出"社区养老"，
这其中体现了娱乐疗法的诸多思想。社区有完备的设施和服务，老
年人不仅解决了吃饭问题，休闲娱乐也有了好去处。社区开展文化
活动让老年人不孤单，通过组建社区盘鼓队、舞蹈队，让社区居民
群众足不出户就可以观赏到精彩的文艺演出。社区还邀请老年书法
爱好者利用社区书法室开展活动，组织老年书法爱好者向社区少年
儿童传授书法技艺。社区大力发展社区养老服务中心，配备娱乐活
动室、书画阅览室、日间休息室、就餐室、健身康复室、医疗保健
室、志愿者服务站，即"六室一站"，为老年人提供生活照料、健康
保健、精神慰藉等服务。老年人自身要正确认识孤独，找到自己的
人生兴趣点，做自己喜欢的事情，如练字、打太极拳、听戏等，保

持自己的心态平和。子女也要承担相应的责任与义务，除了法定节假日之外，也要花时间陪伴父母，与父母多沟通交流，关心父母的身体健康和心理健康。

案例

老骥伏枥的蒋医生

　　蒋医生已有 72 岁，退休十几年了，儿子在国外，老伴已去世多年，他一人独居。他没有感到寂寞、孤独。相反，他将生活安排得非常充实、愉快而忙碌。蒋医生在践行传统中医——刮痧术，为许多病患带去了福音，他自己的身体也越来越好。他越做越有兴趣，已经坚持十几年，并且在一年中很少休息。他将日程安排得很满。蒋医生给比自己年长的老人刮痧时，都亲自到老人家里。这体现了低龄老人帮助高龄老人，健康老人服务患病老人的志愿精神。蒋医生精湛的刮痧术是他退休后自己潜心钻研的。他查阅了大量中医资料，不断探索研究，积累了丰富的经验，并将中医的精髓融入刮痧术中。儿子多次劝他去美国享受晚年，他说："我给病人刮痧，他们的病好了，对我来说就是享受。这使我有成就感和价值感。"现在，蒋医生一边刮痧，一边将病人的病例及治疗方案整理总结，以使更多的人了解刮痧，受益于刮痧。蒋医生说："一定要让我们中华民族几千年的智慧、医术惠及更多的人，并把它传承、发扬光大。"蒋医生孜孜不倦、乐此不疲，使他始终保持着健康、快乐而满足的心态。

　　（参见王荣炳：《老年心理关爱案例》，169 页，北京，华夏出版社，2012。引用时有改动。）

【问题诊断】

　　案例中的蒋医生在退休之后，积极调整自己的心态，将自己之前的工作继续坚持下去，并且以积极乐观的心态去帮助他人，让自己发挥余热。

【原因分析】

患离退休综合征的老年人容易产生自卑、焦虑、抑郁情绪，但是从原先自己的工作岗位中找到新的工作依托，对老年人走出抑郁焦虑有重要的影响。从本案例中，我们发现了老年人的另一种生活方式。

广义上，低龄老人指 60～80 岁的老年人。低龄老人无论是在身体健康方面还是在经济收入方面都好过高龄老人。相比于高龄老人，他们仍有一定的社会活动和经济能力，无论在家庭中还是在社会中都表现得较为活跃。处于农村地区的低龄老年人，仍然能够料理家中事务，帮助儿女分担家庭重担。农村地区的老年人主要是以种地为生，他们的生活保障更多依赖于家庭。相反，城市中的低龄老人，多数是从各类工作岗位上退休下来的，他们有一定的退休收入，生活有保障。低龄老人大多数精力比较充沛，身体健康状况良好，他们希望奉献余热，为社会做贡献。全社会应该对这部分老年资源进行合理开发。他们中的大多数富有实践经验和生活阅历，有一定的技能。让他们能够更好地发挥作用和价值，既可以为国家和社会创造财富，又可以提高他们的社会活动力。

【关爱方法】

对于部分能够适应老年生活的老年人，我们深感庆幸，老年人能够合理调整自己的认知，对于消极情绪也有自己的调整方法。希望我们所提及的方法能够在一定程度上帮助老年人。

本章旨在通过呈现老年人常见的心理问题及治疗方法，帮助老年人从多角度解读老年生活，更好地处理老年期出现的问题，以期提高老年人的生活质量，关爱老年健康。

关爱老年人：特殊(处境)
老年群体的心理健康状况

当前，世界正快速步入老龄化社会，联合国人口与发展委员会第 51 次会议发布的《世界人口趋势报告》指出，到 2020 年全球人口将达 98 亿，其中，68 岁及以上的老年人口将超过 15 亿，占总人口的 16%。人口老龄化已成为一个世界性问题，我国自然也不例外。因此，如何使老年人安享晚年生活已成为各领域研究者共同关注的问题。

相比早期更关注于老年人的身体健康问题，近年来，越来越多的研究者已不再把关注点仅仅局限于老年人的身体健康。于是积极老龄化的概念应运而生，与之内涵相似的概念还包括成功老龄化、健康老龄化等(Gergen & Gergen, 2001)。这些概念指的是老年个体具有良好的身体运动机能、良好的认知功能、积极的心理健康状态和良好的社会功能，能够健康、幸福地度过老年阶段的生活。

我们总结国内外的研究可以发现，尽管在概念的具体表述方面有所不同，但学者们一致认为积极老龄化(由于不同概念之间的内涵本质差异不大，故本章节中统一使用"积极老龄化"的表述，后文不再赘述)应当包含四大方面：一是老年个体具有良好的身体运动机能，即身体健康；二是老年个体具有良好的认知功能；三是老年个体具有积极的心理健康状态，即心理健康；四是老年个体具有良好的社会功能，即能够健康、幸福地度过老年阶段的生活(耿协鑫，周宗奎，魏华，等，2014；李德明，陈天勇，吴振云，等，2005；李海峰，陈天勇，2009；Parslow，Lewis，& Nay，2011；Phelan，Anderson，LaCroix，et al.，2004)。

从中我们不难看出，除了第一个因素——身体运动机能以外，积极老龄化的其他几大因素(认知功能完整、心理健康、具有良好的社会功能等)均与老年群体的心理密不可分。基于此，前几章从不同的角度对老年人的心理特征与心理健康问题进行了详细描述。

6.1 关注特殊(处境)老年人的心理

我们在以普通老年群体为对象，论述老年人的心理特征与心理健康的同时，也不应该忽视一些身处特殊情境或环境中的老年人。

一方面，从关爱老年人的角度而言，我们对老年人群体的关爱不应只局限于普通大众，一些身处特殊情境或环境中的老年人理应得到社会更多的关注。例如，后文将提及的空巢老年人、失独老年人等所处的特殊情境对他们的身心健康造成了极大的影响。对普通老年人的心理特征、心理健康的分析结论和对普通老年人的心理帮扶措施并不能简单地推及这些特殊群体。因而，对于特殊处境中的老年人，不仅需要社会更多的关注，也需要研究者从他们的特殊处境出发，对其进行有针对性的研究，并将研究结论与关爱老年人的实践相结合。

另一方面，在老年心理的研究中，如果不能将普通群体和特殊群体区分研究，恐怕难以得出令人信服的研究结论。例如，随着社会对老年人群体心理健康的关注，针对老年人群体的心理健康调查与研究越来越多。然而，众多有关老年心理健康的调查研究却并没有得出一致的结论。

有调查研究发现，老年人群体的心理健康水平较高。例如，中科院心理研究所团队对全国 5149 名老年人进行的问卷调查显示，在我国城市老年人口中，大多数老年人的心理健康状况良好，其中 15.9％的老年人的心理健康状况为"好"，69.7％的老年人的心理健康状况为"良好"，11.4％的老年人的心理健康状况为"较差"，剩余 3％的老年人的心理健康状况为"差"（韩步新，李娟，陈天勇，2012）。另一项基于江苏省 13 个地级市的 1578 名老年人的问卷调查结果显示，江苏省老年人的主观幸福感水平较高，其中 64.8％的老年人幸福感处于"高水平"，22.4％的老年人处于"中等水平"，12.7％的老年人处于"低水平"（傅宏，陈庆荣，王港，2017）。

延伸阅读

何为主观幸福感？

主观幸福感（subjective well-being，SWB）主要是指人们对生活质量所做的情感性和认知性的整体评价。在这种意义上，决定人们是否幸福的并不是实际发生了什么，而是人们对所发生的事情在情绪上做出何种解释，在认知上进行怎样的加工。

主观幸福感的概念最早由迪纳（Diener，1984）提出，主要包括对生活的情感体验和对生活的满意程度两个方面。李海峰和陈天勇（2009）进一步将老年人的主观幸福感总结为个体对自身老化状况的一种主观、稳定的评估。不难看出，无论是迪纳的概念，还是李海峰和陈天勇的总结，都将主观幸福感看作个体的一种主观体验，因此更能体现老年人的心理健康状况，尤其是积极心理特征。陈岚和谭小林（2015）同样从主观幸福感的角度出发，对老年人心理健康状况进行了研究，结果得出了与正文中所述的在江苏省的研究相同的结论，即老年人的主观幸福感水平较高。

然而，与之相反，还有一些调查则发现，老年人的心理健康状态并不乐观。例如，近期的一项旨在探讨西部城市老年人的心理健康状况及其增龄变化的研究显示，受调查老年群体的心理健康状况总体较差，而且随着年龄的增长，老年人的心理健康水平日益降低（王欢，鲁之琦，2016）。另一项基于退休老年群体的研究也发现，退休老年人的心理健康状况较差（王欢，蒋元香，2016）。此外，易莉（2015）基于四川省老年人群体、赖家盈等人（2011）基于珠海市老年人群体、徐红波和李亚红（2012）基于民族地区老年人群体、张保利等人（2010）基于北京市城市社区老年人群体进行的调查均发现，这些地区老年人群体的心理健康水平相对较低或某些心理问题较为突出（如抑郁等）。

　　不难看出，尽管近年来老年人的心理健康日益得到研究者的关注，然而为数众多的研究却并没有得出一致的结论。有研究认为老年人的心理健康水平整体较好，但也有调查发现老年人的心理健康状况并不乐观。同样是对老年人心理健康进行的调查，为什么不同的研究会得出差异如此之大的结论呢？一方面，老年群体的心理健康状况比较复杂，因此关于老年心理健康的问题还须深入探讨，尤其需要通过科学的方法、科学的工具和科学的程序准确呈现老年人的心理健康状况；另一方面，这种不一致甚至可以说是相互矛盾的结果也可能是源于不同研究中老年人所处的情境不一样。不同情境对老年人的心理健康水平有着显著的影响。

　　以空巢老人的研究为例。近年来，研究者对于空巢老人的心理健康状况进行了系统研究。尽管不同的研究者认为影响空巢老人心理健康水平的因素有所不同，但他们都一致认为，空巢老人的心理健康水平要低于非空巢老人，这其中最关键的因素就在于特殊的空巢家庭情境的影响。正如一项研究（Shakya，2015）结果所示，积极的家庭关系对于老年人的情感和幸福感均有积极的作用。相对地，在缺乏积极家庭关系的空巢家庭情境中，老年人的心理健康问题必然相对突出。正因为如此，一些身处特殊情境中的老年人需要得到我们的关注。

6.2 几种典型特殊处境中老年人的心理特征

如上文所述，我们在关注普通老年群体的同时，对于一些身处特殊情境中的老年人也应当加以关注。下面就以我国老年人群体可能涉及的几个特殊情境为例，梳理有关老年人群体心理特征与心理健康的研究。

6.2.1 空巢

空巢（empty nest）这一术语最早源于自然界，指的是雏鸟逐渐长大后展翅飞翔，并开始独立筑建自己的鸟巢，与此同时，母巢里只剩下年迈老鸟的现象（卢慕雪，郭成，2013）。随着社会的发展，我国当前的家庭模式已和传统大家庭、家族式的家庭模式有所区别，正如空巢这一术语所形象刻画的那样，随着孩子长大成人、步入社会，他们会逐渐离开原生家庭，只剩逐渐年迈的父母独自留在家中。同时，随着社会经济、生活水平、医疗技术的不断发展和提高，人类的平均寿命也在不断延长，这也加速了空巢现象的产生。因而，作为一个特殊的老年群体，空巢老人的心理健康引起了国内外研究者的高度关注，并逐渐成为老年心理领域的一个热点课题。

从以上的描述中不难看出，所谓空巢老人主要指的是单独居住的老年人群体。然而在此基础上，学者们对于空巢老人的界定尚存在一些差异。

有的学者认为，空巢应当指的是最后一个孩子离开家庭后的状态，这时家庭中只剩下年迈的父母独自生活（Chudacoff & Hareven，1979；Sartori & Zilberman，2009；Xu & Chow，2011）；还有学者认为，不仅是与子女分开居住的夫妻双方，独居老年人也应当被看成空巢老人(Liu & Guo，2007，2008)。总之，空巢的主要特征之一就是子女离开原生家庭，不再和父母共同居住。在此基础之上，我国学者还对空巢做了具体划分，即将空巢分为绝对空巢和相对空巢两种。前者指的是无子女或子女在外地的老年人所处的情况，后者指的是子女与父母生活在同一城市，但饮食起居并不在一起的情况（李德明，陈天勇，李贵芸，2003；Xie，Zhang，Peng，et al.，2010）。

空巢老人的心理健康状况

在众多有关空巢老人心理的研究中，有关该群体心理健康状况的研究无疑占了大多数。卢慕雪和郭成(2013)在综述了国内外有关空巢老人心理健康的研究后发现，总体而言，有关空巢老人心理健康的研究结论绝大部分带有消极色彩。进一步分析相关文献可以发现，这种消极的心理健康状况主要表现为三种类型。

(1)整体的心理健康水平较低。最为典型的是采用心理健康量表对空巢老人的心理健康水平进行调查。例如，近期的一项研究采用"症状自评量表"(SCL-90)对山西省太原市6个城区的318名空巢老人进行了调查，结果显示空巢老人心理健康状况欠佳（郭燕青，郑晓，潘晓洁，等，2017）。还有学者采用元分析的方法，对2001—2012年有关空巢老人心理健康状况的文献进行了分析，结果也显示空巢老人心理健康状况较非空巢老人要差（王文斌，曲鹏飞，赵静，等，2015）。其实，国外的研究也得出了类似的结论，即空巢老人的心理健康水平显著低于非空巢老人(You & Lee，2006)。

延伸阅读

症状自评量表(SCL-90)

"症状自评量表"(Self-reporting Inventory)也被称为"90项症状清

单"（Symptom Checklist 90，SCL-90），于 1975 年由德若伽提斯（L. R. Derogatis)编制。该量表共有 90 个项目，分为 9 个因子，分别为是躯体化、强迫症状、人际关系敏感、抑郁、焦虑、敌对、恐怖、偏执及精神病性。每一个因子包含 10 个项目，每一个项目均采取 1～5 级评分。没有：自觉并无该项问题(症状)。很轻：自觉有该问题，但发生得并不频繁、严重。中等：自觉有该项症状，其严重程度为轻度到中度。偏重：自觉常有该项症状，其程度为中度到严重。严重：自觉该症状的频度和强度都十分严重。当个体在某一因子的均分大于 2 时，即超出正常均分，则个体在该方面就很有可能有心理健康方面的问题。

SCL-90 最早在 1996 年被运用于我国老年群体心理健康的相关研究，二十余年来，在老年人心理健康研究中发挥了重要作用，也被看作适合老年群体心理健康评估的重要工具之一(方必基，龚茜，刘彩霞，等，2016)。

(2)负性情绪体验明显。除了整体的心理健康水平偏低以外，空巢老人的消极心理健康状况还表现为负性情绪体验明显。基于我国老年人群体的研究显示，孤独、抑郁、焦虑等是空巢老人常见的情绪体验(Liu & Guo，2008；Sun，Lucas，Meng，et al.，2011)。负性情绪体验明显带来的另一个结果就是积极体验降低。例如，早在 20 世纪 80 年代，就有学者对老年人居住方式与主观幸福感之间的关系进行了研究，结果发现，和非空巢老人相比，空巢老人的主观幸福感显著偏低(Lawton，Moss，& Kleban，1984)。研究结果还显示，除了整体心理健康水平的差异以外，空巢老人和非空巢老人在情绪体验上也有显著差异，即非空巢老人的情绪体验更加积极(You & Lee，2006)。

有学者分析指出，这两类老年人之所以在情绪体验上存在差异，是因为对于老年人而言，除了实际生活上的困难以外，独居意味着老年人丧失了情感支持的来源，从而产生孤独、焦虑、抑郁等消极情绪体验(Keliman & Christiansen，2010)。

(3)社会功能受损。空巢老人心理健康水平偏低的另一个表现，同时也可以被看作心理健康受损，即社会功能受损。研究者(Koller & Gosden，1984)基于对空巢老人(他们在研究中称其为"独居老人")的研究，提出了社交孤立(social isolation)的概念。他们认为，空巢老人在与他人的社会性关联中存在缺陷，从而减少了他们获取有效社会信息的机会，进而使得他们在与他人交往的过程中存在更多限制(卢慕雪，郭成，2013)。一项基于中国空巢老人的研究也显示，空巢状态与老年人的生活满意度呈显著负相关，其中重要的表现之一就是空巢老人能够获得的社会支持较少。在该研究中，研究者着重提到空巢老人与子女的代际关系较差，从子女那儿获得的家庭和社会支持较少(Liu & Guo，2008)。

一方面，这种空巢的状态客观上造成了老年人难以获得足够的家庭和社会支持，从而导致他们的社会功能受损。另一方面，独居的状态还可能造成老年人的自我评价偏低(Li，Zhang，& Liang，2009)。有学者就失独家庭的老年人进行研究发现，当失去孩子成为独居老人后，老年人的自我评价会降低，并逐渐变得敏感、多疑，甚至拒绝与他人交往和获得安慰，从而慢慢与社会脱节(方曙光，2013；刘雪明，2017；徐晓军，刘炳琴，2017)。尽管空巢和失独(后文还将详细分析失独老年人的心理特征)是两种不同的状态，但对失独老年人的研究在一定程度上也能反映出子女离家后老年人的心理状态。

基于以上这些空巢老人的心理健康状况，学者提出了一个概念——空巢综合征(empty nest syndrome)。这主要指的是处于空巢状态下的老年人所表现出的一系列身心症状，其中生理症状包括失眠、头痛及食欲不振。长此以往，会导致内分泌紊乱和免疫力下降，甚至会诱发心血管疾病、老年痴呆等严重问题（卢慕雪，郭成，2013）。心理症状主要包括前文所述的焦虑、抑郁、孤独、失落、自我评价降低等。

然而，空巢状态和空巢综合征并非一定对老年人产生消极的影响。例如，有研究显示，尽管在空间位置上，空巢老人与子女的距离被拉远了，但实际上，这种分居的状态反而使得老年人与子女的交流更加频繁，代际关系也更加融洽（Pas，Tilburg，& Knipscheer，2007）。张田和傅宏（2017）基于隔代抚养关系对老年人的访谈研究也发现，对于一些老年人而言，与子女一起居住反而使他们觉得被束缚了，相比而言，他们更愿意独自居住。这在一定程度上显示出我国一些老年人养老和育儿观念的转变，他们不再拘泥于"养儿防老"的观念，而是期望两代人都有自己的独立生活空间。正如有研究者（Sartori & Zilberman，2009）所提出的观点：尽管空巢综合征会对老年人的身心造成不良影响，但是如果老年人，尤其是老年夫妻能够相互支持，一同积极应对家庭状态的改变，他们依然能够有积极的晚年生活。

空巢老人心理健康的影响因素

从上文的论述中不难看出，总体而言，空巢状态对于老年人群体心理健康的消极影响更为明显。然而，并非所有处于空巢状态的老年人都存在心理健康问题。这说明空巢状态并不能直接影响老年人的心理健康，两者之间的关系受到多重因素的影响。近两年来，国内研究者提出了众多可能影响空巢老人心理健康的因素，如子女探望情况、家庭经济条件、老年人的婚姻状况、应对方式、社区的健康指导、邻里关系是否融洽、老年人自身的健康状况等。我们可以将众多的影响因素总结为三大类。

（1）老年人自身因素。影响空巢老人心理健康的自身因素主要指的是空巢老人自身存在的一些特征对其心理健康状态的影响，如身体健康状况和性别。其一，对于老年人而言，身体健康状况往往和他们的日常生活能力和自我照顾能力相对应。身体健康的老年人往往能够较好地照顾自己。相反，健康状况不佳的老年人在日常生活和自我照顾的能力上必然有所欠缺，这很容易导致老年人的自主性下降，随之而来的就是自我无用感和消极情绪体验的增加。除此之外，鉴于个体生理与心理之间的密切联系，老年人的身体疾病与心理压力之间的显著关系已被众多研究证实(Bravell，Berg，& Malmberg，2008；Soderhamn，Lindencrona，& Ek，2000；Karagozoglu，Arikan，& Eraydin，2012；Hacihasanoğlu，Yildirim，& Karakurt，2012)。其二，性别亦是影响空巢老人心理健康的因素之一。卢慕雪和郭成(2013)在总结众多有关空巢老人心理的研究后指出，女性空巢老人的心理健康水平与男性相比更低一些。对此，学者有不同的解释。有学者(Spence & Lonner，1971)认为，女性的家庭属性与男性相比要更高，即类似于"男主外女主内"的传统家庭角色，因而空巢状态对女性的影响更明显。如果女性不能适应角色的转变，就很容易出现心理上的困扰。还有学者从男性的角度对该问题进行了解释，即男性更倾向于独立和自由，空巢状态恰好契合了男性对此的要求，因而在空巢状态，男性的生活满意度要高于女性(Yetter，2010)。

(2)外在客观因素。在影响空巢老人心理健康的外在客观因素中，家庭经济条件和养老方式是常常被提及的两点。空巢老人的家庭经济条件会显著影响其心理健康水平。国内学者的研究显示，家庭经济条件会直接制约空巢老人的生活质量，进而降低其心理健康水平(Zhou，Chen，Wang，et al.，2011)。国外的研究也显示，在与心理健康水平相关的一些指标上，家庭经济条件也有明显的作用。例如，有研究显示，相比农村空巢老人，城市空巢老人的主观幸福感水平更高。研究者认为，家庭经济条件起了重要作用(Marcellini，Giuli，Gagliardi，et al.，2007)。再如，在抑郁水平上，收入相对较低的农村空巢老人高于城市空巢老人（Murata，Kondo，Hirai，et al.，2008）。可见，家庭经济条件对空巢老人的心理健康及其相关指标有显著的作用。

此外，空巢老人的养老方式也是可能影响其心理健康水平的一个重要的外在客观因素。近年来，我国养老模式不断完善，但受到传统价值取向的影响，居家养老依然是当前老年人选择的主要养老形式之一（乔楠，2009）。心理学的本土化研究显示，家族取向是中国人典型的传统价值取向之一。对于家族的依赖、归属以及由此形成的安全感是中国人的家族取向的重要情感体现（杨国枢，黄光国，杨中芳，2008）。如此一来，尽管养老机构的条件越来越好，但中国人依然更倾向于居家养老也就不难理解了。国外研究也显示，尽管子女不在身边，但空巢老人依然对长期居住的家庭环境有着强烈的依恋。因此选择居家养老对于提升空巢老人的生活幸福感有显著的作用（Rioux，2005；Kahya，Zorlu，Ozgen，et al.，2009）。当然，也有学者对此提出了不同的看法，他们认为选择机构养老的空巢老人也有较高的幸福感水平（李德明，陈天勇，吴振云，2008）。不管怎样，养老方式依然是值得探讨的影响空巢老人心理健康的因素之一。

(3)社会支持因素。如上文所述，空巢的状态客观上造成了老年人难以获得足够的家庭和社会支持，从而导致他们的社会功能受损、心理健康水平下降。可见，社会支持也是影响空巢老人心理健康的重要因素之一，甚至被认为是目前公认的对空巢老人心理健康重要的影响因素之一（卢慕雪，郭成，2013）。

国内的研究显示，社会支持与空巢老人的孤独感呈显著负相关，即社会支持越多，空巢老人的孤独感水平就越低（Liu，Sun，Zhang，et al.，2007）。研究者（Larsson & Silverstein，2004）进一步将社会支持分为正式性支持和非正式性支持，前者指的是公共性质的老年服务，后者主要指的是来自家庭的支持。绝大多数研究显示，来自家庭的非正式性支持对空巢老人的心理健康更有益。彭茂华和尹述飞(2010)认为，子女的支持是对空巢老人最关键的社会支持。卢慕雪和郭成(2013)在总结了婚姻对空巢老人的影响后指出，相比寡居和未婚空巢老人而言，在婚老年人的抑郁水平明显更低。除了子女和配偶之外，来自邻里的支持也是影响空巢老人心理健康的社会支持因素。研究者(Walker & Hiller，2007)指出，对于邻里关系的感知会直接影响空巢老人的幸福感水平。总之，来自子女、配偶和邻里的支持会影响空巢老人的心理健康。

6.2.2　隔代抚养

随着社会的变迁、家庭经济负担的提升、年轻人工作压力的增大以及家庭结构的不断改变，很多父母没有充足的时间和精力来亲自照料子女，从而出现了将子女交由(外)祖父母抚养的隔代抚养现象。有学者指出，目前我国隔代抚养的现象极为普遍，尤其是在工作压力较大的一线城市(曾彬，2007)和留守儿童较多的农村地区(张新来，2007)。例如，2004 年 10 月《现代育儿报》上的一篇文章称，北京有 70％左右的孩子接受着隔代教育，而在上海，有 50％～60％的 0～6 岁孩子由祖辈教养。尽管这些数据的准确性还有待商榷，但隔代抚养的现象确实非常常见。此外，国外也存在隔代抚养现象，不同的是，国外隔代抚养大多是由于父母无法正常抚养孩子，如父母离婚、身患疾病、精神异常等(Pinson-Millburn，Fabian，Schlossberg，et al.，1996)。

隔代抚养的成因

关于为何会出现隔代抚养的现象，学者的观点主要集中于两点：一是受中国传统文化的影响，二是受生活现实的影响。第一，受到传统文化的影响，老年人通常将照顾孙辈看成自己晚年的任务。正如前文所述，家族取向是中国人重要的传统价值取向之一，在这种大家族观念的影响下，老年人并未将已经成家立业的子女和孙辈当作"外人"，因而照顾孙辈也就和当年照顾自己的孩子一样"理所应当"了(江川，2005；沈卫华，2001)。第二，当前我国很多家庭生活的现实也在一定程度上加剧了隔代抚养的现象，从工作压力较大的一线城市到父母多外出务工的农村地区，年轻父母往往没有足够的时间亲自照料孩子，因而在这些家庭中，老年人就更多地承担起了抚养孙辈的任务。

隔代抚养对老年人心理的影响

对于隔代抚养，国内外研究者都注意到了其对于儿童的影响，并进行了众多的研究。这些研究涉及隔代抚养关系中儿童的情绪问题(Coldberg-Glen，Sands，Cole，et al.，1998；刘云，赵振国，2013)、心理健康(Spence，Black，Adams，et al.，2001；王玲凤，2007)、社会功能(Gerard，Landry-Meyer，& Roe，2006；李炎，2003)、学业成绩(Jr & Huneycutt，2002；方芳，2010)等。总体而言，国内外研究普遍发现，尽管隔代抚养对儿童有一定的积极作用，如老年人的抚养经验更多、育儿时间更为充裕等，但其对儿童的消极影响还是更多一些。

然而，在对隔代抚养关系中的被抚养方——儿童加以关注的同时，研究者，尤其是国内研究者针对隔代抚养关系中的抚养方——老年人的关注却甚为少见。国外的研究显示，与对儿童的影响一致，隔代抚养对老年人的消极影响也较为明显。例如，研究者(Burton，1992)通过质性研究的方法，对美国两个黑人社区的 60 名隔代抚养关系中的老年人进行了研究。结果发现，尽管这些老年人认为隔代抚养对于他们来说是一个有情感回报的经历(emotionally rewarding experience)，但他们有巨大的身心压力。研究者以 71 名隔代抚养关系中的老年人为对象进行的研究也显示，隔代抚养减少了老年人与朋友和家人的接触，以至于他们的婚姻满意度在不断下降(Minkler，Roe，& Robertson-Beckley，1994)。除此之外，身体健康被影响(Strawbridge，Wallhagen，Shema，et al.，1997)和经济压力增大(Waldrop & Weber，2001)也是隔代抚养对于老年人的重要消极影响。

延伸阅读

隔代抚养中的法律问题

说到隔代抚养给老年人造成的经济压力，就涉及隔代抚养中的一个重要问题——抚养费谁来出。下面这个案例在一定程度上能说明这个问题。

姚先生与沈女士于2010年生一女。因两人均需上班，便将孩子交给姚先生的父母照顾。姚先生与沈女士长达半年对女儿不闻不问，甚至连女儿的抚养费用也未给分文。2015年3月，姚先生的父母在交涉未果之后，只好诉请法院，要求判姚先生与沈女士支付他们所垫付的抚养费用。法院支持了二老的诉讼请求。

《中华人民共和国民法典》第二十六条规定：父母对未成年子女负有抚养、教育和保护的义务。第一千零六十七条规定：父母不履行抚养义务的，未成年子女或者不能独立生活的成年子女，有要求父母给付抚养费的权利。第一千零七十四条规定：有负担能力的祖父母、外祖父母，对于父母已经死亡或父母无力抚养的未成年子女、外孙子女，有抚养的义务。因此，父母是子女抚养的第一责任人，本案中姚先生与沈女士不仅健在，且至少具有支付女儿抚养费的能力，自然不能把抚养责任推卸给姚先生父母，姚先生父母也不具备必须独自承担抚养孙女义务的法定条件，故他们有权向姚先生与沈女士索回已垫付的抚养费用。

可见，老人帮助子女照料孙辈，可以说是亲情所致，但并不是老人的义务所在！

（参见程成：《"隔代抚养"中的法律问题（以案说法）》，载《人民日报》，2015-08-19。引用时有改动。）

相比国外学者，国内学者对于隔代抚养关系中的老年人群体关注不多。在已有的研究中，赵梅等人（2004）回顾了 20 世纪 90 年代以来关于祖父母角色的相关研究，并指出传统的祖父母角色为家庭职能的良好运作提供了很大的支持。对比而言，当前越来越多的祖父母肩负起了抚养孙辈的责任。作者在文中将其称为"代理父母"，这种责任给祖父母的生活带来了一系列影响，并由此造成了祖孙关系的独特性。除了理论探讨之外，张田和傅宏（2017）对于隔代抚养关系中老年人群体的心理状态进行了访谈研究。与"老人喜欢多代同堂""祖辈喜欢孙辈"等传统观念有所不同的是，研究结果显示（如图6-1 所示），老年人在隔代抚养关系中的心理状态各不相同，有积极的心理状态（如价值感、幸福感、责任感和憧憬未来等），也有消极的心理状态（如焦虑、失落、脾气暴躁和敏感多疑等），还有矛盾的心理状态（如乐于照料孙辈，但又怕照料不好；不乐意照料孙辈，但又不得不照料；希望得到子女的关注，但又不甘示弱；等等）。

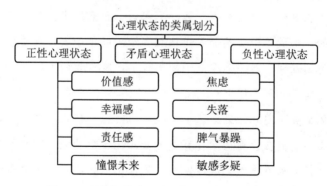

图6-1　隔代抚养关系中老年人心理状态的划分

从图 6-1 中可以看出，正性心理状态可以表现为价值感、幸福感、责任感和憧憬未来四类，而负性心理状态则可以表现为焦虑、失落、脾气暴躁和敏感多疑四类。价值感是指老年人在隔代抚养关系中由于感受到自己存在的价值而产生积极的心理状态。生活中，老年人在经济能力、身体健康等方面往往不及子女，因而容易产生失落感、无用感，但子女在照料孩子方面对老年人的依赖，又让他们发现了自己的价值。老年人存在的价值感和尊严是他们心态积极的重要原因。幸福感指的是老年人由孙辈承欢膝下而带来的幸福体验。在传统文化中，老年人最大的幸福就是儿孙满堂，因此老年人在看到孙辈降临后，自然会产生积极的心理状态。责任感指的是老年人将抚养孙辈作为自己的责任，并为此努力付出。这些行为看似需要更多的付出，但老年人却表达出积极的心态。相反，在国外的研究中，老年人在为孙辈付出后常常会感到经济和身心的压力（赵梅，邓世英，郑日昌，等，2004），这可能与中西方家庭观念的差异有关。中国家庭讲究家族性，如杨国枢等人（2008）指出家族取向是中国人社会取向的四大内涵之一。而西方的家庭讲求独立性，老年人对于成年子女和孙辈并无法定或伦理上的抚养责任（Ganong & Coleman，1998），因此很难将抚养孙辈作为自己的分内之事。憧憬未来指的是老人对孙辈将来的生活做出美好的设想。对未来的憧憬是个体心理积极发展的重要途径之一，积极心理学之父塞利格曼（Seligman）在第三届世界积极心理学大会上就发言指出，"人类不仅有知识、记忆，更重要的是有憧憬与理想"。

负性心理状态也有四种具体的表现。焦虑是常见的负性情绪之一（古若雷，罗跃嘉，2008），它源于个体对现实的不确定性（Bekker，Legare，Stacey，et al.，2003）。在隔代抚养中，老年人由于长期没有抚养孩子，同时对科学的抚养方式缺乏了解，因此对能否抚养好孙辈存在不确定性，并由此产生焦虑。失落表现为老年人因照料孙辈而脱离了原本丰富的生活而产生失落感。有研究者（Jendrek，1993）

发现，很多老年人的生活因抚养孙辈而被打乱，包括与朋友的接触减少、休息娱乐的时间被占用、生活计划被打乱等。这些都让老年人觉得被孙辈束缚，因而产生消极的体验。脾气暴躁是指由抚养孙辈过程中的琐事而引起的暴躁反应。暴躁与易激惹等病理心理症状有所不同。暴躁有明显的情境性，而易激惹则没有(傅安球，2011)。这也符合本研究的内容，即老年人的这些暴躁反应是由抚养孙辈这一事件引起的，而非无端的暴躁反应。敏感多疑发生的情境是对刺激过于敏感，将外界的刺激无端地和自己的利益结合起来(傅安球，2011)，这也符合隔代抚养情境，即老年人将与家人之间因为抚养孙辈而形成的矛盾与家人对自己的成见结合起来，怀疑家人对自己有所不满。

对比国内外研究不难发现，国外研究更倾向于认为隔代抚养对老年人的心理健康不利，相比而言，国内研究的发现则更加多样化，隔代抚养对老年人心理健康的影响不能一概而论。

影响隔代抚养关系中老年人心理健康的因素

从以上论述中不难看出，即使同处隔代抚养关系中，老年人的心理状态和心理健康状况也存在差异。因此，除了隔代抚养关系本身外，还有其他因素会对老年人的心理产生影响。张田和傅宏(2017)通过对处于隔代抚养关系中的老年人进行深度访谈研究发现，家庭关系、家庭对孩子的过度关注、参与隔代抚养的动机等都可能对老年人的心理产生影响。

(1)家庭关系。研究认为，家庭关系是影响老年人心理状态的关键因素，超过80％的被访谈者都谈到了家庭关系对其心理的影响。总体看来，在和谐的家庭关系中，老年人的心理状态更趋向于正性，心理健康状态也更积极。近期的一些研究也支持这一观点。例如，博南(Bonin)等人的研究证明了良好的家庭关系对于心理健康的积极作用；智恩(Ren)等人则指出了不良家庭关系与心理障碍之间的关系；释迦(Shakya)则直接证明了积极的家庭关系对老年人的情感和幸福感的积极作用。可见，良好的家庭关系对于老年人的心理确实有积极作用。此外，访谈还进一步显示，家庭中的矛盾往往由抚养观念的差异引起。段飞艳和李静(2012)指出，隔代抚养的一大弊端就是祖辈与父辈掌握的知识相冲突，因此育儿理念存在差异导致矛盾。

(2)家庭对孩子的过度关注。访谈还进一步显示，家庭对孩子的过度关注以及对孩子未来的较高期望影响了隔代抚养关系中的老年人的心理状态，并主要体现在对老年人造成了较大的心理压力。古丽孜娜(2009)总结了对孩子过度关注的表现，即过度关注孩子的身体健康、学业成绩、音美技能和未来成就。这几个方面在本研究中都有所体现，如关注孩子的喂养和睡眠(身体健康)、要孩子上辅导班(学业成绩)、让孩子练习弹琴(音美技能)以及希望孩子今后出国留学(未来成就)。这些不仅不利于孩子自身的发展(古丽孜娜，2009)，也对家庭氛围有着不良影响。家庭成员如果将注意力都放在孩子身上，必然忽略彼此之间的关爱，从而不利于家庭的和谐(Lee & Beatty，2002)。

(3)参与隔代抚养的动机。从访谈资料的分析来看，主动参与到孙辈抚养中的老年人往往有积极的心理状态。例如，有老年人表示："孩子们一开始不让我来帮忙，怕我身体不行。我是跟他们讲不要紧的，又不需要干体力活，不就是带小孩吗？他们想请个保姆，那哪行啊！保姆嘛，总归是外人。他们上班去了，不晓得她在家对我家孙子好不好啊！再讲了，给自己孙子烧饭吃，我开心还来不及呢！"

相反，被动参与到孙辈抚养中的老年人的心理状态常常是负性的。例如，有老年人表示："我当奶奶的没办法，我要是外婆，我才不来呢。我退休在家没什么事儿，晚上吃过饭就出去散散步、跳跳舞，挺好的。现在要管小孩，你不知道有多少事要做，又累又烦。"

可见，参与隔代抚养的动机也是影响老年人在隔代抚养关系中心理状态的一个重要因素。研究者（Parker，Bindl，& Strauss，2010）指出，个体的主动行为能够使得个体基于自我驱力（self-initiated efforts）而不断付出努力，而这一努力的过程相比被动行为而言，带有明显的积极心理成分。这也解释了为什么主动参与孙辈抚养的老年人常伴有积极的心理状态，而被动参与的老年人的心理状态多为负性的。

（4）其他外在因素。除了以上几点因素之外，还有一些可能影响老年人心理状态的外在因素在访谈中也被提及，包括经济条件、孙辈性别、是否与老伴共同参与、是否与子女同住等。

在隔代抚养中，经济压力是老年人面临的众多压力之一（Waldrop & Weber，2001）。在经济压力下，人们容易产生焦虑、抑郁等消极状态（雷雳，李宏利，2010），个体的社会地位也会发生变化，进而冲击个体积极的自我意识（Ezzy，1993）。老年人因为经济不独立而产生依附子女的感觉。他们便会产生消极的自我意识，认为自己是子女的累赘。尽管"男孩女孩都一样"的思想已为大众所认可，但不可否认，"重男轻女"的思想依然存在。尽管谈及孙辈性别的老年人都表示乐意照料孙辈，但面对女孩时，一些老年人却表现出一丝无奈。没有与老伴共同抚养孙辈的老年人因无人陪伴，常表现出孤独，而孤独感对于老年人有明显的消极影响（Uotila，Lumme-Sandt，& Saarenheimo，2011）。与子女同住之所以会影响老年人的心理状态，是因为老年人与子女在育儿观念上存在差异。家庭关系是影响老年人心理状态的关键因素，因此与子女同住也间接地影响了老年人的心理状态。

6.2.3 失独

自 20 世纪七八十年代起，随着计划生育政策的实施，大量的政策性独生子女家庭开始出现。一旦这些家庭中的子女因意外、自然灾害、疾病等去世，这些家庭便成了失独家庭。

对于失独家庭的界定，国家人口计生委和财政部于2007年联合下发的《全国独生子女伤残死亡家庭扶助制度试点方案》明确该方案的扶助对象是，"我国城镇和农村独生子女死亡或伤、病残后未再生育或收养子女家庭的夫妻。扶助对象应同时符合以下条件：1933年1月1日以后出生；女方年满49周岁；只生育一个子女或合法收养一个子女；现无存活子女或独生子女被依法鉴定为残疾(伤病残达到三级以上)"。这是国家层面首次对失独家庭做出的相对明确的界定。

近年来，我国失独家庭数量增长迅速，有研究者指出，截至2015年，全国范围内的失独家庭已超过100万户，并且每年新增失独家庭7.6万户左右(凌涵宇，杨君宁，2016)。同时，从国家人口计生委和财政部联合下发的文件中对于失独家庭的界定也不难看出，失独家庭的成员大多已经迈入中老年阶段。可以说，失独对于部分老年群体而言是一个巨大的冲击。

延伸阅读

一名计生干部的12年调查——《中国失独家庭调查》

2017年4月15日，一本全景式反映失独问题的报告文学——《中国失独家庭调查》正式出版。

和作品一起进入公众视野的，还有这部报告文学的作者韩生学——湖南省怀化市计生委副调研员，一名称职的副处级干部。在25年的计生工作中，他打赢过几十场"计生攻坚战役"，数次获得计生工作"先进工作者"的称号。也正因为这种微妙的身份，有人赞扬他是"积极的反思者"，也有人公开呛他是"体制内的叛变者"。而他认为，这一身份是责任，也是负担，创作这部作品只是"在目睹众多惨剧后，不得不做的事"。

　　为了这部调查报告，韩生学去过 10 多个省市，采访了 100 多位失独父母。他发现，"他们似乎都长得一样，同样的表情、同样的眼神，甚至连说话都是同样的腔调"。他们不愿住进普通的养老院，"失去独生子女是个永远无法愈合的伤口，他们很难跟其他老人交流，更受不了别人的子女隔三岔五地来看望自己的父母。"

　　正如书中记录的一位母亲在给死去儿子的信中写道："我心爱的儿子，对整个世界而言，你只是一粒尘埃，而对于我而言，你却是我的整个世界。"

　　（参见杨海：《一名计生干部的 12 年调查——〈中国失独家庭调查〉》，载《中国青年报》，2017-04-26。引用时有改动。）

　　失独老人的心理健康状况

　　在失独对老年人的众多冲击中，最为明显的是对该老年群体精神上的打击（李兰永，王秀银，2008）。正因为如此，近年来，失独家庭老年群体的心理健康问题得到了越来越多学者的关注。总结这些研究可以发现，失独老人的心理问题主要体现在两个方面：一是心理健康状况不佳，相关心理问题突出；二是家庭功能受损。

　　（1）心理健康状况不佳，相关心理问题突出。失独家庭中的老年人普遍存在明显的心理健康问题。例如，冉凌云等人（2016）的调查研究显示，失独老人的心理健康水平显著低于老年人的整体心理健康水平。此外，凌涵宇和杨君宁（2016）在西安市的研究、滕秋玲（2016）在浙江省的研究、李纯丽和刘桂芝（2014）在内蒙古自治区的研究，以及赵嘉欣（2016）在杭州市的研究、李林英（2015）在北京市的研究等均得出了类似的结论，即失独家庭中的老年人的心理健康水平普遍偏低。

　　这种心理健康水平偏低的情况，不仅表现在该群体在心理健康量表（如 SCL-90）上的得分偏高，还表现为一些相关问题的突出，包括焦虑和抑郁情绪明显（王海琴，金辉华，姬文慧，2017；张雯，王安妮，姚抒予，2016)、社会支持度偏低(梁明辉，张黎，巩新鹏，等，2013)、严重的更年期综合征(张立真，郝目兰，吕明云，2005)、自我效能感偏低(冉凌云，王小兰，孔虹倩，等，2016)，甚至出现包括创伤后应激障碍等在内的严重精神创伤(徐晓军，刘炳琴，2017)。

(2)家庭功能受损。除了个体的心理健康受损及相关心理问题突出，对于失独家庭而言，其家庭功能受损也是不可忽视的一大问题。总结相关文献可知，失独家庭的家庭功能受损与以下两个原因密不可分：一是家庭结构的变化，二是父母角色的终止。

第一，家庭结构的变化导致失独家庭的核心功能受损。对于家庭核心功能的界定，不同学者的理解并不一致，而这一概念本身也因受到历史文化的影响而不断变迁(李东山，1997)。然而，有一些功能是被学者常常提及的，包括家庭的抚育和赡养功能、经济功能、社会功能。研究显示，失独对于这三种家庭功能都有所冲击。首先，失独导致家庭抚育功能丧失。一方面，子女的去世导致家庭对于子女的抚育功能无法实现；另一方面，子女的去世也使得老年人对于自己的老年生活产生担忧。俞美娟(2013)指出，老年人在失去唯一的子女后，除了悲伤以外，也会对自己今后的生活产生担忧，如担心自己年老后无人照料、没人养老送终等。其次，失独导致家庭经济功能受损。刘祥敏和张先庚(2016)的研究显示，失独家庭的经济通常比较拮据，有的家庭是因为缺少了子女的收入来源，有些家庭是因为子女去世而负债累累，还有一些家庭中的老年人因为精神创伤而无法继续工作(杨桦，2016)。最后，失独导致家庭的社会功能受损，方曙光(2013)指出，失独家庭中的老年人通常社会交往缺失。失去子女导致的敏感、多疑、拒绝安慰等导致他们与社会脱节，最终导致家庭社会功能受损。

第二，父母角色的终止导致老年人社会角色的失调。郑杭生

(2002)认为，角色失调指的是个体在角色扮演中产生矛盾、障碍，甚至遭遇失败。显然，当失独家庭的父母失去他们唯一的孩子时，他们作为父母的角色就遭遇到了矛盾和障碍。甚至在他们自己看来，他们是失败的父母。很多失独家庭中的父母会因子女的去世而产生自责的情绪(刘雪明，2017；徐晓军，刘炳琴，2017)，进而认为自己是失败的父母。此外，如上文所述，失独还会导致家庭的社会功能受损，如失独家庭的老年人通常会出现社会交往缺失(方曙光，2013)。这种社会交往的缺失必然导致该群体的其他社会角色出现失调。如果是因精神创伤而无法继续工作，那么他们作为劳动者的社会角色就出现了失调；如果拒绝家庭成员的安慰，回避与家庭成员的交往，那么他们作为家庭成员的社会角色也出现了失调。

6.2.4　啃老

随着年轻人就业压力和生活压力的增大，近年来，"啃老族"被越来越多地关注到。总结相关的研究可以发现，"啃老族"大多被定义为毕业后有就业能力，但依然选择不就业、不工作，赋闲在家，衣食住行全靠父母的年轻人。有研究估计，我国65％以上的家庭存在"老养小"的现象，有30％左右的年轻人需要靠父母供养(艳阳天，2005)。此外，据中国老龄科学研究中心(2003)的调查显示，无论是城市还是农村地区的家庭，都有经济困难的子女存在，其中37.5％的城市老年人家庭中有经济困难的子女。

然而，"啃老族"并非我国特有的群体，世界上许多国家都有类似的群体存在。20世纪80年代，法国某报纸发表的一篇文章用"袋鼠族"一词表示毕业后因为对工作条件不满意、嫌弃工资薪酬低等原因而不去工作，依靠父母生活的一类群体，他们就好像躲在母袋鼠育儿袋里的袋鼠宝宝一样(胡解旺，2006)。此后，英国也出现了一个新的群体——NEET(not in education, employment or training, NEET)

族。一项 2015 年的研究指出，英国有近 100 万 16～24 岁的年轻人，他们不接受教育，不工作，不接受培训，依靠父母或配偶生活(Magu-ire，2015)。有研究者(Tamesberger & Bacher，2014)对奥地利的 NEET 现象进行了深入的分析，他们通过 2008—2010 年奥地利劳动力调查(Austrian Labour Force Survey)的数据对奥地利 16～24 岁的年轻人进行了分析，结果发现 NEET 现象在奥地利同样存在。他们以此为基础提出了相关的政策建议。类似的问题和研究在南非(Kraak，2013)、日本(Genda，2007)、韩国(Noh & Lee，2017)等国家也同样存在。

西方研究多认为，"啃老"对于"被啃"的老年人而言，无论在经济上还是在精神上都有不利的影响。然而，对于中国群体的研究却出现了不同的结论。有的研究结论与西方的研究保持一致，即"啃老"对于老年人有消极的影响；也有研究指出，"啃老"对于中国老年群体的影响可能并没有那么简单。

与西方的研究不同，有中国学者研究发现，该老年群体并非像有些学者所担心的那样成为家庭关系的受害者(Zhang，2005)。正如钟晓慧和何式凝(2014)通过对 22 个家庭进行深度访谈而进行的研究发现，父母不认为自己是"被啃"的受害者，相反，他们是以购房为代表的"啃老"行为的主动发起者或积极参与者。甚至对于一些老年人而言，他们心甘情愿地被子女"啃"(耿羽，2010)。下面"延伸阅读"里的例子，正好对此进行了描述。

延伸阅读

透视"被啃族"的苦辣酸甜

河南安阳一对小夫妻双双下岗，只能带着孩子寄住在岳父岳母家白吃白住。后来小夫妻努力创业，改善了家庭的经济条件后搬离了老人家。这原本是一个令人欣喜的结果，但令人意外的是在子女搬离自己家后，老爷子却大病了一场。病好后，老人用一句话说出了生病的原因，恐怕道出了不少老年人的心声："我们现在真的老了，女儿女婿都用不到我们了。"

（参见许圣义、许昌浩：《透视"被啃族"的苦辣酸甜》，载《心理与健康》，2011(8)。引用时有改动。）

如前文所述，与西方家庭讲求独立性、老年人对于成年子女没有法定或伦理上的抚养责任（Ganong & Coleman，1998）不同，中国社会关注家族和家庭（杨国枢，黄光国，杨中芳，2008），即使子女已成年，父母也将其视为家庭中的成员，从而愿意给予帮助。此外，子女在生活上对于父母的依赖，能使得老年人感受到存在的价值。正如"延伸阅读"中描述的，当女儿女婿搬离父母家后，老人反而觉得自己"老了""没用了"。这也印证了其他研究者（Gueldner，2012）的论述，即老年人存在的价值感和尊严是他们积极心态的重要内容。

当然，这些以积极心态面对"啃老"问题，乐于被子女"啃老"的老年人并不能代表整个群体。刘汶蓉（2016）将"啃老"家庭分为和谐型和冲突型两类，前者更多地指代以积极心态面对"啃老"问题，乐于被子女"啃老"的家庭，而后者则更多地指相反的群体。对于该群体，有研究发现，"啃老"无论是在经济上还是在精神上，都对老年人有消极的影响。经济上的影响不用多言，年轻人的"啃老"小到吃穿，大到购车买房，无疑都是对父母经济的消耗。同时，这些"啃老"行为对老年人的心理也造成了不利的影响。总结以往研究，我们可以发现，这种影响主要体现在两个方面。一是老年人对自己今后生活的担忧。中国老龄科学研究中心（2003）的调查显示，48.7%的城市老年人和82.4%的农村老年人更倾向于靠子女养老。他们在调查中将"钱花在子女身上，老了靠子女"作为第一选择。然而，看到子女连自己都养活不了、还需靠"啃老"生活，无疑给他们造成了物质与精神上的双重负担（邢洁，2006）。二是老年人对子女今后生活的担忧。刘汶蓉(2016)对上海市 4 个家庭中的 9 名家庭成员进行访谈研究发现，父母真正的担忧并不是子女用了自己的钱，而是因为他们认为做父母的就是应该把最好的给子女，自己的就是子女的。他们深层次的烦恼和痛苦在于担心子女今后的生活。就像该研究中的一名母亲反复念叨的那样："到时候我老了，做不动了，他还这个样子，怎么办?"这种成年子女无法成为真正的"社会人"，他们在心理上依然没有"断乳"的现实，无疑会让父母对子女今后的生活产生巨大的担忧(滕艳，2014)。

6.2.5 家庭婚姻中的特殊情境

"少年夫妻老来伴"，说的是婚姻对老年人晚年生活的重要影响。这里的"伴"既可以说是"伴侣"的意思，也可以说是"陪伴"的意思，不管怎样理解，都可以反映出婚姻对于老年人心理健康的影响。

除此之外，科学研究也显示了婚姻对于老年人心理健康的重要作用。例如，中国科学院心理研究所老年心理研究团队在编制"老年心理健康量表(城市版)"的过程中，走访调查了全国 5149 名 55～101岁的城市老年人，研究结果显示，老年人的心理健康量表总分与其婚姻满意度有密切的关系(李娟，吴振云，韩布新，2009)。当然，这项研究的结果仅仅显示了老年人的心理健康量表总分与其婚姻满意度呈显著的正相关，并没有指明两者的关系。对此，我们可以理解为：婚姻能够影响老年人的心理健康水平，婚姻满意度越高，老年人的心理健康水平也越高。国外有研究调查显示，尽管婚姻满意度、丧偶等因素的作用不可忽视，但总体而言，相比单身独居的老年人而言，有婚姻家庭的老年人的烦恼更少一些(Hagedoorn，Van Yperen，Coyne，et al.，2006)。相反地，我们也可以认为，心理越健康的老年人对待婚姻的态度也越积极，从而有较高的婚姻满意度。正如近期的一项研究所得出的结论：心理健康是婚姻满意度的主要预测因子，提高心理健康水平有助于提升人们的婚姻满意度水平（Shahi，Ghaffari，& Ghasemi，2011）。不管怎样，老年人的心理健康状况与所处的婚姻状况有密切的关系已成为众多研究的共识，尤其是婚姻对于老年人心理健康的积极作用已被众多研究所验证（Lee，Seccombe，& Shehan，1991；Stack & Eshleman，1998；Coombs，1991）。

婚姻影响老年心理健康的机制

当然，婚姻对于老年人心理健康的作用也不是绝对的。20 世纪70 年代时就有研究者指出，相比于长期单身的人士，对于尤其是那些已经习惯了单身生活的人而言，婚姻角色的突然中断对老年人心理健康的冲击更加严重（Gubrium，1974）。越来越多的研究也证实了这一点，即对于长期单身的人士而言，他们的心理健康水平并不比已婚人士低。相反地，他们的心理健康水平要高于那些丧失婚姻（如丧偶）的人（Kim & McKenry，2002）。我们只能说，总体而言，婚姻对于老年人的心理健康具有积极作用。

至于婚姻对于老年人心理健康的影响机制，或者说婚姻为何会对老年人的心理健康产生积极的作用，婚姻保护假说（marriage protection explanation）可能能够给予一些解答。该假说认为，相比单身人士，与婚姻相关的环境因素（如社会经济状况、住房情况），社会因素（如配偶的支持与陪伴）和心理因素（如婚姻中的自尊和自我效能感）能够对个体的心理健康产生保护作用。这使得有婚姻的群体处于更加积极的状态中。例如，有研究者（Johnson & Wu，2002）针对离婚群体的研究发现，对于那些"离婚不离家"的群体而言，他们的心理健康水平与处于婚姻状态中的群体并没有什么显著的差异，这也在一定程度上说明了配偶的支持与陪伴是婚姻群体处于积极心理状态的一个重要因素。这种积极支持和陪伴的作用在老年群体中更加明显（Levenson，Carstensen，& Gottman，1993）。还有研究者

(Peek & Lin，1999)认为随着年龄的增长，个体的社会网络在不断缩小，从而不断突出配偶支持和陪伴的重要作用。这也许就是"少年夫妻老来伴"的真谛所在吧。

此外，除了与婚姻相关的环境、社会和心理因素以外，婚姻中的配偶本身也是个体心理健康的重要保护因素之一，哈格多恩等人(Hagedoorn，Van Yperen，Coyne，et al.，2006)将其称为"重要他人"(significant others)。他们指出，处于不同婚姻状况的个体在幸福感水平上存在差异的原因在于，没有婚姻支持的个体缺少了人生发展过程中的"重要他人"，因此缺少了与之相联系的生活幸福感。

对于这些结果，有人不禁要问：婚姻对于男性和女性的影响是一样的吗？的确，有很多研究对婚姻与心理健康关系的男女差异进行了研究。例如，库姆斯(Coombs，1991)在总结相关的研究后指出，婚姻对于男性的积极作用更加明显，因为相比于男性在婚姻中的传统角色(如家庭收入的主要提供者和掌控者)，女性从婚姻中的传统角色(如孩子的照料者、家务的完成者)中获得满意度的可能性较低。然而，等到人们都步入老年阶段后，男女的这种差异似乎就并不那么明显了。例如，针对退休老年人的研究(Gove，1972)发现，婚姻对于心理健康的影响并不存在显著的性别差异。研究者认为这是因为进入老年阶段后，尤其是退休后，男性和女性在社会角色上的差异也越来越小。一项关于婚姻与老年人心理压力的元分析研究(Jorm，1987)也指出，相比于年轻人而言，婚姻对于心理压力影响的性别差异在老年人群体中要小很多。

当然，婚姻对于心理健康的积极作用必须建立在良好的婚姻关系之上，对于处于消极婚姻关系中的个体而言，他们的心理健康状况差于单身人士(Carr，House，Kessler，et al.，2000；Coyne & DeLongis，1986；Ren，1997)。在理解婚姻对于老年人心理健康的积极作用的同时，我们必须考虑婚姻质量、婚姻满意度等因素的调节作用。

除了婚姻保护假说之外，婚姻选择假说（marriage selection explanation）也提供了一些解释。所谓婚姻选择假说类似于婚姻与老年人心理健康部分所分析的婚姻与心理健康的关系。该假说认为心理健康、生活积极的人更愿意选择结婚，而不倾向于离婚，即使离婚，这类人群也更可能再次选择结婚。例如，卢卡斯等人（Lucas，Clark，Georgellis，et al.，2003）的研究表明，那些有着1～15年婚龄的被研究者在他们尚未结婚时，就已经是积极乐观的人。但是，由于研究者很难及时、准确地在个体建立亲密关系之前对他们的心理健康、乐观、幸福感等指标进行详细的测量，因而婚姻选择假说很难得到严谨的验证。这是该假说的一大局限之处。

老年婚姻中的特殊情境

对于老年群体而言，婚姻本身并不是一种特殊情境。例如，孙鹃娟（2015）基于第六次全国人口普查数据进行的分析显示，在我国60岁及以上的老年人口中，有配偶的老年人约为1.25亿，占老年总人口的70.55％，并且高于第四、第五次全国人口普查的数据（在第四、第五次全国人口普查中该数据比例分别为59.68％和67.33％）。可见，婚姻对于我国老年人而言并非特殊情境。然而，在普通婚姻情境之外，与之相关的一些特殊情境，或多或少地影响着老年人的心理。我们以几个婚姻中的特殊情境为例，探讨其对于老年人心理的影响。

（1）丧偶。死亡是每个生命的终点，生命的规律决定了相比年轻人而言，老年人更可能处于丧偶的情境中。正如孙鹃娟（2015）的研究显示，在第六次全国人口普查的老年人口中，26.89％的老年人处于丧偶状态，是仅次于"有配偶"的第二大婚姻状态。因此，丧偶是很多老年人必须面对的一种情境。

至于丧偶是如何影响老年人的心理健康的，学界并没有一致的结论。有研究者(Hagedoorn，Van Yperen，Coyne，et al.，2006)指出，丧偶对于老年人的影响可能存在两种形式：一种被称为危机模型(crisis model)或者普通伤痛模式(common grief pattern)；另一种被称为角色模型(role model)或者慢性伤痛模式(chronic grief pattern)。前者强调丧偶是一种短暂的危机，带来的伤痛只是暂时的，随着时间的推移，这种伤痛会逐渐消除；相反，后者强调丧偶属于社会角色的丧失(这里所说的是婚姻角色)，这种角色的丧失是持久的，带来的伤痛也是持久的，并且不会随着时间的流逝而消失。

博纳诺等人(Bonanno，Wortman，Lehman，et al.，2002)的研究发现，在他们的调查对象中，有10%的被试属于危机模型，16%的被试属于角色模型，其他被试则分属于复原模式(resilient)、抑郁改善模型(depressed-improved)和持续抑郁模型(chronic depression)。但是，该研究的追踪时间相对较短，仅为18个月，可能无法准确反映丧偶者长期的心理变化过程。正如卢卡斯等人(Lucas，Clark，Georgellis，et al.，2003)的研究所示，人们平均需要8年的时间才能从丧偶的伤痛中走出来。但是这种作用在老年群体与非老年群体之间却存在差异，哈林·希多尔等人(Haring-Hidore，Stock，Okun，et al.，1985)指出，相比于老年人，年轻人更难接受配偶的离去。哈格多恩等人(Hagedoorn，Van Yperen，Coyne，et al.，2006)认为，这是因为老年人对于死亡等有着预先的考虑，相反，年轻人对此思考较少，因此难以接受突然的打击。甚至有研究显示，对于长期遭受病痛折磨的老人而言，他(她)的死亡对于其配偶而言反而是一种解脱，其抑郁程度反而会随着配偶的离世而降低(Schulz，Mendelsohn，Haley，et al.，2003)。

总之，配偶的离世会对个体的心理造成消极影响，这种影响既可能是短暂的，也可能是持久的。但总体而言，认为这种影响是短暂的危机模型似乎得到了更多的支持。同时，这种影响对于不同年龄的个体而言存在差异，与年轻人相比，婚姻丧失对于老年人的消极影响相对较小。

（2）离婚与再婚。一般而言，从夫妻关系的发展规律来看，如果婚姻能维持二三十年，或者更长时间的话，婚姻和家庭就进入了"相对稳定期"。然而，时代在发展，人们思想观念也在转变。当遇到不可调和的家庭矛盾或严重的婚姻危机时，现在很多老年人已不再拘泥于"老夫老妻凑合着过日子"的传统观念，老年群体的离婚率也在不断攀升。近期的一项社会调查显示，与 20 世纪 80 年代相比，50 岁以上的中老年人离婚比例增长了近 1 倍；来自北京的调查数据显示，21 世纪初，中老年人以"性格不合"为由要求离婚的只有 13.7％，仅仅两年后该比例就上升至 37％（王桂兰，2010）。

张冬冬（2020）基于日本近年来老年人离婚问题的研究，提出了老年人离婚的几个特点：一是老年群体离婚率不断攀升，尤其是自 20 世纪 90 年代开始，日本老年群体的离婚率大幅提升；二是与低年龄段群体离婚不同的是，95％以上的中老年离婚都是由女方首先提出的；三是离婚多伴随男性的退休而产生。中国与日本同属于传统的东方文化，日本老年群体的这些特点，对于中国群体也应有一定的借鉴意义。例如，在中、日两国的文化中，"男主外，女主内"的观点为很多人所接受。在家庭生活中，男性忙于工作，交际圈往往是工作上的同事，他们反而与妻子的交集很少。待到他们退休后，反而不知道如何与妻子交流和生活了，从而导致严重的家庭矛盾，甚至引发婚姻危机。这也就是为什么离婚往往伴随着男性的退休而产生。正如一位 54 岁的中学校长在遭遇离婚后所说的："我把自己所有的时间都用在工作上，回到家就是睡觉，现在我完全理解妻子的感觉。"（张冬冬，2020）

面对婚姻和家庭生活的危机，离婚的确是老年人的一种选择。然而，纵观有关老年人婚姻的研究，我们不难看出，离婚对于老年人的消极影响还是更加明显一些的。总结而言，这些消极影响主要体现在三个方面。一是造成家庭经济困难。离婚后夫妻二人需要各自承担生活开支，加上他们退休后经济来源减少，又少了伴侣的经济支持，离婚老年人的生活便更加拮据了。据日本厚生劳动省统计，在东京街头的流浪者中，中老年人占六成以上。二是离婚对老年人会造成心理上的困扰。尤其是他们精神上的空虚和孤独感明显，这恐怕也印证了"少年夫妻老来伴"吧。三是离婚导致家庭功能不断被弱化。其实家庭功能的弱化既是老年人离婚的原因之一，也是离婚的后果之一。一方面，随着社会的急剧转型，原有的家庭对于家庭成员的维系力大大减弱，甚至已经消失，当家庭与婚姻对个体的维系力不断减弱时，离婚便成了可能的后果之一(陈文文，2015)；另一方面，随着离婚的发生，家庭的功能又会进一步弱化。子女对老年人的赡养是家庭的重要功能之一，然而在老年人离婚后，子女对老年人的赡养便会出现危机。在日本，由于男性在家庭生活中的缺失，多数子女从感情上更同情平常照顾自己较多的母亲(张冬冬，2011)，因此对于年迈父亲的赡养和照料就会有所缺失。

　　在老年人群体离婚率不断攀升的同时，再婚也成为部分离婚老年人的选择。同时，对于那些丧偶的老年人而言，再婚亦是他们重新组成家庭的一种选择。一项对近4000名老年人的抽样调查显示，有46%的老年人赞成老年再婚；而一项对600名独身老年人的进一步调查也显示，有再婚意愿的达到68%；还有一项调查显示，丧偶男性老年人再婚需求高达77.8%，而女性则为22.2%(姜向群，2004)。可见，独身老年人对于再婚有着较为强烈的意愿。同时，从前文中所论述的婚姻对于老年群体心理健康的积极作用，以及丧偶、离婚等对于老年群体的消极影响来看，再婚也的确是独身老年人可以选择的一个弥补婚姻缺失的有效途径。

　　然而在我国，独身老年人再婚尚存在一些困难，这些困难主要表现在两个方面。一是再婚困难。如前文中的数据所述，当前我国老年人口中，有配偶的老年人超过老年人口总数的七成。然而，其中再婚的老人却少之又少。正如姜向群（2004）的研究数据所显示的，相比丧偶男性老年人的再婚需求高达77.8％而言，女性的数据仅为22.2％，这也在一定程度上反映出，老年人，尤其是女性老年人在再婚问题上需求较低。二是再婚后离婚率高。有数据显示，20世纪80年代的老年再婚家庭中，现在有半数以上已经解体；而诉诸司法体系的老年再婚案例中，有90％是再婚夫妻离婚（李华伟，2007），可见老年再婚家庭的婚姻关系并不稳定。

延伸阅读

上海宜家老年相亲角——有人约会有人围观，房子钞票是"魔咒"

在没有人组织的情况下，在过去的八九年的每周二和每周四，来自上海各个小区、街道、弄堂的老人会自发汇聚到位于漕溪路的宜家餐厅，有人为了聚会，有人为了约会，还有人只是"路过围观"。复旦大学社会学硕士刘承欢在2013年的一篇论文《弱关系网络下中老年人的社会交往——关于万达广场舞和宜家聚会的实地研究》中追溯了宜家老年相亲角的渊源。大约在2007年，商家发起一项营销活动：周一至周五，消费者凭借会员卡可以免费换取咖啡。此后，一些中老年人便开始在这里聚会，喝咖啡，聊天。一开始，规模不大，且多以聊天聚会为主。但到了2010年、2011年，中老年人规模已经比较庞大了，最多时有600人左右，聚会中开始出现以相亲为目标的交友。

在老年相亲的人群中，"房子、孩子、退休金……"一样样都要被考虑计算。在宜家上演的老人相亲记，大概很难像小说中所写的"老房子着了火"一般不顾一切，但感慨着"很难遇到心仪的"的老人们还是不由自主地来了，来寻找一个排解孤独的出口。然而，对于宜家的中老年相亲族，刘承欢在他的论文中总结：房子和钞票是深套在"寻找晚年伴侣"中的魔咒。

除此之外，宜家相亲族的期待与实际情况的落差也导致了这里的相亲很难成功。在这里相亲的女性不少是国营、集体单位退休的普通工人，期待找受教育程度较高或社会地位较高的男性，但社会地位较高的男性却较少来宜家相亲。

然而，在热闹之余，2016年10月初，一幅约两米高的《告顾客书》横在了这家店的餐厅门口："在宜家餐厅出现了一个相亲群体，这个群体占用了宜家餐厅舒适的就餐环境，长时间占用座位，自带食品及茶水，大声喧闹，随地吐痰，吵架及斗殴……即日起餐厅开始实行先购餐，后入座的经营模式，只对用餐的顾客提供服务。"

在宜家发出《告顾客书》后，华东师范大学传播学院的博士郑月撰写了一篇《宜家遭遇老年相亲团的中国难题：老年人的公共空间争夺战》的文章。文章写道：当更多的公共空间被消费空间挤占，对于在经济、文化以及技术层面都处在较弱势一方的老年人群体来说，属于他们的空间越来越少，适合他们消费水平的空间也越来越少。

正如报道里的一名老人所感叹的"单身不是长久之计"，但，他们又能做些什么呢？

(参见澎湃新闻网，2016-11-02)

(3)婚内家庭暴力。"暴力"一词似乎与人们心目中面目慈祥、性情和蔼的老年人形象并不相符。然而，在翻阅相关资料后，我们不得不承认，随着人口老龄化进程的加快，老年人婚姻家庭中暴力行为的发生率也逐年上升。目前由婚姻家庭中的暴力行为引发的老年受虐(elder mistreatment)问题已经成了国际公认的老年群体问题之一(柳娜，艾小青，曹玉萍，等，2012)。

对于老年人婚姻家庭暴力的产生，有学者借用三句诗道出了原因(郭婷婷，2005)。一是情感因素，所谓"少年已是异梦人，老来何能双飞燕"。夫妻之间最不应该缺乏的就是情感，然而囿于早年婚姻传统的约束（如父母包办、媒妁之言等），一些老年夫妻之间并没有太多的感情可言，这种"同床异梦"的老年夫妻在生活中自然更容易产生矛盾。如果夫妻不能很好地处理矛盾，家庭暴力也就有了产生的基础。二是经济因素，所谓"一朝无钱便生恨，纵为夫妻亦枉然"。下文"延伸阅读"里的例子，就很好地说明了经济因素对于老年家庭暴力的影响。三是子女因素，所谓"不孝逆儿难取舍，白发夫妻两离间"。说到家庭暴力，总让人想到"殴打""虐待"这些字眼，其实不仅仅是这些常见的家庭暴力，缺乏交流、相互忽视的"冷暴力"亦是影响老年人的一种婚姻家庭暴力。造成这种"冷暴力"的因素众多，其中子女因素甚为常见。在和子女的相处上老年夫妻的意见不一致，但他们又都想继续保全自己的自尊和面子，都不愿意先低头，从而影响了夫妻关系，同时也降低了家庭生活的质量。

延伸阅读

老木的遭遇

住在敬老院的老木已年近 80。他年轻时是个修路工人，经人介绍认识了现在的老伴赖桂英（化名）。当时，赖桂英刚离婚，还带着两个不谙世事的女儿。婚后，由于赖桂英没有工作，因此一家四口都靠老木一个人的工资养活。刚开始，这样男主外、女主内的生活虽清贫但一直还算美满。后来，为了让小女儿顶班，老木就提前办理了退休手续，自己找了个看自行车的活儿。矛盾是在老木失去看自行车的活儿以后开始的，起初赖桂英还只是骂几句，渐渐就发展到动手，再后来竟开始不让老木吃饭，甚至把暖水瓶也锁起来。最后，赖桂英不但将他的被褥全泼上冷水，还把这个可怜的老人赶出了家门。让人吃惊的是，这种状况竟然持续了整整 10 年！其间，老木曾多次提出离婚，但赖桂英却以自己有精神病为由，坚决不同意。

后来，忍无可忍的老木找到了单位工会，在单位的干预下，老木终于住进了敬老院，拥有了一张属于自己的床和一碗属于自己的热饭。

老夫妻几十年的感情，竟然在金钱面前变得如此脆弱。或许，大家对当事人老木充满了同情与嗟叹，甚至有些"哀其不幸，怒其不争"。不过，老木还算幸运，因为他最终选择了保护自己的权益，得到了工会强有力的帮助。我们从中不难看出，这起家庭暴力产生的根本原因就是老木失去额外的收入，开始在家吃"闲饭"。同时，老木的忍让、退避无疑姑息和助长了家庭暴力的侵害。当然，对法律知识的模糊也是这起悲剧的原因之一。

(参见郭婷婷：《老年家庭暴力探究》，载《山西老年》，2005(10)。引用时有改动。)

其实，老年人受到的家庭暴力侵害有时不仅仅来自老年配偶，也可能源自婚姻之外，如子女、托管人员等。但不管怎样，这些婚姻或家庭中的暴力对老年人必然有着不利的影响。一方面，老年人的身体机能在不断退化，罹患疾病的概率也更高，家庭暴力必然会造成老年人身体的损伤；另一方面，婚姻和家庭内的暴力还会对老年人的心理造成不利影响。柳娜等人(2012)在总结了有关老年家庭暴力的研究后指出，对于那些遭受到虐待和忽视的老年人而言，随着自我健康水平和自理能力的逐渐下降，他们心理上的依赖感和无助感也会增强，并逐渐陷入社会隔离与空巢现象的恶性循环中。正如前文所述，社会隔离与空巢对于老年人的心理同样有非常不利的影响。因此，老年群体遭受家庭暴力问题需要得到全社会的关注。

6.3 对特殊(处境)老年人的心理帮扶与研究展望

通过前文的论述，我们可以看出，一些特殊情境对于老年群体的心理健康有重要的影响，因此我们有必要对身处这些特殊情境中的老年人给予有针对性的心理帮扶。

6.3.1 对于空巢老人的帮扶

正如前文所述，空巢老人的心理健康状况受到诸多因素的影响，有包括身体状况、性别等在内的自身因素，也有包括经济条件、养老方式等在内的外在客观因素，还有老年人的社会支持因素等。其中，自身因素是客观存在的，如身体机能的老化和健康状况的下降，这些因素难以改变。因此我们对于空巢老人的心理关爱应当抓住可控因素，有针对性地开展帮扶。例如，卢慕雪和郭成（2013）在总结了近年来有关空巢老人心理特征与心理健康的研究后，归纳了三条对空巢老人心理健康的维护对策。

第一，改善空巢老人的经济状况、居住条件并保障其安全。前文分析了家庭经济状况对于老年人心理健康的显著影响，家庭经济条件会直接制约空巢老人的生活质量、居住条件等，进而影响其心理健康水平。此外，根据马斯洛的需要层次理论，除了最低级的生存需要以外，安全的需要也是人类的基本需要之一。由于空巢老人独自一人生活，没有子女或其他监护人在身边，其生活中的安全也存在隐患（Elliott，Painter & Hudson，2009）。因此，保障空巢老人的生活安全亦是维护其心理健康的重要对策。

延伸阅读

马斯洛的需要层次理论

马斯洛需要层次理论是人本主义科学的理论之一，由美国心理学家亚伯拉罕·马斯洛在 1943 年发表的《人类激励理论》论文中提出。文中将人类需求从低到高按层次分为五种，分别是生理需求（physiological needs）、安全需求（safety needs）、爱和归属感（love and belonging）、尊重（esteem）和自我实现（self-actualization）。

这五种需要可以分为两级，其中生理上的需要、安全上的需要和感情上的需要都属于低一级的需要，这些需要通过外部条件就可以满足；而尊重的需要和自我实现的需要是高级需要，是通过内部因素才能满足的，而且一个人对尊重和自我实现的需要是无止境的。同一时期，一个人可能有几种需要，但每一时期总有一种需要占支配地位，对行为起决定作用。任何一种需要都不会因为更高层次需要的发展而消失。各层次的需要相互依赖和重叠，高层次的需要发展后，低层次的需要仍然存在，只是对行为影响的程度大大减小。

需要层次理论有两个基本出发点：一是人人都有需要，某一层次的需要获得满足后，另一层次的需要才出现；二是在多种需要未获满足前，首先满足迫切需要，该需要被满足后，后面的需要才显示出其激励作用。因此，这五种需要像阶梯一样从低到高，按层次逐级递升。当然，这种次序并不是完全固定的，也有一些例外情况。例如，在战争年代，很多革命先烈在温饱需要都无法得到满足的情况下，依然为了信仰、为了更高级别的需要而抛头颅、洒热血，这正是需要层次理论的一些特殊情况。

图6-2 马斯洛与他的需要层次"金字塔"

第二，加强空巢老人社会支持系统的建设。空巢的状态客观上造成了老年人难以获得足够的家庭支持和社会支持，从而导致他们的社会功能受损、心理健康水平下降。因此，社会支持系统已被认为是对空巢老人的心理健康最为重要的影响因素之一。基于此，一方面，子女应当承担起为人子女应尽的义务，常回家看看，多和父母进行精神上的交流；另一方面，政府和社区也应当承担起社会支持的角色，帮助空巢老人摆脱孤独。下面这个例子就很好地说明了这个问题。

延伸阅读

200 多位空巢老人有了"陪伴儿女"

"这 1000 块钱我一定要作为特别党费交给组织！"2014 年年底的一天，丰都县双路镇莲花洞村 70 岁的老党员李德禄，从 10 余里外的山上来到镇里，掏出 1000 块钱，硬要交特别党费。老人说："我缺的不是钱，是亲情！现在你们把亲情给我了，这钱作为党费是我的一点心意。"

原来，李大爷的儿子和儿媳都在外地打工，家里只有老两口。虽然儿子经常寄钱回来，但没有儿女在身边，老两口总感到家里冷清寂寞。2014 年年初，双路镇人大主任刘小平来到他家，当上了老两口的"陪伴儿子"。利用下村的时间或节假日，刘小平经常来陪老两口拉家常，还帮着做家务，让老两口感觉仿佛又有了儿女在身边一样，生活有了乐趣。

"目前，我们镇已有 200 多位空巢老人有了这样的'陪伴儿女'。"镇党委书记蒋宗标说。双路镇的中青年劳力几乎都外出打工了，家里除了留守儿童就是空巢老人。2013 年年底，镇里调查发现全镇的空巢老人有 700 多位，不少老人在物质上宽裕，但欠缺亲情。因此，蒋宗标提出，村镇干部给空巢老人当"陪伴儿女"，经常到空巢老人家中，与老人拉家常，帮做家务，减少空巢老人的孤寂感。

2014 年年初，61 名镇干部和 35 名村干部分别与一位至三位空巢老人结对，使全镇200多位空巢老人有了"陪伴儿女"。马鞍山村70多岁的空巢老人甘在先，腿脚不方便，在与"陪伴女儿"、镇驻村干部谭召秀拉家常时，透露出想到村里硬化后的路上走一走的愿望。谭召秀于是专门去县残联找来一副拐杖，送到甘在先老人手上。如今，这位老人在天气好的时候，经常拄着双拐在村里"散步"。

"我们还学了城里养老院养老的方式。"日前，蒋宗标把记者带到一座刚修好的敬老院里，指着刚修好的三层楼房和各种配套设施说，"这是镇里筹集了1000多万元资金修建的，可入住244名老人。在春节后，除把全镇28名五保老人送到这里集中供养外，剩下的房间，在空巢老人自愿的前提下，自己缴纳一定的费用，也可住到这里来，过一日三餐都有专人服务的'集体生活'。"

（参见魏敏：《双路镇空巢老人有了"陪伴儿女"》，载《重庆日报》，2015-02-06。引用时有改动。）

第三，需要政府与社会的介入来建立健全社区服务与教育干预系统。例如，社区建立空巢老人信息库，及时准确地关注到每一位空巢老人；在社区多发展老年群体文艺活动组织等，拓展老年人的休闲娱乐方式；组织社区志愿者，如那些具有奉献意识、想要发挥余热服务社会的中低龄老人，他们可与本社区的高龄空巢老人或其他有需要的空巢老人结成对子，以"互帮互助"的方式帮助空巢老人；开展老年人的心理健康知识讲座，帮助老年人了解自己的心理特点，引导他们开展心理"自助"等。

6.3.2　对于隔代抚养关系中老年人的帮扶

隔代抚养关系中的老年人对孙辈的照料在一定程度上影响了他们的正常生活，正如前文的论述所示，无论是国外的研究，还是国内的部分研究，都得出了类似的结论。基于此，国外研究者还进行了相关的政策性研究，结果显示，政府部门给予的经济帮扶、疾病诊疗、心理咨询等对于隔代抚养关系中的老年人有着明显的积极作用（Waldrop & Weber，2001）。

然而，在中国传统文化的影响下，隔代抚养对于老年人的影响显然更为复杂，甚至国外的一些研究也认为，隔代抚养对于老年人的作用并非完全消极的（转引自赵梅等，2004）。因此，对于我国身处隔代抚养情境中的老年人而言，以下几个方面可能是更为关键的。

第一，构建和谐的家庭关系是促进隔代抚养关系中老年人心理健康的关键。张田和傅宏（2017）的研究显示，在众多影响隔代抚养关系中老年人心理状态的因素中，家庭关系最为关键，尤其是在城市地区，对于子女教育和抚养的一些观念的差异，又是造成家庭矛盾的主要原因。因此，在隔代抚养中，老人和子女应当相互体谅，多多交流，尤其是在对孩子的教育和抚养观念上即使不能做到完全一致，也应当坚持求同存异。

第二，经济因素也是不得不考虑的因素之一。在隔代抚养的另一个主要地区——农村地区，父母外出务工，孩子经常留守在家中由老人照料。此时，经济压力会对老年人的心理造成严重的影响。作为子女要明确，老人帮助照料孩子，可以说是亲情所致，但并不是老人的义务所在。因此，子女应当在经济上给予老人支持，这一方面是对老人的关爱，另一方面也可以保证孩子的健康成长。

第三，老年人本身需要调整一些不合理的观念。例如，有的老年人还存在"重男轻女"的思想，在帮助照料（外）孙女时抱有抵触、厌烦心理，进而影响自己的正常心态。再如，有些老年人对于照料孙辈有着矛盾的心理。他们一方面并不乐意打破自己的生活规律来迁就孩子，但另一方面又受到传统价值观的影响，觉得自己应该帮助子女照料孩子，因此他们容易产生消极的心理，影响自身的心理健康水平。

第四，社区可以发挥积极作用。在隔代抚养关系中，缺乏必要的育儿知识而和子女产生矛盾、无人交流、孤独感明显等是造成老年人消极心理的重要因素。而社区恰好可以从这几个方面出发，有所行动。例如，协调各方资源，提供低龄幼儿的托管照料服务；开展育儿讲座，向老年人传播科学的育儿观念；组织老年人的活动，尤其是集体性质的祖孙互动活动，这样既能增进老年人之间的相互交流，也能帮助老年人更好地与孩子互动。

第五，政府也应当积极行动起来。当前社会的发展，客观上导致了年轻父母没有时间和精力来照顾幼年子女，特别是孩子在上幼儿园之前，只能由祖辈帮助照料。这也使得单位复办托儿所的呼声越来越高，正如2016年3月的一期《羊城晚报》所报道的那样，一名70后的事业单位职工陈先生说："如果单位能办托儿所，那就太好了。我爸妈当年都是双职工，我3岁之前上的就是爸爸单位的托儿所。那时候每天上午，爸妈上班前把我送到托儿所，就有阿姨负责我的吃喝拉撒，直到爸妈下班后把我接回家。因为有托儿所，以前我们家也不用麻烦老人帮忙，一家三口很简单。"尽管建办托儿所、幼儿园等涉及政策法规的多方面因素，并不是"办"与"不办"这样简单的一个选择，但政府至少可以在低龄幼儿的托管照料方面有所考虑，协调社区、志愿者、社会力量等，共同帮助年轻父母解决后顾之忧，这同样也能帮助隔代抚养关系中的老年人。

延伸阅读

单位开办幼儿园真的过时了吗？

2017年3月，上海市总工会探索在职工需求集中且有条件的企事业单位开展职工子女的晚托、暑托、寒托等各类形式的托育服务。如今，在首批授牌上海工会"职工亲子工作室"的12家试点企事业单位中，年轻的爸爸妈妈们带着娃去上班已经从梦想变为现实。人民网引用了两则评论，对该问题进行了报道：

　　"孩子生了没人带"的问题，成为不少"80后""90后"年轻父母的痛点。社会化的托育机构当然是一条解决途径，但成本过于昂贵。"职工亲子工作室"的出现，可以说是一项创新之举，较好地解决了安心上班和从容带娃之间的矛盾。对于用人单位来说，创建"职工亲子工作室"，不仅能够给员工带来归属感，也有益于解决员工"走神"的问题。从收费来说，许多托管服务被企事业单位看作单位提供的福利，不仅收费低廉，有的甚至是补贴创办，这让"职工亲子工作室"有了极大的吸引力。从托管时间来看，"职工亲子工作室"能灵活配合父母上下班的时间，最大限度地实现"上班带娃两不误"，能彻底解决职工在接送孩子上的时间难题。可见"带着娃去上班"值得大力探索。困扰"职工亲子工作室"的，主要是资质、场地、师资以及责任和风险问题。在坚持安全的基础上，独立设置标准，才能推动这一新的方式被广泛复制。

　　小蒋随想：在计划经济时代，由企事业单位自办托儿所照料本单位职工的子女很常见。这属于职工福利的一种，对职工收费不高，单位对托儿所还有补贴。随着市场经济的到来，单位托儿所、食堂、医务室等机构犹如"甩包袱"般地被一股脑地撤销。单位倒是省钱又省事，职工却增负又添烦恼，市场补位不像"有需求就有市场"说得那么简单。如果说吃饭叫外卖、得小病去药房，是职工克服一下能将就的话，如何照看三岁以前的婴幼儿、怎样接送上幼儿园的宝宝、该怎样看管在放学后与下班前"空档期"的孩子，则让一些年轻父母很犯难。虽说"车到山前必有路"，各家都得在没办法中想办法，但对职工的"分心"显而易见。一些单位明里暗里地拒招青年女性，就是怕她们在孕产期与生娃后"耽误工作"，却不考虑能否帮她们"共渡难关"。近年来，国人视野渐广，了解发达国家一些企业不乏人性化的职工福利，托儿所就是其中一项。由此观之，单位托儿所并不"过时"，它既可以帮职工解决带孩子的问题，又是对求职者颇具吸引力的福利，是稳定职工队伍、增强单位凝聚力的重要举措。人才难得，如何赢得人才的心，要看用人单位是否用心。

(参见人民网·观点评论，2017-04-13)

6.3.3 对于失独老人的帮扶

由于失独对于老年人心理健康的影响巨大，因此越来越多的学者开始致力于失独群体的心理帮扶研究与实践。总体而言，该领域的研究主要分成两大部分：一是实务型的心理帮扶实践，二是理论型的政策建议。

对于失独老人的心理帮扶实践，学者主要从两个视角切入。一是心理学的视角，主要是从心理学的理论、技术和研究出发，对失独群体进行心理干预。例如，王海琴、金辉华和姬文慧(2017)通过团体心理干预的方式对失独家庭成员的抑郁、焦虑情绪及生活质量进行了研究，结果显示，团体心理干预小组能够明显改善失独家庭成员的焦虑、抑郁情绪，在一定程度上提高了患者的生活质量；王安妮等人(2016)和张雯等人(2016)研究了心理弹性对于失独群体心理健康的影响，尤其是对抑郁情绪的影响，为对该群体进行心理干预提供了可行的思路；张妍和张丽丽(2015)总结了叙事心理治疗的方法在对失独群体进行哀伤心理辅导中的作用。二是社会工作的视角，主要指通过社会工作的介入帮助失独群体缓解心理上的伤痛。例如，王竹韵(2015)基于增能理论视角，以石家庄市某家庭为例进行了个案社会工作介入；杨野(2016)基于增能理论和社会支持理论，对L市某小区的一位失独母亲进行了个案社会工作介入。这些研究都显示，个案社会工作介入对于失独群体的心理调适具有明显的积极作用。除了个案介入之外，小组工作也是社会工作者常用于帮助失独群体的方法之一。例如，刘亚婷(2016)基于社会支持网络理论和社会学习理论在安徽省进行的研究、杨桦(2016)在江苏省太仓市进行的研究都显示，小组工作对于失独群体的心理调适也具有积极的作用，它可以利用失独父母相同的经历使他们相互理解、支持，并促进经验分享和情感交流，这是个案工作的方法所不具备的。

除了心理帮扶的实践以外，学者还在政策层面上对失独群体的心理关爱进行了讨论和建议。例如，杨君宁和凌涵宇（2016）建议，从实现完善的制度保障、给予足够的财政支持、营造良好的社会氛围和进行有效的跟踪监督四个方面入手，构建失独老人心理援助的公共支持体系；丁宁（2013）以失独群体为例进行论述指出，基于心理援助与法律援助具有颇多相似之处，相关部门应借鉴运行成熟的法律援助制度来建立我国的心理援助制度，并注意心理援助制度的适用范围、启动方式、援助内容和当事人的信息保密等问题；戚克维（2015）则从立法的角度出发，认为政府必须出台相应的法律来保护失独群体，以形成和完善长期有效的物质补偿机制与心理援助措施。至于由谁来具体实施心理援助的问题。王晓艳（2013）认为，基层社区应承担起失独群体心理援助的重任，通过组织活动、心理互助等形式帮助失独家庭走出心理阴霾。

6.3.4　对于"被啃"老年人的帮扶

尽管在中国文化下，"啃老"被有些学者看作两代人的理性合谋（刘汶蓉，2016），但不可否认的是，"啃老"在中外大部分学者看来都是不合理的现象。上文的论述也显示了其对于部分老年群体的消极影响，因此我们有必要对该群体提供包括心理援助在内的必要的帮扶。然而，纵观中外有关"啃老"的研究，我们并没有找到对于该群体进行心理援助的研究，甚至连这一方面的设想也几乎没有。其实这并不难理解，一方面，对于部分老年群体而言，正如上文所言，他们并不认为子女"啃老"对他们造成了不利的影响，更不会因此产生心理困扰，因而也不会寻求心理援助；另一方面，对于对此有心理困扰的老年群体而言，如果子女"啃老"的现实问题没有解决，单纯应对其心理困扰也只是治标不治本的手段。因此，与对老年群体进行心理援助相比，学者更关注的是如何解决年轻人"啃老"的问题。对此，孙军和张艳(2011)在借鉴英国、日本等国家处理 NEET 族问题的经验的基础上提出的三条建议，恐怕代表了很多学者的意见：一是建立完备的失业保障体系，从而减轻失业年轻人因生存所迫而对父母的依赖；二是建立完善的职业培训体系，从而帮助年轻人掌握相关技能，提高就业成功率；三是端正年轻人的就业心态。

至于如何端正年轻人的就业心态，学者进行了不同的尝试：李爽(2016)基于优势视角理论和认知视角理论，通过个案社会工作的方法，对"啃老族"年轻人进行了研究。他以会谈和家庭访视的形式帮助服务对象认知自己的就业意识、树立正确的就业观念、培养健全的人格、提高自身生存能力，最终让服务对象在就业过程中能找到适合自己的工作，重新融入社会。许欣等人(2012)基于路径依赖理论，通过实证研究探讨了"啃老族"对于家庭依赖的路径，并提出通过打破路径依赖、提高大学生自我效能的方式来缓解"啃老"现象。除此之外，饶志华(2009)还从思想政治教育的视角出发，探讨了对"啃老族"的教育。总之，只有在解决子女"啃老"这一现实问题的基础上，加强对受影响的老年群体的心理援助，才能标本兼治，提高该老年群体的心理健康水平。

6.3.5 对于特殊婚姻情境中老年人的帮扶

毫无疑问，良好的婚姻关系、较高的婚姻满意度对于老年人的心理健康有着积极的作用。然而，丧偶、离异、再婚、家庭暴力等特殊情境也客观存在，因此我们有必要针对这些特殊情境，对老年群体进行必要的心理帮扶。

第一，对于丧偶的老年群体而言，他们既可以通过加强自我调适，也可以通过亲朋的陪伴来渡过困境，亦可以寻求专业的心理援助（如利用哀伤辅导对丧偶老年人进行心理帮扶）。但无论他们通过哪种方式进行心理调节，以下几个方面应当是关注的重点。首先，正确认知死亡，认识到死亡是人生必经的终点，如果老伴因病去世，他们也应当认识到死亡是对疾病伤痛的解脱。其次，避免自责心理，有些老年人会因为老伴去世而产生自责心理，责怪自己没有照顾好老伴，这会使得他们长期处于悲痛之中。其实想要弥补愧疚心理，最好的办法不是自责，而是将老伴生前的事业、精神发扬下去，完成老伴的遗愿。最后，追求积极的生活方式，老伴去世后，老年人的生活、婚姻角色都发生了变化。他们与其陷入悲伤中无法自拔，不如积极地改变生活方式，如投身于社区活动、增加与其他亲人的交流、多与孙辈相处等。

第二，对于具有离异隐患的老年人而言，构建一种新型的、积极的家庭关系，促进老年夫妻间的交流恐怕是最为重要的。例如，如前文所述，近年来，日本的中老年离婚问题日益突出。对此，日本政府和民众也都开始了一些解决问题的探索，其中最为典型的是政府和社区会经常举办一些以"如何过好中老年生活""怎样避免熟年离婚①"等为主题的讲座，积极引导老年人适应退休后的家庭生活。日本民间出现了专门为即将退休的中老年男子创办的"大男子俱乐部"等，俱乐部教他们烹调、打扫卫生、干家务、学会与妻子沟通，以巩固夫妻感情，免受离婚之苦。当然，即使离了婚，他们学习的这些技能也能够让他们应付独身生活，不至于过于狼狈。这些具体的措施也值得我们借鉴学习。

第三，对于选择再婚的老年人而言，需要的是多角度的帮扶与

---

① "熟年离婚"一词源于日本朝日电视台制作并播出的 9 集爱情伦理电视剧《熟年离婚》，该剧于 2005 年 10 月 13 日首播，讲述的是毕生为了家庭而奋斗、努力工作的丈夫和贤惠、一直默默守护家庭的妻子二人却在丈夫退休且花甲之年发生婚变的故事。至此之后，日本学界和民间常用"熟年离婚"一词来指代中老年群体离婚的现象。

介入。首先，老年人自身要树立合理的再婚价值观，双方的相互深入了解才是老年婚姻的坚实基础，切忌为了摆脱一时的孤独而"头脑发热"地选择再婚，毕竟再婚老人的社会互动不够深入是导致老年再婚家庭离婚率较高的重要原因之一(李华伟，2007)。其次，老年人的子女应当理解老年人缺少伴侣的孤独，尊重父母选择婚姻的意愿，同时，婚姻自由亦是老年人的权利，为人子女者不能以拒绝赡养等理由来干涉老年人的婚姻选择。再次，就社会大环境而言，全社会应当营造有利于老年人再婚的社会环境，如改变一些封建思想，避免给这些老年人贴上"老不正经""老风流"的标签。最后，一些社会政策、财产制度也应当与时俱进地加以改革。其中尤为明显的就是财产制度，许多子女反对老年人再婚，考虑的就是财产问题，如离婚涉及的财产分配、老年人离世涉及的遗产继承等问题，而相关法律法规的制定，可以帮助老年人扫除再婚道路上的政策障碍。

第四，对于遭受婚姻家庭暴力伤害的老年人而言，一方面，他们要直面家暴，不再做"沉默的羔羊"。据全国妇联的调查显示，在全国 65 岁及以上的老年人中，有 14％遭受过家庭暴力。然而，出于"家丑不可外扬"观念的禁锢，很多老年人不愿意将家暴公之于众，于是他们在家暴的泥潭中越陷越深。因此，对于这些老年人而言，要敢于拿起法律的武器保护自己。另一方面，对于这些老年人的心理帮扶也不容忽视，因为暴力甚至虐待会对老年人的心理造成严重创伤，如因暴力虐待而引发的创伤后应激障碍(post-traumatic stress disorder，PTSD)。此外，还有研究者从老年人的照料者的角度进行了介入干预研究，即对具有虐待老年人高风险的照料者人群进行辩证行为训练(dialectical behavior therapy，DBT)的团体干预，结果发现，DBT 对照料者的问题解决及情绪调节能力有所改善，并能有效消除照顾疲乏感，进而使得老年人受虐情况显著减少(Drossel，Fisher，& Mercer，2011)，这也是预防老年人家庭暴力的一个可以借鉴的思路。

6.3.6　有关特殊情境中老年人心理的研究与实践展望

有学者在探讨啃老现象时，将中国社会的啃老分成了两种类型：一是"危机型啃老"，二是"发展型啃老"。"危机型啃老"指的是因经济危机或波动导致年轻人失业而造成的啃老。"发展型啃老"指的是在社会发展过程中，年轻人因无法承担城市化成本需要父母给予帮助而形成的啃老。陈辉（2012）指出，我国的"啃老"现象多表现为"发展型啃老"。

其实不仅仅是啃老，空巢、隔代抚养、失独以及婚姻中的一些问题都是随着社会发展而产生于老年人生活中的一些特殊情境。同时，这些特殊情境又有着一个共同的特点——源自家庭，甚至可以说是随着社会发展而产生的一些新兴的家庭情境。然而我们并不能因为这些新兴的家庭情境是社会发展的产物就忽视了它们对于老年群体心理健康的影响，相反，在后续的研究与实践中，我们应对其加倍重视，从而促进老年群体的心理健康。

对于该领域的研究与实践而言，以下三个方面可能是今后可以关注的问题。

第一，重视家庭情境对于老年群体心理健康影响的机制研究。从前文的论述中不难看出，目前已有大量的研究关注到了家庭情境对于老年群体心理发展与心理健康的影响。然而，目前该领域大多数的研究还仅限于不同群体间的差异比较，如失独家庭与非失独家庭的比较、空巢老人与非空巢老人的差异等，鲜有研究关注这些家庭情境是如何影响老年群体的心理健康的。今后的研究如果能从这个思路出发，对家庭情境影响老年人心理健康的机制进行深入的分析，并将研究结果运用于实践，那么一定能够进一步提高老年群体心理援助的科学性、针对性和有效性。

第二，重视中国传统文化和家庭观念对于老年人心理健康的调节作用。从上文的论述中不难看出，与西方的一些研究有所不同，我国的很多家庭情境(如前文提及的隔代抚养、啃老等)对于老年人的心理健康既有消极作用，也有积极作用，而这大多源于我们的传统文化，尤其是传统文化和价值观中的家族观念，由于这种家族观念的存在，很多老年人并不把"被啃""帮子女带孩子"看作负担，反而看作自己的责任所在。因此，如能探索传统文化和家庭观念对于老年群体心理健康的调节作用，也能为老年群体的心理援助提供新的思路。

第三，重视多层次老年心理援助体系的建立。在上文的论述中，很多学者都提出了对于老年心理援助的看法，有学者认为需要社会积极参与，有学者认为专业人士的帮助作用巨大，还有学者指出家庭的积极作用。因此，在今后的老年心理援助实践中，如能建立一个"社会—专业人士—家庭"为一体的援助体系，对不同需要、不同情境中的老年群体给予不同的援助，从而提升老年群体心理援助的针对性，对于关爱老年群体的心理健康必然是有所裨益的。

应对人口老龄化：老年
心理健康的服务实践

郭秀兰今年73岁，是太原市漪汾苑社区舞蹈队的队长。18年前，退休后闲不住的她开始组织身边有兴趣的老年人一起练舞。"民族舞、广场舞，什么都跳。"后来，社区养老逐渐形成规模，舞蹈队的人数越来越多，他们也得到了居委会在场地等方面的支持。郭秀兰作为队长，感觉"干劲更大了"。然而，去年夏天，老伴的离世让郭秀兰猝不及防。退休以来已形成的生活节奏突然被打乱，这让郭秀兰老人很难适应。有那么一段时间，她就把自己"圈"在家里，闭门不出。子女们想尽办法，老人一时仍难走出来。怎么办？儿子提出，让母亲搬过来和自己一块住，要不没人照顾，出个事咋办？老人很倔："偶尔去你那儿看看孙子行，长住我可不干。"后来儿女们商议决定轮流陪着老人在家里住。结果老人还是不同意："你们都有小孩需要照顾，工作压力也大，我现在身体还好，也不想麻烦你们，把你们耗在这儿不合适。"不管咋说，郭秀兰就是想"自己静一静"。

——《人民日报》，2016-09-26

在湖南永州市冷水滩区花桥街镇岔路口村，有一对老人经常收到在外地工作的儿女的汇款。可是，每次来了汇款单，他们就是不愿去取。孩子经常给寄钱，别人都羡慕得要命，而这对老人却唉声叹气："光寄钱却见不到人，有什么用！"

——《农民日报》，2010-02-02

在生活水平日益提高的当下，"物质养老"已不能完全满足我国老年人的切实需要，老年人的"精神赡养"已成为全社会共同关注的话题。所谓"精神赡养"，指的就是关注老年人在养老过程中的心理健康。老年心理健康服务是我国养老体系中的重要环节。老年心理健康服务包含哪些内容，应当如何开展老年心理健康服务实践呢？本章将围绕这些话题进行探讨。

7.1　老年人心理健康服务概述

7.1.1　老年人的心理需求

需求是个体内部的一种不平衡状态，它表现为个体对内部环境或外部生活条件的稳定要求，是个体活动的基本动力（彭聃龄，2012）。由此可见，人的各种行为都是在需求的推动下进行的，个体活动的基本目的是消除自身的不平衡状态，使自己的心理需求得到满足。老年人作为一个数量快速增加的社会群体，其心理需求存在一定的特殊性，再加上生理机能衰退而导致的活动能力下降，老年人的心理需求愈发难以满足。当越来越多的老年人无法满足自身的心理需求时，从国家层面开始自上而下地为这一群体提供心理健康服务就成了一种必然的趋势，这同时也是建立和完善老年心理健康服务体系重要的现实原因之一。老年心理健康服务，简言之，就是为满足老年人的心理需求创设外在环境和条件。因此，充分认识老年人的心理需求是进行老年心理健康服务实践的首要前提。

老年人心理需求的种类

对老年人心理需求的关注自古有之，《礼记》中就曾有"老有所终"的观念。随着时代的变迁，人们愈发长寿，老年人的心理需求也受到了更为全面的关注，"老有所依"等观念逐渐深入人心，《中国老龄事业发展"十五"计划纲要（2001—2005 年）》更是用"老有所养、老有所医、老有所教、老有所学、老有所为、老有所乐"对老年人的心理需求进行了系统阐释。在这一背景下，学术研究者从不同角度对我国老年人的心理需求进行了总结，例如，傅双喜以需要层次理论为依据，提出老年人的心理需求包含生理需求、交往需求、认同需求、自我实现需求四个方面（傅双喜，2010）；曹娟等人从人本主义需要理论出发，通过质性访谈提出了生存需要、关系需要、成长需要三大维度（曹娟，安芹，陈浩，2015）；刘颂通过调查发现，城市老年人存在生活安全、社会尊重、行为意义三类心理需求（刘颂，2004）；汤闻博则从社会学的角度对农村老年人的心理需求进行了研究，结果发现了健康、和睦、尊敬、求偶四种心理需求（汤闻博，2008）。虽然不同研究者对我国老年人心理需求的表述不尽相同，但研究结果殊途同归：我国老年人的心理需求是物质需求与精神需求的有机统一。这主要表现在以下五个方面。

第一，生存需求。顾名思义，生存需求指的是老年人维持正常生活的最基本的需要，它反映在食、衣、住、经济状况等方面。俗话说"民以食为天"，如果吃与喝的基本需求不能得到满足，那么老年人的生存便无从谈起。对于老年人而言，因为代谢功能的下降和慢性基础疾病的出现，他们在进食量减少的同时普遍存在"饮食禁忌"，所以"吃得对"与"有的吃"对于他们同样重要。"穿得暖"对于老年人来说同样具有现实的生存意义，每年冬天都是老年人要过的一道坎，因此其衣着需求也不应被忽视。"安土重迁"是我国老年人普遍存在的一种观念，这反映出随着年龄增长，人们对稳定的住所有着越来越强烈的需求，即使是选择在养老机构中度过晚年的老年人也都希望有一张固定的床位。随着时代的发展，老年人对住的需求更多体现在宜居二字上。例如，老年人倾向于住在较低的楼层，希望生活在一个无障碍的环境中。在现有制度体系下，养老金是我国老年人最主要的收入来源，并且由于"不愿麻烦子女""不愿给子女增加生活负担"这类想法的存在，一部分老年人不接受子女的资助，因此，养老金是他们唯一的收入来源。当养老金不足以负担其基本生活开支时，老年人的正常生活就难以维持，因此对经济来源的需求也是生存需求的重要组成部分。

第二，安全需求。安全需求主要包含老年人在身体健康和社会保障两个方面的需求。近年来老年保健品市场的繁荣充分反映出老年人对身体健康的关注，傅双喜等人在全国范围内针对社区、老年爱心护理站、养老院中 5000 多位老人的调查结果同样表明：在所有心理需求中，老年人对身体健康最为关注（傅双喜，王婷，韩布新，等，2011）。宋宝安等人在全国范围内对 4127 位城乡老年人进行了抽样调查，结果进一步表明：超过七成的老年人希望得到医疗护理、改善医疗条件、建立完善的医疗保障体系（宋宝安等，2009）。这说明老年人的安全需求不仅仅停留于希望自己身体健康、担心自己生病，更表现在当身体健康出现问题后，对有效医疗保障措施的迫切需要。医疗保障只是老年人所需社会保障的一小部分，为了满足安全的需要，老年人对社会保险、社会福利、法律援助等社会保障内容同样具有高度的期待。安全需求可以通过对当前生活的稳定感和对未来保障的确定感来衡量。当老年人对自身所享受的社会保障感到满意时，其稳定感和确定感都会提升，安全需求也就自然得到了满足。

第三，关系需求。关系需求是指老年人具有维持和建立友好、亲密的人际关系的需要，它主要表现为老年人对亲情、友情、爱情的渴望。在我国，60 岁及以上的老年人大多已经退休，他们面临着生活圈变小的现实情况，核心家庭逐渐成为我国主要的家庭结构类型。狭小的生活圈往往就等同于受限的人际交往。这种受限不仅表现在人际交往范围的缩小，更表现在人际交往质量的下降，即老年人的亲密关系大大减少。受限的人际关系给老年人带来了情感上的空白，也使得他们产生了孤独、抑郁、焦虑等一系列情绪问题（傅宏，陈庆荣，王港，2017）。正因为关系需求常常处于未被满足的状态，老年人才对高卷入程度的人际交往充满渴求。一方面，老年人希望维持既有的人际关系，他们比年轻人更重视配偶的关爱、子女的关怀、老朋友的关心，甚至会做出孩子一般的举动引起亲人朋友的关注。另一方面，老年人也希望在新的人际交往圈中获得关系需求的满足，他们走出家门参与各类群体性活动（如跳广场舞），通过活动调节自身的负性情绪，消除自身因人际交往缺乏而产生的不平衡状态。

第四，尊重需求。尊重需求反映了老年人希望自己获得肯定和认同的需要，它又可以分为自我尊重需求和外部尊重需求。老年人，尤其是刚刚离开工作岗位的老年人，往往会产生失落和迷茫的心理感受。因为远离了自己最擅长做的事，所以他们会对自己的能力产生怀疑，产生"我还能做什么呢"这样的想法。久而久之，老年人的自我价值感会降低，认为自己越来越"没有用"。面对这样的生活转变，老年人有时会做出一些超越年龄或身体条件限制的举动，即通常所说的"不服老"的举动，如腿脚不便但坚持不请保姆。这些行为从表面上看是老年人好胜心强的表现，但实际上是老年人在通过这些行为重建自己的价值感和自信，进而满足自我尊重的需求。相较于自我尊重需求，老年人对外部尊重需求显得更加强烈，他人尊重是老年人普遍存在的心理需求（吴捷，李幼穗，王芹，2011）。老年人的社会阅历丰富，喜欢怀旧，也喜欢和年轻人分享自己的人生智慧，但在这一过程中他们的态度十分敏感。当听者认可和赞同时，他们会认为自己得到了应有的尊重；当听者不以为意或质疑时，他们立刻会觉得自己的权威受到了挑战。聚焦于单个家庭，这一现象更为显著。在很多家庭，尤其是农村地区的家庭中，老年人的家庭地位是不容挑战的，对老年人无条件的认同和肯定被认为是子女最基本的尊重。以上现象都反映出尊重需求的满足是老年人心理健康的重要保障。

第五，自我实现需求。自我实现需求是指老年人追求实现自己的能力或潜能，具有自我发展、自我完善的需要。这些需求具体表现在老年人对文化、教育、体育、娱乐、政治、公益等活动的热衷。步入老年阶段后，人们的空闲时间大量增加，大多数老年人可以不再为子女奔波，也不再为工作操劳，于是有时间也有精力规划自己的晚年生活，以成为更好的自己。他们或选择相约外出游览祖国的大好河山，或选择上老年大学发展自身的兴趣爱好，或选择在社区广场参与体育锻炼，或选择三五成群打牌、下棋、聊天，或选择积极参与社区公共事务贡献智慧，或选择投身公益奉献爱心。无论是哪一种选择，都反映出老年人不断增强的社会参与意识，而这种社会参与的背后是老年人"老有所为"的朴素愿望。在参与这些社会活动的过程中，老年人不仅有机会发掘自身潜能、实现人生理想，更会不断产生高峰体验，即一种发自内心的欣快、满足和超然。因此可以说，自我实现需求产生于老年人对自身晚年生活的规划和愿景，自我实现需求的满足是老年人幸福感和获得感的重要来源。

老年人心理需求的特点

老年人心理需求的内涵决定了老年心理健康服务的辐射面，而老年人心理需求的特点决定了老年心理健康服务的着力点。认识老年心理需求的特点有利于从宏观上把握不同老年心理健康服务的优先级，也有利于结合地方特点打造个性化的老年心理健康服务。总体来看，老年人心理需求具有以下特点。

第一，多样性。据《"十四五"国家老龄事业发展和养老服务体系规划》，《"十四五"国家老龄事业发展和养老服务体系规划》指出：我国老年人口规模大，老龄化速度快，老年人需求结构正在从生存型向发展型转变。由此可见，老年人的心理需求日益多元化。老年人既希望自己吃喝不愁，又希望得到子女的关心与尊重；既希望自己身体健康，又希望发展自身的兴趣爱好；既希望有一个安稳的养老住所，又希望能有人陪着自己聊天解闷。由此可见，老年人既有物质需求，又有精神需求。他们的心理需求几乎涉及社会生活的每一方面。这些需要之所以处于尚未满足的状态，是因为老年人自身的主观能动性降低，也是因为他们丰富的心理需求没有受到应有的重视。当我们能够真正看到老年人的心理需求时，我们就会发现老年人的心理需求不仅种类繁多，而且每一种都数量可观。要满足这些需求，需要养老行业的不断成熟以及全社会的共同努力。老年人心理需求的多样性提示我们：老年心理健康服务需要不断增强供给能力、提高服务质量、改善服务结构，使养老心理服务主动走近每一位有需要的老年人。

第二，差异性。由于老年群体在年龄、性别、健康状况、婚姻状况、子女状况、居住类型、文化程度、劳动类型、收入状况等方面存在显著的个体差异，因此不同老年人的心理需求也呈现出明显的差异性。研究结果表明：高龄老年人的健康需求强烈，独居老年人更渴望建立亲密的人际关系，文化程度越高的老年人对自我实现的需求也越高（宋宝安等，2009）；相较于养老机构中的老年人，居家养老的老年人具有更高的关系需求和自我实现需求（韩露，王冠军，2013）；相较于高收入的老年人，低收入老年人总体心理需求水平更高（王嫱娟，2011）。在全国范围内抽样调查的基础上，有研究者提出了老年人心理需求的四大效应：增龄效应、文化水平效应、性别效应和职业效应（傅双喜，2010），即老年人心理需求随年龄增长而降低，随文化水平提高而提高，女性更关注基本的生活需要而男性更关注他人的认可和肯定，体力劳动者的心理需求显著低于脑力劳动者。然而后续研究者未能验证职业效应的存在，他们发现体力劳动者的心理需求显著高于脑力劳动者，这种差异主要表现在得到他人认同的需求上。矛盾的研究结果进一步提示我们：在开展老年心理健康服务的过程中，要着重关注不同老年群体心理需求的差异性，对本区域内老年人做好充分的前期调研，具体问题具体分析，有的放矢地开展老年心理健康服务。

第三，时代性。在一定意义上，老年人的心理需求是时代的产物，与社会的发展相适应。看报纸、看电视、听广播几乎是大多数老年人最为日常的生活内容，他们对新信息的接受一点也不落后于年轻人，对一些时政信息的敏感度甚至高于年轻人。正因为信息输入端具有时效性，所以作为输出端的老年人的心理需求也必然会与时俱进。例如，有些老年人对饮食的要求早就不局限于吃得饱，而是追求食材的新鲜和食物的营养搭配；有些老年人对新媒体充满兴趣，所以在老年大学里他们不仅希望学到琴棋书画，更希望学习如何操作手机社交软件；有些老年人对体育锻炼的理解不再止于散步与太极拳，跳广场舞已经成为不少老年人心中时尚又健康的体育活动。老年人并不是故步自封的社会群体，只要具备合适的条件和环境，他们就能够把握时代的潮流。就心理需求而言，时代性并不意味着每隔一段时间，老年人的心理需求就会完全改变，而是意味着每一种心理需求都可能以符合时代特征的新形式出现。心理需求的时代性特点提示我们：要结合时代的背景去看待老年人的心理需求，老年心理健康领域的从业者更应具有与时俱进的思维和能力，只有这样，才能让精心设计的老年心理健康服务真正变得喜闻乐见。

7.1.2 老年心理健康服务的理论基础

老年心理健康服务工作是运用心理学等领域的知识，根据老年人的心理特点及心理需求，为老年人开展的有针对性的、人性化的专业服务工作，它以增进老年人身心健康、提升老年人的幸福感和满意度为目标（傅宏，陈庆荣，2015）。因此，老年人心理健康服务工作是一项具有科学性的工作，也是一项从理论走向实践的工作。坚实的理论基础是老年人心理健康服务工作科学性的直观体现，也是其取得预期效果的重要保障。具体而言，指导老年人心理健康服务工作的心理学理论主要包含：需要层次理论、毕生发展观、社会情绪选择理论以及护航模型。

需要层次理论

马斯洛的需要层次理论认为：人有生理、安全、归属与爱、尊重、自我实现的需要。这五种需要的层次依次升高（Maslow，1943）。生理的需要是人对食物、水分、空气、睡眠、性的需要等；安全的需要表现为人们要求稳定、安全、受到保护、有秩序、能免除恐惧和焦虑等；归属与爱的需要指一个人要求与其他人建立感情的联系或关系；尊重的需要包括自尊和希望受到别人的尊重；自我实现的需要表现为人们追求实现自己的能力或潜能，并使其完善化（彭聃龄，2012）。这五种需要是人与生俱来的基本需要，能够激发个体的行为，但它们具有不同的层次。需要的层次越低，对行为的激励作用越强，随着需要层次的上升，需要的力量逐渐减弱。只有当低级的需要得到一定程度的满足时，高级的需要才有可能出现，而高级需要的满足需要具备良好的外部条件。

根据需要层次理论，我们在实践老年心理健康服务的过程中要尤其注意以下两个方面。第一，要全面把握本区域内老年人的心理需求的整体水平以及未来动态发展的方向，以便为老年人提供相应层次的心理健康服务。对于老年心理健康服务而言，重要的是服务的精准度，一味追求速度而超越老年人实际需求层次的心理健康服务无益于提升老年人的心理健康水平。例如，对于以失能老人为主的区域，家庭、社区、机构所提供的生活照料服务是最为重要的，精神慰藉类服务需要放缓发展速度、降低在经费支出中的比例。第二，要善于整合社会资源，为老年人的自我发展创设良好的外部条件。满足高级需要的良好外部条件包含政治条件、社会条件、经济条件等多个方面，不是某一个体或组织可以完成的，因此老年心理健康服务行业的从业者需要及时了解国家最新的政策方针，协调多方力量，共同助力老年心理健康的稳步改善。

毕生发展观

毕生发展观由巴尔特斯（Baltes）等人基于实证研究的结果提出，其核心假设为，心理和行为的改变与发展贯穿人的一生，个体的整个生命周期都包含着生长（获得）和衰退（丧失）的相互作用（Baltes，1987）。具体而言，毕生发展观认为，发展不是建立在生理成熟概念基础上的线性、单维度和单方向的成长，而是一个多维度、多功能的动态系统（韩布新，朱莉琪，2012）。任何一种行为的发展都不是功能增长的单向运动，而是获得与丧失同时进行的动态过程。同时发展具有高度的可塑性，处于任意年龄段的人都能通过发展某些能力来补偿其已经降低的其他能力。除此之外，个体发展的过程不仅仅受到年龄的影响，还受到历史阶段和个人生活经历的影响。因此，个体的毕生发展实际上是选择、最优化、补偿这三个过程不断相互作用的结果。

毕生发展观对于老年心理健康服务的指导意义首先体现在观念层面。它有利于改变人们对老年人的刻板印象，使人们以一种积极的视角去看待老年人。部分生理机能的衰退和丧失使老年人很容易被认为失去了发展的可能性。对于他们而言能保持现状已属不易。而毕生发展观帮助人们看到老年人身上的可塑性，老年人在过去为国家和社会创造了价值，在现在和未来也能发挥余热继续创造属于自己的价值。当这种观念被大多数人内化，敬老爱老之风自然会在社会上形成，而当老年人感受到更多的尊重和关心时，他们将体验到更多满意和幸福的感受。毕生发展观对老年心理健康服务的类型提出了要求：既要有"弥补型"的服务，也要有"发展型"的服务。心理健康服务不能只停留在补偿老年人功能的缺失上，还要关注老年人能力的获得和发展。以后者为导向的服务不仅能起到"弥补型"服务的作用，还能够直接增进老年人的自我效能感和获得感。

社会情绪选择理论

社会情绪选择理论由卡斯滕森(Carstensen)提出，这一理论建立在未来时间感知和社会目标这两个核心概念之上，其基本假设为：个体对未来时间的感知会影响其对社会目标的选择(Carstensen, Isaacowitz, & Charles, 1999)。根据这一理论，个体对未来时间的感知聚焦于有限性和无限性这一维度，且具有明确的起点和终点，终点的典型代表就是生命的结束。与此同时，个体具有两类社会目标，即知识获得目标和情绪调节目标。知识获得目标指的是通过社会互动获取信息并学习社会技能。情绪调节目标指的是追求积极的情绪状态并关注情绪的满足。社会情绪选择理论认为，个体社会目标选择的优先性与对未来时间的感知密切相关。当感知到未来时间充足时，个体会优先选择知识获得目标；当感知到未来时间有限时，个体会优先选择情绪调节目标(敖玲敏，吕厚超，黄希庭，2011)。以情绪调节目标为首要社会目标的个体更注重社会互动的质量以及社会关系中的情感成分。以老年人为例，他们更愿意与熟悉的伙伴在一起，因为这样的社会互动能够为他们提供更亲密的情感关系回报。

社会情绪选择理论让我们认识了老年人行为背后的动机，也帮助我们厘清了情绪和情感对老年人心理健康的重要作用。对于老年人而言，情感交流和精神慰藉的满足与否在很大程度上决定了心理状态的好坏，老年人心理的失衡也普遍表现在抑郁、焦虑、孤独等情绪问题上。步入老年后，个体本能地意识到自己剩余的生命周期变得有限，于是老年人会将更多的精力投入情绪的管理和情感的经营，也相应对情感的回报怀有更高的期待。这意味着寻求高质量的情感关系成了老年人主动参与社会互动的首要原因。因此，对于老年心理健康服务而言，除了需要创设条件让老年人参与到社会互动中来之外，还需要关注在这一过程中老年人的情感获得，因为这是他们对社会互动最大的期待。从另一个角度来说，社会情绪选择理论也为现有的心理关怀服务提供了新的思路。现如今，从小学到大学组织开展的敬老院慰问活动不胜枚举，其中也不乏陪老年人聊天这样的心理陪伴，但就效果而言却不尽如人意，甚至有老年人对这种"频繁地被关心"表现出了厌烦情绪。其中一个可能的原因就是：只有熟悉的社会伙伴才能使老年人真正感受到情感的互动，而目前很多慰问活动都是一次性的，往往老年人和志愿者尚未熟悉，活动就已经结束了。这就提示老年心理健康行业的领导者：提供老年心理健康服务的人员队伍一定要具有稳定性。只有这样才能形成与老年人的情感互动，使其达成情绪调节的目标。

护航模型

护航模型起源于研究者对于社会关系、社会支持与心理健康关系的探讨，该模型认为个体的社会关系具有"保驾护航"的功能。它在不同的生命阶段为个体提供社会支持，以帮助个体渡过危机应对压力，并最终促进个体的身心健康（刘素素，欧阳铮，王海涛，2016）。护航模型最大的特点在于它使用四个同心圆表示个体以及与个体不同亲密程度的社会关系（Kahn & Antonucci，1980）。最小的圆表示处于护航中心的个体，这是所有社会关系的焦点。在外圈的三个圆中，较小的圆表示个体最为亲密的社会关系，如亲密的家人和密友。这个圆中的护航成员是稳定的，他们的角色几乎不会发生变化。较大的圆表示与个体联系紧密但尚不亲密的社会关系，如亲戚、一般的朋友等，这个圆中的护航成员会随着时间发生改变，因为他们的护航功能在一定程度上与其所扮演的社会角色相关。最大的圆表示与个体最不亲密的社会关系，如邻居、同事等。这个圆中的护航成员最容易发生改变，因为他们的护航功能完全与其所扮演的社会角色相关。无论是外圈哪一个圆中的成员，都能为处于主体地位的个体提供社会支持。只是社会支持的程度随圈的扩大而减少，其对个体心理健康的"护航能力"也随圈的扩大而减少。护航模型尤其适用于老年心理健康的相关研究，因为伴随着生理机能和认知功能的减退，老年人的社会角色和社会网络发生了较大改变。为了维持自身的主观幸福感，他们需要更多的社会支持来适应这种改变（李海峰，陈天勇，2009）。

护航模型使我们对老年人的社会关系网络有了更多的思考：无论是居家养老、社区养老还是机构养老，无论老年心理健康服务体系完善到何种程度，亲密者（一般而言是家人和朋友）的作用都是不可替代的，因为他们是老年人最重要、最稳定的社会支持来源，能给老年人带去最强烈的主观幸福感。这就可以解释为什么生活条件优越的独居老人最开心的反而是亲自下厨给孙子孙女做一顿饭。老年心理健康从业者不仅需要从外部为老年人创设心理资源，更需要从内部发掘老年人自身的心理资源并灵活地加以运用。这也就是说，在实践心理健康服务的过程中，要首先调查清楚服务的对象"有什么"。"润物细无声"也是提供心理健康服务的一种方式，即施以最少的外力促使老年人的心理状态发生改变，这将在减少社会开支的同时使老年人体验到更多的幸福感。

7.1.3 老年心理健康服务体系的沿革

老年心理健康服务是一项整体性工作，需要协同各方力量才能有序推进。老年心理健康服务的实践探索离不开国家的顶层设计。我国在老龄事业领域的顶层设计深刻影响着老年心理健康服务的发展方向，也为老年心理健康服务的制度化、体系化奠定了基础。

深入认识和把握老年心理健康服务体系的发展脉络对于当前以及未来一个时期实践工作的开展具有一定的指导意义。不同时期老龄事业领域的纲领性文件明确体现了老年心理健康服务体系的沿革。

《中国老龄事业发展"十五"计划纲要（2001—2005 年）》将老年人精神文化生活需求列为老年服务的重要方面，这也是 21 世纪首个将老年心理健康服务纳入考量范围的纲领性文件。在此之后，国家出台了一系列涉及老年心理健康服务的政策文件，截至 2022 年，相关文件数量超过 10 个（如表 7-1 所示）。从文件发布的时间来看，近 10 年发布的文件数量约占总数的一半，这从一个侧面说明自"十三五"时期起，我国已经进入了老龄事业改革发展和养老体系建设的重要战略窗口期。虽然"未富先老"这一我国老龄化社会最显著的特点仍然摆在眼前，但养老服务业已经进入了将社会关注转化为实践成果的新阶段，这一领域的改革将逐渐惠及各类老年群体。从文件的主体内容来看，我国养老服务工作发生了深刻变化。在体系布局上，由过去仅注重发展养老服务事业，拓展到了养老服务事业和产业并举的养老服务业；在水平要求上，由过去简单的、传统的、偏重物质的保障方向，向综合性、专业化、现代化、物质保障与精神满足并重的方向发展（傅宏，陈庆荣，2015）。作为养老体系建设的重要组成部分，老年心理健康服务体系也经历了相同的发展历程，具体而言，老年心理健康服务的内涵不断拓展，由老年人的精神文化生活延伸至老年人的精神慰藉与社会参与；老年心理健康服务的种类不断细化，由将老年人作为高同质性群体提供统一服务转向关注高龄老人、失能老人、空巢老人等不同群体的个性化心理需求；老年心理健康服务体系的评价标准不断完善，由个体层面心理状况的改善扩充至对心理服务的配套设施、人员、环境提出具体要求。

表 7-1　涉及老年心理健康服务的国家文件

时间(年)	文件名称
2001	《中国老龄事业发展"十五"计划纲要(2001—2005 年)》
2002	《中国精神卫生工作规划(2002—2010 年)》
2004	《关于进一步加强精神卫生工作的指导意见》
2006	《关于加快发展养老服务业的意见》
2006	《中国老龄事业发展"十一五"规划》
2008	《关于全面推进居家养老服务工作的意见》
2011	《中国老龄事业发展"十二五"规划》
2011	《社会养老服务体系建设规划(2011—2015 年)》
2013	《关于加快发展养老服务业的若干意见》
2015	《全国精神卫生工作规划(2015—2020 年)》
2015	《关于推进医疗卫生与养老服务相结合的指导意见》
2016	《老年教育发展规划(2016—2020 年)》
2016	《关于进一步扩大旅游文化体育健康养老教育培训等领域消费的意见》
2016	《关于全面放开养老服务市场提升养老服务质量的若干意见》
2017	《"十三五"国家老龄事业发展和养老体系建设规划》
2017	《关于制定和实施老年人照顾服务项目的意见》
2022	《"十四五"国家老龄事业发展和养老服务体系规划》

　　为了及时、科学、综合地应对我国人口老龄化，提升新时期老龄事业发展水平、完善养老体系，国务院于 2017 年初印发了《"十三五"国家老龄事业发展和养老体系建设规划》(以下简称《规划》)，其中关于老年心理健康服务的表述值得引起相关从业人员的关注。首先，《规划》指出："制定实施'十三五'国家老龄事业发展和养老体系建设规划是贯彻落实党中央、国务院关于积极应对人口老龄化决策部署的重要措施，对于保障和改善民生，增强老年人参与感、获得

感和幸福感，实现全面建成小康社会奋斗目标具有重要战略意义。"这说明当前我国老龄事业发展和养老体系建设的出发点是老年的参与感、获得感和幸福感，围绕这一出发点而开展的老年心理健康服务将会在养老体系中扮演越来越重要的角色。其次，《规划》提出：我国老龄事业发展和养老体系建设的指导思想之一是"党委领导、政府主导、社会参与、全民行动"，其中社会参与的表现之一就是"加快公办养老机构改革""鼓励社会力量通过独资、合资、合作、联营、参股、租赁等方式参与公办养老机构改革"，同时"支持社会力量兴办养老机构"。这就意味着短期内从事老年心理健康服务的人员数量会大幅度增加，但考虑到现有专业心理学人才相对缺乏，如何确保相关从业人员的专业性就成了一个重要的问题。心理健康服务存在其特殊性：无法即刻检验服务的水平和效果，但服务的质量会对老年人的心理健康产生长远影响。最后，《规划》提出了八项主要任务：健全完善社会保障体系，健全养老服务体系，健全健康支持体系，繁荣老年消费市场，推进老年宜居环境建设，丰富老年人精神文化生活，扩大老年人社会参与，保障老年人合法权益。从表面上看，没有一项任务明确提及心理健康，但实际上每一项任务都与老年人的心理需求密切相关。在这些任务中分清主次、明确先后顺序，有针对性地开展本地区的老年心理健康服务，需要在进行实践前进行充分的调研，用大数据作为老年心理健康服务的有力支撑。

7.2 现状与挑战：老年人心理健康服务实践

在我国，最先出现的养老方式是家庭养老，养老是中国家庭的一种传统职能。随着社会经济的发展和中国家庭结构的转型，家庭的养老功能逐渐弱化，社会养老的方式因此得到大力发展。但随着中国老龄人口的急剧增加，以养老机构为主要载体的社会养老开始面临越来越多的现实问题。再加上社会养老是一种政府兜底型的养老方式，老年人不同的需求难以得到兼顾，社会养老逐渐出现了叫好不叫座的现象。面对渴望亲情式养老的庞大老年群体，人们开始探索符合我国当前基本国情和老龄化社会特点的养老新方式，居家养老便在这一背景下应运而生。居家养老是一种具有中国特色的养老方式，它不是把老年人单纯地留给家庭或推向社会，而是让家庭和社会共同承担起赡养老人的责任。由此可见，家庭养老、机构养老和居家养老是我国社会三种主要的养老模式。根据《"十三五"国家老龄事业发展和养老体系建设规划》显示，当前我国已初步形成了以居家为基础、以社区为依托、以机构为补充、医养相结合的养老服务体系。在未来的一段时期内，养老服务工作将围绕这一体系不断深化。

从当前我国的养老服务体系可以看出家庭、社区和社会机构是拉动养老服务向前发展的三驾马车。而对于养老服务中的心理健康服务，上述三者又多了一层含义，即家庭、社区和社会机构是老年人产生心理需求的三大主阵地。在这三种情境中老年人的心理需求既有相似点又有不同之处，这也直接决定了相应的老年心理健康服务内容。从养老服务实践的角度来说，居家养老模式包含家庭和社区提供的老年心理健康服务，机构养老对应着社会机构提供的老年心理健康服务，因此本节探讨的重点是机构养老和居家养老中的心理健康服务。

7.2.1 机构养老中的心理健康服务

机构养老的内涵

自中国进入老龄化社会以来，各地养老机构的数量都呈现出迅猛增长的趋势(冯占联，詹合英，关信平，等，2012)，这既体现出政府对机构养老的支持力度不断加强，也说明了社会对机构养老这一方式的接受度逐渐提高。

在理解机构养老的含义时，养老地点和经济来源这两点显得尤为重要，这也是机构养老与家庭养老、居家养老的本质区别所在。从养老地点而言，机构养老意味着老年人非暂时性地离开了原有居住地，集中居住在养老机构内。根据《老年人社会福利机构基本规范》显示，我国的养老机构主要包含以下八种类型：老年社会福利院，即由国家出资举办、管理的综合接收"三无"老人、自理老人、介助老人、介护老人的社会养老服务机构；养老院或老人院，即专为接待自理老人或综合接待自理老人、介助老人、介护老人的社会养老服务机构；老年公寓，即专供老年人集中居住，符合老年体能心态特征的公寓式老年住宅；护老院，即专为接待介助老人的社会养老服务机构；护养院，即专为接待介护老人的社会养老服务机构；敬老院，即在农村乡（镇）、村设置的供养"三无""五保"老人和接待社会上的老年人的社会养老服务机构；托老所，即为短期接待老年人托管服务的社区养老服务场所；老年人服务中心，即为老年人提供各种综合性服务的社区服务场所。从养老的经济来源而言，机构养老的形式更为丰富，老年人在养老机构中所产生的养老费用或由国家补贴，或由亲人负担，或由老年人自己承担。因此，机构养老可以被界定为一种以社会机构为养老地，依靠国家资助、亲人资助或老年人自助，但由养老机构提供养老服务的养老模式（张妍，2008）。

从机构养老服务实践的角度来说，养老机构的性质同样也是机构养老内涵的重要组成部分。一段时间以来，我国养老机构的性质可以分为两种：公办和民营。公办养老院和民营养老院最显著的区别在于其是否具有非营利性。近年来，随着改革进程的不断推进，我国出现了"公办民营"等养老机构的新形态（陈丽，2015），这也是政府支持社会力量进入养老服务业的必然结果。养老机构的性质之所以重要，是因为它在很大程度上决定了机构养老服务的类型以及质量，对心理健康服务而言更是如此。因此，机构养老的服务实践需要充分考虑养老机构的性质。

机构养老心理健康服务体系的内容

老年人既是心理问题的易感人群，也是具有丰富心理需求的社会群体，因此老年心理健康包含两层含义。第一，老年人不受精神疾病、心理障碍、心理问题的困扰，可以保持健康的心理状态，具体表现为人格健全、情绪稳定、社会适应良好、人际关系和谐和认知功能基本正常（吴振云，2003）。第二，老年人可以充分满足自身的心理需求（尤其是成长性需求），从而促进心理的健康发展，突出表现为老年人积极情绪的不断提升。据此，老年心理健康服务也应当具有两种类型的目标：一是通过基础性服务解决老年人的心理问题，并使患有精神疾病和心理障碍的老年人得到妥善安置；二是通过发展性服务全面提升老年人的心理素质，不断增强老年人的获得感和幸福感。就机构养老的心理健康服务而言，在认识上述目标的基础上，厘清以下几个问题有利于更好地理解机构养老心理健康服务体系的内容。

首先，机构养老心理健康服务要做什么？关于机构养老心理健康服务的内容，研究者尚未形成较为一致的看法。有研究者认为，养老机构心理健康服务的重点在于满足老年人的情感需求，包括对家庭的情感、对配偶的情感和对机构内其他老人与服务人员的情感（李卓航，2015）。有研究者通过问卷调查提出，养老机构心理健康服务应该围绕老年人的情感需求、社会交往需求、休闲娱乐需求以及求知需求展开（贾妍，2014）。还有研究者认为养老机构心理健康服务应聚焦于开展形式多样的精神文化活动，如举办老年大学、健康讲座、组建兴趣爱好团体等（蒋炜康，黄小军，2016）。根据《老年人社会福利机构基本规范》，养老机构心理健康服务可总结为以下五点：为老年人自愿参加公益活动提供中介服务或给予劳动的机会；开展有益于身心健康的文化娱乐、体育活动；定时与老年人交谈并做好谈话周记；组织老年人进行必要的情感交流和社会交往；帮助老年人度过入住养老机构的适应期。总体来看，养老机构中的心理健康服务应覆盖以下方面。第一，在老年人入住时对其心理健康状况进行评估。当前选择机构养老的老年人大多是独立生活有困难的老年人（高晓路，颜秉秋，季珏，2012），如高龄老人、失能老人等，而这部分老年人正是精神疾病和心理障碍的高易感性人群。一方面，及时识别出达到心理疾病临床诊断标准的老年人是对其他入住老年人身心健康的保护，在养老机构中的老年人基本上都需要和其他老年人合住，长期与心理疾病患者同住将会严重影响正常老年人的心理状况，因此早期的心理健康状况评估有利于养老机构对不同心理健康程度的老年人进行分区域管理。另一方面，这种识别也有利于为患有心理疾病的老年人提供个性化服务，及时将其转介给精神卫生机构或对其进行专业的心理咨询。第二，帮助新入住老人度过适应期。从家到养老机构，老年人的生活环境和人际圈都发生了巨大的变化，这种突然的变化会让很多老年人感到不适应，从而产生身心反应。养老机构需要对新入住的老年人给予更多关注，帮助他们熟悉机构内的生活环境，了解机构的生活作息，和已入住的老年人建立初步联系，进而帮助他们平稳地度过适应期。第三，合理安排家人探访与敬老爱老志愿活动。养老机构中的老年人具有较强的孤独感（蒋炜康，黄小军，2016），如果这一负性情绪长期存在，将引发老年人的心理问题。家人的关心和志愿者的到访能让老年人感到自己被关心和尊重，从而有效降低其孤独感。养老机构应与入住老人的家人明确探访日期与频率。如果家人未能如期到养老院看望老人，养老机构应主动与其联系问明原因并告知相应老人。在政府的大力倡导下，当前从小学到大学都会安排敬老爱老志愿活动，精心安排的志愿活动可以为老年人提供有效的社会支持，让老年人的尊重需求和关系需求得到满足，但频繁的志愿活动也会成为老年人的困扰，打扰其正常的生活，同时使得此类志愿活动对老年人心理健康的积极影响产生边际递减效应。因此，养老机构应对来访的志愿者进行筛选，优先选择那些非一次性的志愿活动，并将志愿活动安排在老年人的空闲时间。第四，协调养老机构内老年人之间的关系以及老年人与护理人员之间的关系。在养老机构中，陪伴老年人时间最长的是同住的老年人以及与其朝夕相处的护理人员。他们是老年人在全新的生活环境中最稳定的社会支持。访谈结果表明，老年人对其他老年人以及护理人员同样具有较高的情感需求（李卓航，2015）。与其他老人以及护理人员的人际关系失调是造成老年人产生负性情绪的重要原因。因此养老机构要及时发现潜在的人际冲突，在安排房间时将老年人性格的匹配作为考虑因素之一，从而为老年人建立亲密的人际关系创造条件。第五，对未达到心理疾病临床诊断标准的老年人提供心理咨询和心理疏导服务。养老机构中应设有心理咨询室，并配备至少一名具有从业资质的心理咨询师。我国老年人入住养老机构多为家庭原因所致，如家庭关系不和睦（张妍，2008）。这就意味着很多老年人可能是心怀诸多不满而来到养老机构的，加上老年人"家丑不可外扬"的思想观念，一般心理问题很容易在养老机构中发展成为严重的心理问题或心理疾病。心理咨询服务的存在为老年人提供了一个通道，让他们可以在安全保密的环境中倾诉自己的心事并获得心理帮助，因此这一心理健康服务对养老机构中的老年人显得尤为重要。第六，定期开展文化、体育、娱乐、教育、志愿活动。空闲时间多是养老机构中老年人的特点之一。对于那些生活尚能自理的老人来说，他们需要种类丰富的活动来充实自己的生活，继续发展自身的兴趣爱好。无论是集体生日、节日联欢活动、日常体育锻炼、手工编织兴趣班、种花种菜，还是发挥余热为社会上其他需要帮助的特殊群体提供帮助，老年人都能在活动中感受到自身的价值，不断增强生活满意度和幸福感。

其次，机构养老心理健康服务由谁来做？养老机构的工作人员是机构养老心理健康服务的主要提供者。在养老机构内部，不同服务人员有着不同的分工。第一，养老机构负责人需要具有心理健康服务的意识以及较强的执行力。在我国的养老机构中，心理健康服务并不被看作老年人的刚需。在诸多现实因素的冲击下，老年人心理健康服务被提得多做得少。养老机构负责人的心理健康服务意识与机构心理健康服务的种类和质量密切相关。在重视老年人心理健康服务之余，养老机构负责人还需要整合各方资源，使心理健康服务从想法变成具体的实践，并根据实际情况最终形成心理健康服务的工作机制。第二，具有心理学背景的专业人员主要从事心理咨询和心理危机干预工作。鉴于这两类心理健康服务的专业性，此类服务最好由取得国家证书且具有心理学相关专业学位的人员来实施。考虑到养老机构专业人才匮乏且服务人员流失量大的特点（黄健元，谭珊珊，2011），也可由兼职性质的心理咨询师或接受过专业培训的机构内部服务人员来从事这部分工作。第三，护理人员要及时了解老年人心理状态的变化。对于养老机构的老年人而言，每天与其接触最为频繁的就是护理人员。护理人员虽然不直接从事心理健康服务，但也要扮演好老年人心理健康监控者的角色。如果发现老年人出现明显的情绪变化和行为变化，就应及时上报，让专业心理服务人员在早期对老年人的心理困扰进行处理。与此同时，社会力量也是机构养老心理健康服务的提供者之一。养老机构的许多心理健康服务是借助广泛的社会力量完成的，如邀请有经验的人员为老年人开设书法课等课程，通过敬老爱老志愿活动为老年人提供情感陪伴服务等。因此，社会力量的参与程度也在一定程度上决定了机构养老心理健康服务的丰富程度，进而对老年人的幸福感和获得感产生影响。除此之外，老年人的家人也是养老机构心理健康服务的重要参与者。养老机构需要尽力营造家的氛围，但不可否认的是养老机构不能代替家。家人对老年人是否关心在很大程度上影响了老年人入住养老机构的心理状态以及老年人在养老机构中生活的精神面貌。在家庭观念深入人心的中国，家人的陪伴是老年人最优质的心理健康服务。

最后，如何落实机构养老心理健康服务？第一，需要资金的支持。对于养老机构尤其是民营养老机构而言，入住老年人所享受的每一项服务都是需要花费资金的。在资金有限的情况下，生活照料和医疗类服务是被优先考虑的，心理健康和精神慰藉服务很容易被束之高阁。然而，养老机构又不能通过提高收费价格来为服务资金"开源"，因为价格是老年人选择养老机构的重要影响因素。因此，能否获得充足的资金支持就直接关系到养老机构心理健康服务的落实程度。第二，需要配套设施的完善。心理健康服务的开展需要固定的场地和设施，如心理咨询需要在心理咨询室中开展，老年课堂需要有专门的活动教室，老年人的体育运动需要专门的体育器材。因此，如果缺少场地和器材，心理健康服务就很难有效开展。目前我国多数养老机构属于中小规模（黄健元，谭珊珊，2011），面临着床位紧张的现状，要拿出固定空间开展心理健康服务显然十分困难。只有具备了完善的配套设施，心理健康服务才有开展的可能性。第三，需要加强与社会各界的资源链接。多元化的服务提供主体是养老机构中心理健康服务的一大特点。例如，养老机构需要加强与精神卫生机构的联系，以便及时转介有严重心理疾病的老年人；养老机构需要加强和大中专院校的联系，以便借助其培养的专业人才来扩充自身的养老服务队伍；养老机构需要加强和社区的联系，以便建立入住老人的完整档案，同时也借助社区资源丰富自己的服务类型。与社会各界的密切联系使养老机构的心理健康服务走向专业化和常态化。

机构养老心理健康服务实践——以天津市南开区养老中心为例

南开区是天津市的中心城区之一，在全市的经济、科技、教育等活动中发挥着重要作用。南开区的老龄人口呈现"基数大、增速快""高龄化、空巢化"两大特点。据 2015 年《天津日报》的报道，南开区 60 岁及以上的人口比例高达 23.4%，这一比例远远超过联合国所划定的阈值 10%。面对严峻的养老形势，南开区政府于 2014 年将加强养老服务纳入改善群众生活的 20 件实事。南开区养老中心正是在这一背景下应运而生，于 2014 年 11 月正式投入运行。南开区养老中心位于南开区中心区域，毗邻长虹生态园，占地面积 28 亩，建筑面积 3 万平方米，拥有床位 1000 张，是集医养结合、多元化服务和智能化管理于一体的示范性区级养老机构。从机构性质上来看，该中心属于公办民营的养老机构。它通过政府和社会资本的合作，实现市场化运营和企业化管理。就服务对象而言，入住该中心的老年人总体上经济条件较好、受教育程度较高、精神慰藉需求较为强烈（郭二帅，2015）。

南开区养老中心的养老服务以医养结合为最大特色。具体而言，为了解决老年人"疾病多、就医难、耗时长"的现实问题，该中心内建立了一级甲等老年病康复医院，提供医保就医、24 小时医生值班等服务。该医院设有内科、外科、精神卫生科等多个科室以及住院康复病房，可以满足入住老人就近就医、康复保健等基本需求。在生活照料与日常护理服务方面，该中心也从老年人的实际需求出发，力求通过多元化来实现个性化。根据老年人护理等级的不同，该中心分为自理服务区、介助服务区和介护服务区，在不同区域实行分等级管理。每一区域都提供豪华套间、单人间、双人间和多人间等不同房型，以满足老年人对居住环境的不同需求。同时每一区域的每一楼层都设有护理站，由专职护理人员提供点对点服务。除此之外，该中心在食堂设立了专门的营养室，突破一日三餐的传统习惯，采取模式化与菜单化服务相结合的方式，由营养师根据老年人的饮食习惯制定食谱。作为民政部首批养老服务信息惠民工程试点单位，南开区养老中心积极将互联网、物联网等信息技术融入养老服务工作。一方面，养老中心实现了"一卡通"智能管理；另一方面，养老中心采用了南开区智慧养老服务管理云平台，这一养老信息管理系统通过采集老年人信息以及后台多部门联动，为入住老年人提供智能化的养老服务。经过近 3 年的发展，该中心基本达成了"四个基地、一个中心"的建设目标，即医养结合绿色养老基地、机构养老标准化服务示范基地、养老护理人员培训基地、双拥共建养老示范基地和南开区养老服务信息化管理中心。

从心理健康服务的角度来说，南开区养老中心将工作重点放在了增强老年人的获得感与幸福感上。通过举办各类活动增加老年人的社会参与，丰富其精神文化生活。该中心的心理健康服务主要体现在以下方面。一是基于中心内部设施的体育娱乐休闲活动。该中心配备有影音室、图书室、书画室、棋牌室、活动室、农家院和蔬菜大棚等，为满足不同老年人的心理需求提供了基本条件。在硬件设施齐全的前提下，中心的体育娱乐休闲活动紧紧围绕入住老年人的积极情绪体验而展开。从形式上看，这些活动都属于集体性活动，有利于老年人找寻到与自己志趣相投的同伴，形成新的人际交往圈，满足人际交往的需求，减少孤独感，增强归属感，使入住老年人成为彼此有效的社会支持。从内容上看，这些多元化的活动紧贴现实需求，对入住老人具有较强的吸引力。例如，在影音室定期为老年人播放怀旧电影。已有研究结果表明，怀旧可以激发老年人的正性情感并提高其自我积极性、整合性和适应性（薛婧，黄希庭，2011），因此，观看怀旧电影对于促进入住老年人的心理健康具有一定的作用。老年人对健康的强烈需求同样能在活动中得到一定的满足。蔬菜大棚种植了当季果蔬，老年人可以亲自采摘和食用，这使得其对食品健康感到放心。活动室每天按时组织手指操、八段锦等练习，使保健融入了老年人的日常生活中。二是基于外来志愿者的文艺活动。一方面，该中心以各类节日为契机开展志愿活动，在元旦、春节、重阳节等节日举办丰富多彩的文艺活动。这种定期举行的志愿活动有利于增强老年人对生活的期待感和仪式感，使老年人用更加积极的眼光看待自己以及晚年生活。另一方面，与其他养老机构存在显著差异的是该中心的志愿活动常常以慰问演出的形式出现。入住中心的老年人文化水平较高，兴趣爱好多集中在戏剧、书画等活动上，因此京剧、评剧、河北梆子都是本中心老年人喜欢的志愿活动。更值得注意的是，志愿活动和慰问演出这两个词本身就会带给老年人不同的心理感受。志愿活动会让老年人感觉到自己一直需要被帮助，进而使老年人形成消极的老化态度；而慰问演出的志愿形式会让老年人感受到自己是被社会关心的、尊重的，即使步入人生的暮年，自己仍是有价值的，从而能够更加自信地生活。入住该机构的老人很多都具有较强的学习需求，希望能够持续地发展自己。为了使老人能够老有所学，养老中心与南开区老年大学联合办学，在中心内部设立了老年大学新校区，邀请老年大学的教师为入住老人开设音乐、绘画、面塑、太极、书法等课程。老年大学的存在满足了老年人自我发展、自我完善的需要，帮助老年人不断发掘潜能、丰富自己的生活。

　　作为具有示范性的养老服务机构，南开区养老中心的心理健康服务已经形成了具有特色的体系，也取得了一定的效果。但与老年心理健康服务的整体布局相对照，该中心的心理健康服务仍存在以下问题。第一，缺乏对入住老年人心理健康状况的评估与主动干预。在目前的养老服务管理系统中，几乎不涉及老年人入住前心理健康情况的相关信息。这不利于对老年人心理健康疾病及问题的筛查，缺乏这部分信息也有碍于后续心理健康服务的正常开展。除此之外，虽然养老中心附属医院设有精神卫生科，但其对于解决大多数老年人的心理问题收效甚微。一方面，大多数老年人的心理问题尚未达到诊断标准，有时可能只是重大生活事件造成的暂时性心理失衡，一般的心理咨询便可解决；另一方面，老年人比较忌讳看病，在医院中提供心理咨询和心理疏导服务可能会使老年人望而却步。因此，在中心内设置心理咨询室并配备心理咨询师，将更有利于老年人正常心理状态的维持。第二，缺乏专业的心理健康服务人员。调查结果显示，在该中心运营的前半年内，共有五十多名工作人员，其中没有一名是专业的社会工作者或心理工作者，有七名业余社会工作者负责中心各类活动的策划（郭二帅，2015）。专业心理工作者的数量少直接导致了专业性较强的心理健康服务工作的停滞，如心理保健知识讲座、心理咨询等。上述两个问题的存在可能与该中心入住老年人整体心理状况较好、无须过多心理干预的现实情况有关，但也反映出机构养老中心理健康服务普遍存在的一种现象：重发展性心理健康活动，轻预防性和恢复性心理健康干预。不少养老机构认为，只要多举办活动就能完全满足老年人对精神慰藉的需求。然而，养老机构中不乏存在精神障碍和心理问题的老年人。对于这部分老年人而言，当务之急是恢复正常的心理状态。心理正常是心理健康的首要前提。心有所扰的老年人很难主动参与到活动中去，即使被动参与也很难从活动中体验到幸福感和获得感。

7.2.2　居家养老中的心理健康服务

居家养老的内涵

我国的居家养老起源于英国的社区照顾，居家养老模式与社区照顾中的"社区内照顾"模式及"由社区照顾"模式都有相似之处，因此从本质上来看，它也可以进一步被称为"居家社区养老"。自 20 世纪末以来，居家养老的观念在我国逐渐深入人心，地方各级政府兴起了实践探索居家养老模式的热潮。然而从理论层面来看，研究者对居家养老的概念并未形成较为一致的看法。祁峰较为全面地总结了不同研究者对于居家养老的界定（祁峰，2010）。第一，场所论。这种观点强调家庭是养老的主要场所，认为居家养老是一种与机构养老相对的养老方式。第二，主辅论。这种观点认为居家养老是一种以家庭养老为主、社会养老为辅的养老保障体系。陈大亚（1998）将其表述为"所谓居家养老，就是以家庭养老为主，社会养老为辅的养老模式。就是要积极调动社会各方面的力量，组成一个最符合老年人意愿的，一个最有利于保持和加强老年人的自助能力的、一个最切实可行的和一个最有效的养老保障体系"。第三，结合论。这种观点认为居家养老是家庭养老与社会养老的有机结合，即居家养老是老年人在家中居住并由社会提供养老服务的一种养老方式。穆光宗和姚远（1999）将其具体地描述为："居家养老是建立在个人、家庭、社区和国家基础上的，以居家养老为形式，以社区养老网络为基础，以国家制度政策法律管理为保证，家庭养老和社会养老相结合的养老体系。"第四，服务论。这种观点将居家养老等同于居家养老服务，认为"居家养老是政府和社会力量依托社区，为居家养老的老年人提供生活照料、家政服务、康复护理和精神慰藉等方面服务的一种服务方式"。第五，环境论。这种观点强调居家养老是经济社会发展到一定阶段的产物，这种养老方式需要良好的社会环境。例如，张卫东（2000）认为，居家养老的"家"不是一个物理空间概念，而是具有人文关怀、情感交流，同时具备物质养老和精神养老的社会环境，缺乏心理沟通和精神抚慰的"空巢家庭"，不符合居家养老模式中的"家"的概念含义。以上观点虽然不尽相同，但都以不同的视角阐述了居家养老的内涵，这有利于对居家养老这一概念的全面认识。考虑到我国养老服务体系的发展方向，同时为明确居家养老服务的参与主体，笔者倾向于将居家养老界定为：一种老年人在家里居住，并主要由社区提供多领域养老服务的养老方式。它保留了家庭养老的基本形式且依托于社区服务。

从指导我国养老服务实践的角度而言，把握居家养老的主要形式及特点与认识其概念同等重要，它们都是居家养老内涵的重要组成部分。居家养老服务的主要形式可以概括为：上门服务和日托服务。上门服务指的是走进老年人家中为其提供服务。日托服务主要指在社区建立老年人日间照料中心，并为其提供非全日制的托养服务。居家养老服务的特点表现在以下方面：在服务场所上以家庭为核心、以社区为依托；在运行机制上坚持党委领导、政府支持、社区参与和社会协同；在资金来源上主要依靠企业投资、民间捐赠、政府拨款；专业化程度高，信息获取快捷，社会认同度高（李凤琴，陈泉辛，2012）。

居家养老心理健康服务体系的内容

作为老年心理健康服务的重要组成部分，居家养老心理健康服务同样应当秉持以下两类目标作为服务宗旨：一方面通过基础性服务解决老年人的心理问题，并使患有精神疾病和心理障碍的老年人得到妥善安置；另一方面通过发展性服务全面提升老年人的心理素质，不断增强老年人的获得感和幸福感。与机构养老心理健康服务相一致，为了全面把握居家养老心理健康服务体系的内容，需要深入理解居家养老心理健康服务做什么、由谁来做、如何确保落实等一系列问题。

首先，居家养老心理健康服务要做什么？第一，做好区域内老年人心理健康状况普查和心理需求调查。并非所有 60 岁及以上的老年人都是社区心理健康服务的对象。阿尔茨海默病、精神分裂症、抑郁障碍等是老年人常见的精神疾病和心理障碍（肖世富，李娟，唐牟尼，等，2013），有上述症状的老年人已超出了社区心理健康服务的服务范畴，社区养老服务人员需要及时识别出需要专业治疗的老年人并及时将他们转介给精神卫生机构或综合性医院。老年人的心理需求具有较大的个体差异性，了解心理需求有利于为老年人提供具有针对性的个性化服务，从而提高老年人对心理健康服务的满意度。由此可见，心理健康状况普查有利于明确心理健康服务的对象，心理需求调查有利于把握心理健康服务的侧重点。第二，定期开展心理健康知识的科普活动。相较于解决已经出现的心理健康问题，心理健康服务更为重要的功能在于"防患于未然"，即它是一项具有预防性的服务。通过心理健康讲座、心理健康宣传栏和宣传册等形式对心理健康知识进行科普，不仅有利于消除老年人对心理健康工作的误解，提高心理健康服务（尤其是心理咨询服务）在老年人中的接受度，更有利于老年人在心理问题的萌芽期进行准确的自我识别，了解自我调节的方法以及寻求帮助的途径。研究结果表明，主观因素对心理健康的影响远远大于客观因素和一般人口学变量（李德明，陈天勇，吴振云，等，2005）。通过科普活动让老年人培养看待自身生活的新视角可以在不改变客观生活状况的前提下提升老年人的满意度和幸福感，从而起到预防心理问题的作用。第三，全方位地陪伴老年人。孤独感是老年人普遍存在的一种情绪体验（郭娓娓，王有智，2013），因此陪伴服务是老年心理健康服务的重要组成部分。居家养老中的陪伴服务有多种存在形式：家庭成员定期回家看望老年人；养老服务人员陪伴老年人购物、看病、交谈聊天，为老人读书读报等；由社区组织，老年人在日间照料中心一同参与活动、相互做伴。第四，为未达心理疾病临床诊断标准的老年人提供心理咨询和心理疏导服务。老年人的生活中往往缺乏有效的倾听者，社区心理咨询室的存在为其提供了一个"倒苦水"的安全空间。在心理咨询师专业的陪伴和干预下，老年人的不良情绪能够得到有效处理，同时老年人也能够走出认知的误区，从而保持自身的心理健康，防止一般心理问题演化为心理障碍和精神疾病。第五，定期开展文化、体育、娱乐、教育和志愿活动。社区可依据实际情况确定主题活动日或主题活动月，为辖区老年人提供丰富的活动选择，吸引老年人走出家门参与其中。活动主题的设置要兼顾老年人的兴趣爱好和专业发展性，在"乐"与"学"中找到平衡点。例如，聘请专业医师为老年人开设健康养生课堂，在社区放映经典红色电影，组织老年人参与社区章程的制定等。

其次，居家养老心理健康服务由谁来做？社区养老服务人员是居家养老心理健康服务的主力军，这些服务人员需要有明确的分工。第一，要有统筹者。居家养老心理健康服务工作是一项系统性的工作，需要具有全局意识的统筹者进行领导，以确保工作机制的顺利运行。第二，要有具有心理学背景的专业人员。心理健康服务中的心理咨询是一项专业性较强的工作，需要服务者具有从事这一工作的资质（如取得国家心理咨询师证书）。心理咨询不是普通的聊天，只有专业的人员才能切实为老年人解决心理困扰。第三，要有活动组织者。旨在提升老年人幸福感和获得感的心理健康服务往往是以活动的形式呈现的，这就需要服务人员不仅具有较强的活动组织能力，还要善于整合社区和社会的资源。第四，要有一般服务人员。上门服务是居家养老的重要组成部分。虽然不是每一位养老服务人员都直接从事心理健康服务，但每一位养老服务人员都会影响到老年人的心理健康。在上门服务的过程中，养老服务人员可能会让老年人觉得舒心，成为其社会支持的一部分；也可能会让老年人感到糟心，从而对居家养老服务产生抗拒。因此从这一角度来说，每一位养老服务人员都在为老年人提供心理健康服务。除此之外，在中国的文化背景下，家庭成员也是居家养老心理健康服务不可或缺的力量。在我国，家庭是老年人最重要的社会支持，家人的关心和爱是老年人幸福感的主要来源之一。家人对老年人心理健康的影响并不以服务的形式出现，它可能是陪老人吃一顿饭或者给老人打一个电话，但不可否认的是，这种生活细节本身就是最好的心理健康服务。

最后，如何落实居家养老心理健康服务？第一，需要工作机制的保障。每个社区的情况不尽相同，所辖老年人群体也具有不同的特点，因此居家养老心理健康服务的工作机制只能相互借鉴但无法形成固定范本，这就意味着这一工作机制需要在实践的过程中不断完善。要想心理健康服务真正落地，细致而灵活的工作机制是重要前提。第二，需要配套设施的完善。心理健康服务是"软性服务"，但它需要以完善的硬件设施作为载体才能够开展。例如，想要开展老年心理咨询，社区就需要建立心理咨询室；要想开展老年体育活动，社区就需要具备乒乓球台、健身器材等运动设施；想要及时获得陪伴服务，老年人的家中就需要呼叫服务器。配套设施的完善让老年心理健康服务从理论上的可能性转化为实践。第三，社区需要加强与大中专院校以及科研院所的联系。居家养老心理健康服务的诸多环节都需要专业人士的参与和指导，例如，心理咨询室需要配备心理咨询师，而养老服务队伍中的固定人员不一定能够满足这些需求。大中专院校以及科研院所中的教师和学生具备相应领域的专业知识，他们是居家养老心理健康服务的潜在力量。这一专业人才的支持有利于扩展心理健康服务的广度以及深化心理健康服务的深度。

居家养老心理健康服务实践——以南京市鼓楼区"居家养老服务网"为例

鼓楼区（本节中的鼓楼区均指 2013 年 3 月 28 日与原下关区合并前的鼓楼区）是江苏省南京市的主城区之一，同时也是南京市重要的政治中心、文教中心以及商贸中心。鼓楼区行政区域面积约为 26.62平方千米，下辖 7 个街道 65 个社区。截至 2010 年，全区年龄在

60～100 岁的老年人口达 93 908 人，约占该区人口总数的 16.07%（王浦劬，莱斯特·M. 萨拉蒙，等，2010）。依据联合国的相关规定，该区早已进入人口老龄化的行列。

自 2003 年起，鼓楼区积极探索和实践以政府购买服务的方式推进社区居家养老服务，逐渐形成了以"政府购买服务、社会组织运作"为主要模式的养老服务体系，并在全国范围内率先建立了"居家养老服务网"（李凤琴，陈泉辛，2012）。"居家养老服务网"创新了工作机制，它以项目委托的方式运作，即鼓楼区政府部门每年从年度财政预算中拨出一定经费向"心贴心服务中心"购买居家养老服务，"心贴心服务中心"在全区范围内建立社区养老服务站并为老年人具体提供养老服务。截至 2008 年年底，鼓楼区的 7 个街道 64 个社区全部建立了社区养老服务站（范炜烽，祁静，薛明蓉，等，2010）。为满足老年人的多种需求，"居家养老服务网"推出了"1＋2"的服务方式。其中"1"代表生活保障服务、安全保障服务、特殊求助服务等基本生活照料服务。"2"代表除上述服务之外增加的两项服务：一是免费为空巢、孤寡、独居和子女不在身边的老年人家庭安装"安康通""康惠通"呼叫服务器，使这些老年人在遇到疾病、水电故障等突发情况时可以在第一时间求助；二是开展老年人家庭探访服务，以问候、探访、心理关爱等方式为孤寡、独居老人提供精神慰藉服务。"居家养老服务网"的服务对象主要为高龄、独居、生活有困难的老年人，这些老年人可以通过呼叫服务器通知相关人员上门服务，也可以自行到离家最近的社区养老服务站接受服务。截至目前，南京市鼓楼区的"居家养老服务网"已累计为六千多名辖区内的老年人提供了不同类型的居家养老服务。抽样调查结果显示，有 98.3% 的老年人对"居家养老服务网"中的养老服务感到基本满意或非常满意（范炜烽，祁静，薛明蓉，等，2010）。由此可见，"居家养老服务网"取得了较好的社会反响，这一服务体系也被《人民日报》称为"适合我国国情的老年人居家养老新模式"。

从心理健康服务的角度来看，南京市鼓楼区"居家养老服务网"中的心理健康服务主要体现在以下方面。首先，对老年人心理状况的了解和心理需求的评估。养老服务的具体提供者"心贴心服务中心"建立了老年人信息数据库，这一数据库除了记录老年人的身体健康状况等一般情况外，还关注老年人的心理及思维能力，对老年人进行整体性评估，分析老年人的潜在需求（包含心理需求），从而提高养老服务的针对性。建立养老服务人员的数据库。"心贴心服务中心"对养老服务人员的性格进行了评估和分类，以便与老年人的需求进行匹配。无论服务人员是否从事心理健康相关服务，其与老年人的心理匹配对于老年人的心理健康而言都是极为重要的。性格适宜的服务人员能让老年人觉得处处顺心，较为固定的服务频率也可以使其成为老年人新的社会支持。其次，提供具有心理陪伴性质的服务。安排服务人员与老年人交谈聊天、为老年人读书读报、陪同老年人购物或看病，帮助老年人消除生活中的孤独感。同时建立老年人家庭探访制度，通过持续的探望和问候让老年人感受到自己是有人关注的，是被人尊重的，在具体活动中满足了老年人的关系需求和尊重需求。再次，安装呼叫服务器以增强老年人的安全感。老年人尤其是独居老年人常常会担心自己在家中遇到事情一时半会儿找不到帮忙的人，这类事件的频繁发生不仅会为老年人带来抑郁等消极的情绪感受，也会增加老年人对于未来生活的不安。呼叫服务器的安装对于老年人来说就是一颗"定心丸"，让老年人知道自己是可以寻求到及时帮助的。这种认知本身就能使老年人最基本的安全需求得到更大程度的满足。最后，为已经产生心理困扰或心理障碍的老年人开设"心理茶吧"。鼓楼区政府与江苏省老年心理关爱研究中心合作，通过在社区养老服务站开设"心理茶吧"为老年人提供心理疏导、精神慰藉服务。老年人往往有"家丑不可外扬"的想法，对心理咨询的接受度较低，常规的心理咨询方式推行的难度较大。"心理茶吧"转换了服务思路，以老年人熟悉且乐于接受的"饮茶聊天"方式开展心理疏导。这为老年人心理困扰的解决创设了条件。

经过不断探索，南京市鼓楼区"居家养老服务网"中的心理健康服务已初见成效，但其仍处于起步阶段，这一模式下的居家养老心理健康服务还存在以下问题有待改善。第一，服务对象存在局限性。"居家养老服务网"中的心理健康服务并非面向本区所有 60 岁及以上的老年人，而是面向特定老年群体，如高龄老人、独居老人等。事实上，每一位老年人都有着丰富的心理需求，社区中也不可能仅仅存在一两类老年人。从实践的角度来说，居家养老心理健康服务可以从特殊的老年群体着手，但从最终目标的角度来说，居家养老心理健康服务一定要从全体老年人着眼。第二，服务类型缺乏多样性。虽然从数量上来看，"居家养老服务网"中的心理健康服务项目已达近十个，但从种类上来说，这些服务的本质大都可以被归纳为心理陪伴。这些心理健康服务能够满足老年人的缺失性需求，如安全需求、归属和爱的需求、尊重需求，但忽略了老年人的成长性需求。从更宏观的角度来看，服务类型单一体现的是未能够用积极心理学的视角来看待老年人，没有意识到老年人持续发展的可能性。就"居家养老服务网"而言，服务类型丰富性的缺乏与其服务对象有关，高龄老人、独居老人的缺失性需求确实更为强烈。但就居家养老心理健康服务而言，应该给予成长性需求同等的关注，积极创造条件让老年人发展自身的兴趣爱好，让他们真正实现"老有所学、老有所为、老有所乐"。

7.3　借鉴与启示：我国老年人心理健康服务展望

7.3.1　国外老年心理健康服务模式

和我国相比，其他一些国家更早地迈入老龄化社会，也更早地开始着手应对人口老龄化带来的养老问题。从养老服务体系的发展脉络来看，这些国家大都经历了由"机构化养老"到去机构养老的过程，并逐渐形成了"自助、互助"的养老服务理念，家庭、社区和机构所提供的养老服务不断得到整合(李蕾，2014)。作为养老服务的重要组成部分，老年心理健康服务也在这一过程中不断变化和发展，且越来越受到各国政府的重视。虽然各国基本国情存在差异，但这些国家在老年心理健康服务探索的过程中获得的经验对我国仍有一定的现实意义。英国和美国的老年心理健康服务体系已趋于成熟，日本与我国的文化背景存在很多相似之处，因此下面将选择这三个国家的老年心理健康服务模式加以介绍。

英国的老年心理健康服务

英国老年心理健康服务的有序发展离不开政府的重视与支持。2001 年，英国正式成立了专门负责老年人问题的国家老年人服务机构。该机构出台了一套国家标准，以提高为老年人服务的质量，消除在英国国民医疗服务(National Health Service，NHS)中的年龄歧视。其确立的服务目标是促进老年人拥有良好的心理健康，治疗和支持患有抑郁、痴呆的老年人，希望有心理健康问题的老年人可以得到由 NHS 和委员会机构提供的完整的心理健康服务，以确保患者及其照顾者得到有效的诊断、治疗和支持。在多年研究的基础上，英国政府还在 2007 年 8 月发表了一份声明：将老年性痴呆列为国家健康优先发展研究的项目。这是第一个详细针对老年人心理健康服务的优先发展项目。

当前，英国的老年心理健康服务主要依托于"社区照顾"这一以养老为主的服务模式，政府、专业人员等正式照顾资源，以及家人、邻居、志愿者等非正式照顾资源都广泛地参与到老年人的心理健康服务中来。从宏观上看，社区照顾主要分为健康照护与社会照护两大类(陈伟，2012)，这也指明了英国老年心理健康服务的两大方向：

治疗精神疾患与解决心理问题，提升积极情绪与实现心理潜能。前者是指对于已经达到精神疾病或心理障碍诊断标准的老年人，在国家医疗保健制度的保障下，通过临床精神科医生、心理咨询师等专业人士为其提供心理治疗服务；后者是指对于心理健康状况良好的老年人，通过政府向独立机构购买心理服务的方式，为具有心理发展需求的老年人营造良好的心理环境，并提供持续的社会关怀，以帮助其实现积极老龄化。从微观上看，英国针对老年人的社区照顾具体包含生活照料、物质支援、心理支持和整体关怀这四部分内容（杨蓓蕾，2000），心理健康服务则实际上融入每一部分的内容中。例如，对于有部分生活能力但不能完全自理的老年人而言，上门提供生活照料的服务人员就是一种有效的人际支持，在与服务人员接触、交流的过程中，老年人增强了安全感，减少了孤独感，更重要的是服务人员定期上门，这让老年人感受到来自社会的稳定关怀，这有利于维持老年人平和的心理状态。随着年龄的增长，老年人对健康的心理需求越来越强烈，由此也越来越注重身心的保健。通过保健医生上门传授养生之道和心理健康知识，老年人的安全需求得到了满足，也对自身的心理状态具备了鉴别能力，从而能在心理问题的萌芽期就及时求助相关专业人员。与此同时，英国政府也为老年人的自我发展、自我完善提供了资金和硬件支持。政府不仅在社区建立了具有综合服务功能的社区活动中心和老年人工作室，以满足老年人参与社会交往、体育锻炼、文艺活动和志愿工作的需求，还通过组织联谊会、带老年人外出郊游等形式来增添老年人的生活乐趣。可以说，以人为本的社区养老服务项目极大地丰富了老年人晚年的精神生活。

美国的老年心理健康服务

美国早在 20 世纪 40 年代就跨入了老龄化社会，在应对老龄化问题的过程中积累了丰富的养老服务经验。在这一背景下，美国的老年心理健康服务经过长期发展也已经形成了规范化的体系。由不同服务主体为老年人提供多元化的高质量服务，取得了显著的服务效果。在美国，老年人的心理健康服务主要来源于三个方面：专业机构、社区和社会组织。

首先，专业机构会为老年人提供心理治疗与心理咨询服务。美国的专业心理机构主要包含以下几种类型（徐华春，黄希庭，2007）。一是公立精神病院。它主要承担重症精神病人的长程治疗，特别是药物治疗，由临床精神医师负责。但随着 20 世纪 50 年代的非住院化潮流和社区心理健康运动的发展，此类医院的数量已经大幅度减少。二是综合医院精神科。它为一般门诊病人提供心理咨询和心理治疗服务，同时为有需要的住院病人提供长期心理服务。三是私立精神医院与护理机构。此类机构的服务和治疗方法多样，设备齐全，适应各种人群的需要，服务质量最好，费用也最高。四是心理学者开设的心理咨询和治疗机构。这些机构一般设在社区、学校等地。心理学者没有处方权，需请精神科医生共同会诊后才能用药。因专业机构面向的是已产生精神和心理问题的老年人，所以都是由专业心理服务人员提供相关服务，包括临床精神科医师、执业临床心理学家、执业临床专业咨询师和执业临床社工。他们分别具有医学、心理学和社会学的博士或硕士学历，并需接受长期的临床督导与心理咨询实务训练后才能获得相应资格。

其次，社区是老年心理健康服务的重要场所。社区心理服务兴起于美国，其主要目的是预防精神疾病及心理问题的出现，以及促进社区居民的身心健康（郭梅华，张灵聪，2009）。从实践情况来看，美国的社区心理服务与社区卫生服务同样普遍，其典型代表是位于亚利桑那州的著名养老社区——太阳城。就服务内容而言，社区老年心理健康服务主要包含以下三类。第一，心理健康宣传与教育。通过各种形式的宣传，让老年人获得心理健康知识以帮助自己准确识别心理状态，培养面对精神疾病和心理问题的正确态度，掌握应对心理危机和生活压力的方法。第二，心理健康咨询。对未达到诊断标准且具有主动求助意愿的老年人进行及时的心理干预，防止心理问题的进一步发展，陪伴老年人共同面对重大生活事件。第三，心理健康活动。社区依托于全托制的"退休之家"或日托制的"托老中心"，组织各类活动丰富老年人的精神生活并帮助其实现自己的价值。例如，在活动室内阅读，交流，制作手工艺品；帮助老年人结伴认对，互助养老；组织老年人外出旅游等（穆光宗，2012）。与其他国家相比，美国的社区心理健康服务还具有两大特色。一是具有研究意识，社区及社区中的人群是美国心理学研究的重要对象，丰硕的研究成果让社区服务的实践不断完善。二是美国的社区还承担了严重精神疾病患者的愈后心理健康服务工作，和谐愉悦的家庭环境和社区环境有利于患者的痊愈。这两大特色对于老年人而言具有特殊的意义：一方面，心理学研究成果为未来一个时期不同地区的老年心理健康服务的发展指明了方向，使得老年心理健康服务的探索得以又好又快地推进；另一方面，在愈后回到自己熟悉的社区，可以真正让老年人实现"安养"和"善终"。

再次，养老机构中的养老服务蕴含着心理健康服务。按照性质的不同，美国养老机构可以分为以下三种类型：政府公立机构，如各州和当地政府监管的老年护理中心以及老年公寓；非营利性机构，如目前世界最大的老年照顾机构——居家养老院；营利性机构，如加利福尼亚州日出养老中心（SunRise Senior Living）这样的连锁养老机构。不同养老机构侧重于养老服务的不同方面，因此所提供的心理健康服务也存在一定差异。例如，非营利性养老机构注重志愿服务的开展，通过不同类型的志愿服务来满足老年人的缺失性心理需求和成长性心理需求。

最后，美国鼓励社会组织参与老年人的精神养老服务。美国有着数量庞大的社会组织尤其是非营利组织，在养老服务业领域起主导作用的不是政府和家庭而是社会，因此美国政府积极鼓励适合老年人参与的非营利组织从事精神养老服务，如美国老年公民全国理事会、美国退休人员协会、退休联邦雇员全国协会等（刘建达，陈英姿，岳盈盈，2016）。实践结果证明，这些组织在解决老年人精神养老服务方面发挥了重要作用，例如，美国小红帽协会的服务对象是退休的中老年妇女，它把中老年妇女召集在一起，相互交流、四处游玩、从事社会公益活动。协会的会员在参与活动的过程中，或感受到快乐，或实现自身价值，这也使得小红帽协会成为美国中老年妇女精神养老与心理慰藉的重要载体。总体来看，大量老年社会组织的介入推动了老年人的社会参与，帮助老年人实现了"老有所乐、老有所为"的晚年生活愿景。

日本的老年心理健康服务

早在 20 世纪 70 年代，日本就正式步入了人口老龄化的行列。日本的人口老龄化与我国存在诸多相似之处，如人口老龄化的速度快、地区之间具有不平衡性等。中日两国最大的共同点在于养老的文化传统，两国都强调"孝养文化"，强调家庭的养老功能。根深蒂固的家庭观念使得两国不约而同地选择大力发展居家养老。因此，日本养老服务体系的主流是整合家庭和社区力量的居家养老，机构养老在这一体系中扮演着辅助作用。在日本整个养老服务体系中，对老年人心理健康的关注从法律层面一以贯之。1963 年制定的《老年人福利法》被称为日本的"老年人宪章"，它规定老年人福利的基本概念是尊敬老年人，促进老年人的自觉和确保老年人参与社会的机会。

日本的社区老年服务主要以下面四种形式存在（尹银，2009）。第一种，以政府力量为主，服务人员由政府人员与民政人员组成。第二种，政府资助下的民间组织，如社会福利协会、社会福利商社等。这类组织在市场机制的运作下，服务质量和服务效率较高，发展速度较快。第三种，志愿者。这主要是由家庭主妇、大学生或部分健康老年人组成，这种服务分为两类：免费或收取低廉费用，主要从事陪伴聊天、送饭和一些轻体力服务。第四种，企业式养老服务。企业以保险方式获取资金，以低收费服务老年人。由此可见，在居家养老中，政府扮演了较为明显的主导作用，同时鼓励和支持各种社会力量的广泛参与。在这一背景下，社会力量一直活跃在社区老年心理健康服务中。以川崎市的"玲之会"组织为例，这是一个基本上由家庭妇女组成的志愿者组织，主要为老年人开展名为"小日子服务"（Mini-day Service）和"钻石俱乐部"（Diamond Club）的活动，活动资金完全来源于志愿者和社会捐助（田原，2010）。"Mini-day Service"是对日托活动的补充，其内容包括和老年人一起唱歌、做游戏、做手工，并为其开展健康讲座等。"Diamond Club"是一个以信息交流为主的活动，老年人也可以向志愿者表达自己的愿望和需求，使志愿者在今后的服务中能更好地满足老年人的需要。

　　在日本的养老机构中，对老年人的护理服务被称为"介护"，它以专业性援助为基础，满足被介护者的身体、精神、社会各方面的要求，以促进被介护者健康与成长为目标，最终使被介护者达到满意且自立的生活状态（余星，姚国章，2017）。在机构中从事养老工作的护理人员都必须先通过"介护福祉士"国家资格考试，这一考试的必修课程包含尊严、人际关系和交流等主题，可以说每一位通过考试的护理人员都具备最基本的心理服务能力。日本养老机构中的心理健康服务最显著的特点体现在对老年人尊严和价值的尊重上。护理人员鼓励老年人进行力所能及的自理活动并提供实时协助，而不是为老年人包办一切。例如，面对一个因手臂瘫痪而无法自己吃饭的老人，护理人员会手把手地"喂饭"，即先把调羹放在老人手中，再握住老人的手，最后握着老人的手一起从碗中把饭送入老人的口中（彭红燕，刘友华，邓荆云，等，2011）。这虽然只是一个小小的细节，却能让老年人充分感受到自己是被尊重和平等对待的，从而不放弃对建立生活自理能力的信心和希望。此外，养老机构会在走廊及宣传栏中展示老年人的手工制作品、书法和摄影图片，并且定期出售他们的作品，从而让老年人感受到成就感和自我存在的价值。

尤其值得一提的是，日本的老年心理健康服务在满足老年人自我发展需求方面有着完善的措施保障。一方面，它为老年人创造了持续学习的机会和环境，地方政府作为促进终身学习的核心部门，提供学习信息、调查学习需求、开发学习项目，并鼓励老年人带着学习成果参与到社会活动中去；另一方面，日本政府为了满足老年人的再就业需要，开办老年人职业介绍所，为老年人提供免费的再就业辅导，帮助老年人在持续的社会参与中完善自我并实现自我价值，增强老年人的幸福感和获得感（田香兰，2010）。

7.3.2　我国老年心理健康服务的发展方向

经过十余年的积极探索，我国政府不断加大力度，倡导养老服务向老年人心理健康、社会参与、自我发展等领域延伸，精神慰藉在养老服务体系中的基础性地位也不断凸显，因此我国老年心理健康服务取得了一定的发展。然而，我们应该更清醒地认识到我国的老年心理健康服务仍处于起步阶段，仍有许多具体的现实问题摆在眼前。这些问题制约了我国老年心理健康服务的持续发展。道阻且长，行则将至。国外以及国内试点地区的经验都给我国老年心理健康服务的全面发展提供了有益参考。结合我国当下的国情，把握老年心理健康服务未来合适的发展方向，将有利于心理健康服务切实满足老年人日益增长的精神需求。

树立老年心理健康的正确观念

树立老年心理健康的正确观念，首先要提高全社会对于老年心理健康的关注度和认同度。社会对老年人心理健康的关注程度奠定了老年心理健康服务的基调，在全面开放养老服务市场的今天，这种关注会直接影响心理健康养老服务的供给。尊老敬老爱老自古以来就是中华民族的传统美德，但这种良好的社会风气却未能完全转化为对老年心理健康的社会需求。对于老年人而言，生活照料、医疗保障和精神慰藉这三类养老服务具有同等的重要性；但对于子女、养老服务提供者等养老服务体系中的重要成员而言，照料老年人的生活起居是重中之重，心理健康服务是锦上添花而不是必需的。这种观念上的差异造成了以下现象的出现：老年人为自己创设满足心理需求的条件，老年人为自己提供心理健康服务，如老年人在住所楼下一边择菜一边聊天。老年心理健康服务是一项系统性、整体性的工作，它涉及众多人群，需要体系中的每一位参与者都真正认同老年人心理健康的重要性以及老年心理健康服务的必要性，且都能用发展的眼光去看待老年人。因此，与提供心理健康服务同样重要的是通过宣传引导社会上的大多数人认识到心理需求的满足对于老年人安度晚年的意义，进而形成对老年心理健康的全员关注。这种全员关注将吸引更多的资金、人才流入老年心理健康服务领域，使其具有持久的发展动力。

树立老年心理健康的正确观念，还要全面理解老年心理健康的含义。从指导心理健康服务实践的角度来说，老年心理健康至少具有两层含义：第一，老年人不受心理问题和精神疾病的困扰，能够保持平和、正常的心理状态；第二，老年人能够发展自己、成就自己，不断体验到幸福感与获得感。为了保证老年人积极、健康的心理状态，心理健康服务提供者需要做好老年人心理状态评估、精神疾病与心理障碍治疗、心理咨询、危机干预与自杀防控、心理健康知识宣教等工作。相对而言，心理健康是一个更高的发展性目标，它需要人们全面把握老年人的心理需求，提供能够促进其情感交流、社会参与和自我发展的心理服务。然而就现实情况而言，老年心理健康服务体系中的相关人员对心理健康的理解存在一定的局限性，所以心理健康服务工作往往停留在某一层面，缺乏专业性和多元性。例如，在居家养老模式中，社区工作人员往往重视为老年人举办丰富多彩的活动，忽视对辖区内老年人心理状况的评估和筛查，从而使得心理健康服务成了为愿意主动走出家门参与活动的老年人而提供的专属服务。老年心理健康服务的良性发展离不开人们对老年心理健康的正确认识。心理健康的两层含义是心理健康服务有序发展的两大支点。在发展的过程中需要兼顾心理健康的两方面内容。

建立老年心理健康的服务标准

尽管目前从国家到地方都已经出台了一系列养老服务标准，对养老主要环节的建设指标也做出了明文规定，但具体到老年心理健康服务领域，相关的服务标准仍不明晰。老年心理健康服务标准建设是一项战略性工作，具有重要的理论和实践价值，其中也蕴藏着明显的行业经济效益。因此，为老年群体构建一套完整、规范且有效的心理健康服务体系势在必行。只有这样，才能促进老年人心理服务内容、流程、硬件和资质的建立及完善，将老年心理学的科研成果真正转化为国家、社会和老年个体受益的成果，从而为切实应对人口老龄化、推进老年事业以及提升老年人的心理素质和生命质量提供一套标准与指南。《江苏省老年心理健康白皮书》综合国内外的理论研究、实践经验以及本省大数据的调研结果，提出了建立老年心理健康服务标准的四大立足点，这一思路考虑到了建立老年心理健康服务标准所必需的科学性、规范性和实操性，具有一定的参考意义和推广价值。

首先，建立老年心理健康服务标准需要完善服务内容的框架标准。在现有的老年人心理健康服务实践中，不同场所提供的服务比较杂乱，大多依据老年人日常生活的技能训练、集体活动而开展，并没有科学化、专业化的服务体系，而且对于上述各项服务并没有形成一套完善、系统的标准。由此可见，构建一套标准化的服务框架，明确界定服务的范围、不同对象的服务内容以及确定服务内容的重点和难点是非常有必要的。老年心理健康服务面向全社会的老年群体，从家庭与社区中的健康老年人到养老机构中的失能老年人再到医疗机构中有精神障碍的老年人，都是老年心理健康的服务对象。因此老年心理健康服务的内容跨度较大，其框架标准的制定应从整体着眼、从细节着手。

其次，建立老年心理健康服务标准需要规范服务形式的流程标准。老年心理健康服务是一项专业化的工作，在具体的服务过程中需要一套标准化的实施流程。在确定了服务内容后，应按照何种顺序开展各服务模块的内容？每一项心理健康服务应如何实施？由谁实施？由谁监管？这些问题都需要通过流程标准的制定来加以回答。规范的实施流程有利于明确各方权责，保障心理服务的质量，纵观国内养老服务取得成效的试点地区，都有一套明确的服务流程。

再次，建立老年心理健康服务标准需要明确服务硬件的设施标准。老年心理健康工作的顺利开展离不开硬件设施的支持，如进行心理咨询需要心理咨询室、进行体育锻炼需要社区配备体育设施、开展讲座和文体活动需要专门的活动室。然而，我国老年心理健康服务工作开展的时间不长，作为服务硬件的基础设施相对单一和落后，显而易见的是大多数养老机构配备有一定规模的医疗设施，却没有专门的心理健康服务室。硬件设施的完备性在很大程度上决定了心理健康服务是否得以开展，因此服务硬件的设施标准也是心理健康服务标准的重要组成部分。

最后，建立老年心理健康服务标准需要构建服务人员的资质标准。从专业角度讲，老年心理健康服务人员应该包括精神科医师、心理咨询师、经过心理学培训的机构护理人员和社区工作人员等。然而现实情况是由于养老服务人员的缺乏，心理服务人员的准入门槛大大降低，有时甚至是一人多职，导致心理健康服务工作没有专人负责，这也在很大程度上降低了心理服务的水平和质量，因此对于老年心理健康服务队伍的资质确立迫在眉睫。心理健康服务的专业性决定了不是任何一个人都可以从事这方面的工作，不当的心理干预和引导反而有碍老年人的心理健康并使老年人对心理健康服务产生反感情绪，因此心理健康服务需要建立资质认定体系，确保服务人员持证上岗。心理服务人员资质标准的构建体现了对老年人心理健康的负责态度。

构建老年心理健康服务的评估指标

老年心理健康服务始于评估也终于评估，具体而言，心理健康服务需要对服务对象的身心状况和服务需求进行系统评估，在完成心理健康服务后需要对服务提供者的服务内容和服务质量进行科学评估。作为养老服务体系的一部分，我国的老年心理健康服务同样尚未步入普惠阶段，因此需要对重点人群进行筛选和识别。从另一个角度来说，老年人的心理需求具有个体差异性，预先的调查和评估有利于有针对性地为不同老年人提供适合的心理健康服务。与此同时，每个地方的心理健康服务并不是一成不变的，它需要根据反馈的信息进行动态调整，而这种反馈来源于对心理健康服务效果的评估。对老年心理健康服务的质量评估不仅需要有客观指标，也需要有主观指标，只有这样才能全面体现心理健康服务的开展情况。所谓客观指标，指的是心理服务硬件设施的配套率、老年教育参与率、老年志愿者比例等一般性评估指标；所谓主观指标，指的是服务对象的满意度和意见反馈，对于心理服务而言，老年人的主观感受至关重要，因为心理服务的一大目标就是使老年人产生积极的情绪体验。为了保证老年心理健康服务的有序推进，前期的需求评估应由心理服务提供者实施完成，而后期的质量评估最好引入第三方评估机构。

从操作层面来说，在提供心理健康服务前应详细了解老年人的年龄、性别、健康状况等基本信息，借助信息化手段为每位老年人建立电子心理档案，并录入信息管理系统以便随时查阅。在全面了解老年人的基本情况和心理需求后，需要根据评估结果对不同的老年人进行分类管理，以便将不同的心理健康服务信息点对点地及时推送给对应的老年人群体。针对心理健康服务的后效评估具有持续性，它可以发生在一次心理服务后，也可以发生在一个阶段的心理服务后。其评估方式也具有多样性，它可以是老年人的口头反馈，也可以是老年人的书面意见。对于评估者而言，在收集反馈信息时要注意采用问卷量表与质性访谈相结合的形式，从而达到兼顾主客观指标的目的。实施老年心理健康服务质量评估，一方面是为了确保服务质量，另一方面更是为了及时对服务进行动态调整。没有心理健康服务能一蹴而就，根据实际情况适当调整服务的内容和结构可以使心理健康服务与老年人实际需求的匹配度不断提高，从而使得老年人参与心理健康服务的热情显著提升。

丰富老年心理健康的服务队伍

一直以来，服务人员数量不足、专业素质低等问题都令养老服务行业感到尤为棘手，在老年心理健康服务领域情况更是如此。特殊的工作环境、相对较低的工资待遇以及不明晰的职业前景都使得专业素质过硬的心理学人才对养老服务行业望而却步。一边是老年心理健康领域巨大的人员需求，另一边是少有专业人才问津的现实情况，老年心理健康服务似乎陷入了人员的困局。破解这一困局需要我们拓展思路，以更宏观的视角看待老年心理健康的服务人员。事实上，老年人群体、专业人员以及志愿者都是老年心理健康服务队伍的重要成员。

首先，通过老年人自助扩充心理健康服务队伍。老年人是自己心理健康的第一负责人，也是老年心理健康服务队伍中数量最为庞大的人群。老年人对心理健康知识和心理保健技能知之甚少，其心理自助的意识和能力较低，这导致他们对心理健康以及心理健康服务存在一定的误解。有的老年人将心理问题与精神疾病混为一谈，有的老年人至今仍抱着"家丑不可外扬"的传统观念，因此他们即使感受到自己可能存在一定的心理问题，也会讳疾忌医，不愿求助于专业心理咨询工作者，这也会在一定程度上造成心理健康服务资源的闲置与浪费。如果老年人在生活中一直存在心理困扰，幸福感和获得感就无从谈起。因此，要想让心理健康服务走进每一位老年人的生活，就要提高老年人心理自助的意识与能力。通过展板宣传、入户宣传、举办讲座、发放科普手册等方式，帮助老年人掌握心理健康的基本知识，提高自我心理保健的能力。当老年人能够成为心理健康的自助者时，其他服务人员便可集中力量为其提供具有针对性的心理服务。

其次，通过老年人互助扩充心理健康服务队伍。最理解老年人困扰的是老年人，最了解老年人需求的还是老年人，因此要充分发挥朋辈的力量来为老年人提供心理健康服务。我们可以通过朋辈的聆听和陪伴，及时了解老年人心理状态的变化以及心理需求的满足情况；以老年协会等老年群众组织为载体，开展喜闻乐见的文化体育娱乐活动，让老年人在人际交往中培养兴趣爱好、发现自我价值，从而充实晚年生活；通过结成互助对子，帮助老年人排遣孤独感、疏解心理困扰。目前，国内已经出现了基于老年人互助的养老新样板——乌兰察布模式。内蒙古自治区乌兰察布市建立了农村牧区互助幸福院，幸福院全面贯彻"互助养老"的思想，不设专职服务人员，由幸福院协调安排老年人结对互助，彼此陪伴帮忙，共享晚年，这一模式深受当地老年人的欢迎。乌兰察布模式让人直观地感受到老年人互助模式所蕴含的巨大能量，更让人认识到朋辈群体在心理健康服务中的重要作用。

再次，通过专业人员的加入来保证心理健康服务的质量。专业人员是老年心理健康服务队伍的核心力量，其专业化程度关系到老年心理健康服务的整体质量。面对专业人员"难招聘、易流失"的现实情况，我们可以从专职和兼职两个角度来考虑如何维持专业人员数量的稳定性。一方面，增加专职人员的心理健康服务专业化程度。这需要心理服务提供方保持同大中专院校的密切联系，与对口专业建立人才输送的长期机制，通过建立实训基地等方式让心理人才提前熟悉就业环境，使其明确就业前景，从而增加其毕业后留在这一领域的可能性。同时，我们还需要加强对护理人员等其他养老服务人员的专业培训，部分基础性心理服务工作在经过专业培训后，一般人都可以胜任。例如，如何倾听和陪伴老年人，如何有效地组织和开展文化、体育、娱乐、教育活动等。在专业人员数量不足的情况下，通过培训加强一般养老服务人员的心理服务功能，将有效填补专业人员供需之间的差距。另一方面，适当增加兼职人员的比例。对于一些专业性较强的心理健康服务工作（如心理咨询），可以采取聘请附近医院或学校里的专业人员兼职的方式进行灵活处理，每周在固定时间段安排专业人员值班，为有需要的老年人提供服务。

最后，通过志愿者的长期加入来扩充心理健康服务队伍。在我国，志愿者资源丰富，养老院、敬老院等老年人聚集的场所亦是广大学生群体频繁选择的志愿服务地点，所以对于心理健康服务而言，招募志愿者并不难，难的是培养人员稳定的志愿者队伍。心理健康服务有其特殊性，它是一项需要与老年人建立稳定情感联结的工作，而建立这种联结需要一定的时间，这就在客观上要求心理健康服务不能是一次性的志愿活动。一次性的志愿活动不仅在促进老年人心理健康上收效甚微，更可能让老年人感受到自己的生活频繁被打扰，从而对此类活动产生反感情绪。为了提高志愿者长期参与老年心理健康服务的积极性，可以采取"时间银行"、星级认证、信用激励等多种方式。"时间银行"是一种新型的志愿服务模式，它指的是将社区居民或志愿者在服务中付出的劳动时间换算为"爱心时间"，并"存入"专门设立的个人账户中。服务者或者其家人在遇到困难时，就可以到"银行"去支取"服务时间"，由其他志愿者为他们提供帮助。"时间银行"在心理健康服务领域尤其具有应用价值。例如，社区中的低龄健康老人可以为高龄老人提供陪伴服务，当这些老年人自己步入高龄老人的行列时，就可以通过支取"爱心时间"来获得他人的陪伴，进而形成一种互助的良性循环。根据 2020 年上海志愿服务发展新情况，在志愿者选择对提升服务积极性最有效的激励机制中，排在前两位的是"星级认证"和"信用激励"，志愿者的选择比例分别为 33.9％和 18.5％。"星级认证"是 2020 年上海志愿服务新增的激励机制，成为彰显志愿者荣耀的重要标志。在"星级认证"中，注册志愿者的服务记录时长累计达到 100 小时、300 小时、600 小时、1000 小时和 1500 小时，可分别认证为"一星志愿者""二星志愿者""三星志愿者""四星志愿者""五星志愿者"。"信用激励"则是将志愿服务时间计入社会信用体系。由此可见，在志愿者实名注册制的背景下，不同形式的"信用鼓励"最有利于志愿者长期稳定地参与志愿服务，这对于心理健康服务具有重要的意义。

　　总之，老年心理健康服务指的是根据老年人的心理需求及心理特点，运用心理学等领域的知识，有针对性地为老年人开展人性化的专业服务工作。它以增进老年人的身心健康、提升老年人的幸福感和获得感为目标。科学的老年心理健康服务实践始于对老年人心理需求的正确认识，从种类上来说，老年人的心理需求可以分为生存需求、安全需求、关系需求、尊重需求及自我实现需求，这些心理需求具有多样性、差异性和时代性。与此同时，老年心理健康服务有着扎实的心理学理论基础，需要层次理论、毕生发展观、社会情绪选择理论以及护航模型都为老年心理健康服务实践提供了指导。

从宏观角度来看，老年心理健康服务实践还与国家在老龄事业领域的顶层设计息息相关，在当前及未来的一段时期内，我国老年心理健康服务的落脚点是增强老年人的参与感、获得感和幸福感。

在不同的养老方式中，心理健康服务的实践方式也有所不同。本章着重探讨机构养老与居家养老中的心理健康服务。机构养老是一种以社会机构为养老地，依靠国家资助、亲人资助或老年人自助，但由养老机构提供养老服务的养老模式。机构养老中的心理健康服务应该覆盖以下方面：在老年人入住时对其心理健康状况进行评估，帮助新入住老年人度过适应期；合理安排家人探访与敬老爱老志愿活动；协调养老机构内老年人之间的关系以及老年人与护理人员之间的关系；为未达心理疾病临床诊断标准的老年人提供心理咨询和心理疏导服务；定期开展为老年人所喜闻乐见的文化、体育、娱乐、教育和志愿活动。养老机构负责人、具有心理学背景的专业人员、护理人员以及社会力量都应参与到上述服务中来。本章通过对天津市南开区养老中心的探讨，以点带面地呈现了我国机构养老心理健康服务的实践情况。居家养老是一种老年人在家居住，并主要由社区提供多领域养老服务的养老方式，它保留了家庭养老的基本形式且依托于社区服务。居家养老中的心理健康服务包含以下内容：社区内老年人心理健康状况普查和心理需求调查；定期开展心理健康知识的科普；全方位地陪伴老年人；为未达心理疾病临床诊断标准的老年人提供心理咨询和心理疏导服务；定期开展令人喜闻乐见的文化、体育、娱乐、教育和志愿活动。在居家养老心理健康服务中，社区中的统筹者、具有心理学背景的专业人员、活动组织者、一般服务人员以及老年人的家庭成员都扮演着重要角色。本章以南京市鼓楼区的"居家养老服务网"为例，展现了我国居家养老心理健康服务的发展状况。

人口老龄化是很多国家共同面临的问题，与我国相比，一些国家更早地迈入老龄化社会，也更早地开始应对人口老龄化所带来的养老问题，并在这一过程中积累了可供我国参考的经验。因此，本章选择了英国、美国和日本这三个国家，介绍了其在老年心理健康服务实践过程中的概况与特色。综合国外以及国内试点地区的实践经验，本章最后提出了我国老年心理健康服务的发展方向：树立老年心理健康的正确观念，建立老年心理健康的服务标准，构建老年心理健康服务的评估指标，丰富老年心理健康的服务队伍。

应对人口老龄化：老年人心理健康的审视和思考

老龄化社会的到来是人类经济社会发展的历史必然，是无法避免的人口发展趋势。然而，人类通过积极应对人口老龄化，可以延长老年人的寿命，提升老年人的生活满意度，稳步提高健康预期寿命（林卡，吕浩然，2016；陈坤，李士雪，2017；陆杰华，阮韵晨，张莉，2017）。随着人口老龄化的发展，老年人对健康生活、生活质量和社会参与提出了更高要求（陈坤，李士雪，2017）。

8.1 老龄化新理念：健康老龄化与积极老龄化

面对日趋严峻的人口老龄化现象，国际社会给予了理论和政策上的回应。国内外学者对如何保障老年人的经济生活，提高老年人的身体素质，减少家庭或社会对老年人的歧视等做了研究和实践。成功老龄化、健康老龄化、生产性老龄化、积极老龄化等各种理论和理念应运而生。其中，健康老龄化、积极老龄化等被普遍接受，被认为是应对老龄化社会的方略（江苏省老年学学会，2014；陈爱华，2020）。

8.1.1　健康老龄化

健康老龄化是伴随着社会的进步、经济的发展及人口老龄化进程的加快而逐步建立、完善的概念(孙华清，孙华敏，2010)，其研究与实践成果对解决、缓解人类因人口老龄化而带来的社会问题具有非常重要的指导意义。

健康老龄化的概念及发展

健康老龄化是基于老年人的需求理论而建构的理论(宋全成，崔瑞宁，2013)，是在成功老龄化理念发展的基础上逐步形成的(林卡，吕浩然，2016)。1987 年，健康老龄化的概念在世界卫生大会上被首次提出，大会将健康老龄化的决定因素列入老龄研究项目的主要课题，以延长寿命和增加生活满意度为目标的相关研究与实践逐渐增多。1990 年，在哥本哈根举办的世界卫生组织老龄问题大会上确定将健康老龄化作为应对人口老龄化的发展战略之一，其主旨是从老年人的健康状况和医疗保健出发，延长人类的生物学年龄和心理年龄，提高老年人的生命质量，缩短带病生存期并延长健康预期寿命，使老年人保持较好的身体机能状态直到生命结束(陈坤，李士雪，2017)。1993 年，第十五届国际老年学学会布达佩斯大会以"科学要为健康老龄化服务"为主题，呼吁各国学者展开对健康老龄化实现途径的深入研究(江苏省老年学学会，2014)。

为了积极应对人口老龄化，稳步提高健康预期寿命，世界卫生组织长期以来大力提倡健康老龄化理念，并于 2015 年提出了健康老龄化战略，在此基础上将健康老龄化的概念发展为维护老年健康生活所需的功能发挥过程，旨在改善老年人的功能发挥。也就是说，促进健康老龄化应充分考虑老年人的内在能力、健康特征、自身需求、可支配资源和居住环境等因素，综合评估各因素之间动态交互形成的影响效果，积极增强和维护老年人的内在能力，建立促进老年人功能发挥的良好环境，实现个人与环境的和谐契合，达到改善功能发挥的目标，使老年人的生活处于较高的健康水平。2015 年，《关于老龄化与健康的全球报告》的发布意味着健康老龄化再次被提上日程。2020 年，世界卫生组织新发布了《2020—2030 年健康老龄化行动十年》的计划，提出改变我们对年龄和老龄化的想法、感觉与行为，确保社区提高老年人的能力，提供以人为本并满足老年人需求的综合护理和初级保健服务，以及为有需要的老年人提供长期护理四个行动领域，为未来 10 年的健康老龄化工作指明了方向。

按照世界卫生组织的界定，健康老龄化是指延长人类生物学年龄和心理年龄、社会年龄，使老年人健康和独立生活的寿命更长、生命质量更高。联合国也对健康老龄化给出了具体的定义；从整体上促进了老年人健康，使老年人在体力、才能、社会、感情、脑力和精神等方面平衡发展（江苏省老年学学会，2014）。概括起来，也就是大家公认的生理健康、心理健康和适应社会良好状态三项标准（孙华清，孙华敏，2010）。

健康老龄化是一个生命历程现象，不仅仅是老年人或者老年人处在老年期的事，还需要从增龄视角来认识和把握（穆光宗，2018）。老年人的健康不仅是老年期的问题，而且是人的全生命周期的事情。也有人将健康老龄化对老龄问题的研究引入老年人身心健康以及提高其晚年生命质量的范畴内（边恕，黎蔺娴，2019）。诸多研究已经逐步将健康老龄化的研究深入老年人健康的各个领域，它们也直接指导着各人口老龄化国家进行实践。

健康老龄化的中国研究与实践

作为世界上老年人口规模最大、人口老龄化速度较快的国家，中国对健康老龄化战略给予了极高关注。

首先是理论的研究。1993 年，我国人口学家、老年学家邬沧萍教授率先引进健康老龄化理论。在一次健康老龄化高层次学术研讨会上，结合我国人口老龄化的国情，全面、准确地诠释了健康老龄

化的理论(江苏省老年学学会，2014)。在健康老龄化的研究方面，
邬沧萍等人(1996)阐述了健康老龄化的内涵、将健康老龄化战略纳
入我国社会发展目标的必要性以及在我国实施健康老龄化战略的基
本对策。邬沧萍教授在《健康老龄化的科学含义和社会意义》中指出，
健康老龄化的词义与我国传统上使用的健康长寿意思相近，但其寓
意更深，内容更丰富。邬沧萍(2003)对健康老龄化的内涵进一步进
行了阐释，具体包括三个方面。其一，健康老龄化的目标是从整体
上提高老年群体的生命长度和生活质量；其二，健康老龄化中的"健
康"是一个多维的概念，可包括生理健康、心理健康和良好的社会适
应能力；其三，健康老龄化是一个发展过程，贯穿于人的整个一生，
而不仅仅是进入老年阶段的健康。

健康老龄化是各种老龄化目标的基础与核心(钱军程，2013)，
国内其他学者在邬沧萍教授研究的基础上对健康老龄化和中国化进
行了更深入的研究与探索。这些研究与探索主要集中在健康老龄化
的内涵、指标，以及通过不同角度构建实现健康老龄化路径等方面。
在健康老龄化内涵方面，佟新(2006)从个体、群体和社会三个层面
对健康老龄化进行了解读。在个体层面，要维持好自身良好的生理
健康、心理健康和社会适应功能，提高生活质量；在群体层面，健
康、幸福、长寿的老年人口占群体的绝大多数，且比例不断提高；
在社会层面，能够克服因人口老龄化而带来的不利影响，保持社会
持续、健康和稳定发展。李德明等人(2005)从心理学研究视角提出，
积极的自我调节是实现健康老龄化目标的核心环节，健康老龄化不
仅是个体和群体可能实现的目标，而且是一项全民保健的社会系统
工程。在随后的研究中，健康老龄化的概念得到了进一步的发展。
健康老龄化是老年人在晚年保持躯体、心理和社会功能的健康状态，
将疾病和生活不能自理的时间推迟到生命的最后阶段(佟新，2006；
陈坤，李士雪，2017)。孙华清等人(2010)认为老年人处于疾病的高

发期时应更加关注身心健康及良好的社会适应能力，即人在步入老年后身心等各方面尽可能长久地保持良好状态，健康地走完人生。陈爱华(2020)从生命伦理学意义层面，提出健康老龄化在于对老年群体健康和社会保障需要的关注。

国内关于健康老龄化指标的测量的研究相对较少。陈小月(1998)构建了健康老龄化的社会评价指标体系，提出了包含老年人自身健康、老年人家庭和物质生活、老年人社区和老龄化社会等四项具体指标。李德明等人(2005)以城市老年人为研究对象，从心理学研究视角提出健康老龄化的基本要素是身体健康、心理健康、认知效能和文体活动。钱军程(2013)通过文献研究提出评估的维度，结合2008年国家卫生服务调查中关于老年人的问卷资料，提出生活独立性、精神愉快性、社会交往或参与性、社会贡献性四个方面的核心测量指标。梅光亮等人(2017)通过梳理文献，结合相关发展规划要求，从理论上构建了健康人群、健康生活、健康环境、健康保障和生活满意度五个维度的健康老龄化评价测量指标体系。郭未等人(2018)充分考虑个体(包含生理、心理和社会参与等群体指数)和外在环境(包含家庭环境、自然环境、社会保障等指标)，乃至重要的政策环境因素，构建了包括寿命、健康、环境和政策四个一级指标(14个项目)的评估中国不同区域的健康老龄化的指标体系。

关于如何实现健康老龄化路径的研究近几年相对较多。杜鹏等人(2015)从提高生活质量的角度，提出健康老龄化应将核心目标聚焦于提高老年人的生命质量，缩短带病生存期，延长健康预期寿命。陆杰华等人(2017)从多学科融合的角度，认为应该把预防保健与治疗康复结合起来，通过增强营养摄入、体育锻炼、心理调适、环境安全等方式，以多种学科结合的方式来促进健康老龄化的实现。陈坤等人(2017)则提出，通过建立老年医疗卫生综合服务制度，建设长期照护体系，构建关爱老年人的环境，建立老年人健康评估监测系统来促进我国健康老龄化目标的实现。何燕华(2018)从我国长期照护制度的反思与重构角度提出实现健康老龄化的路径。

最具代表性的是陆杰华等人(2017)在诸多研究的基础上，探讨了以维护健康公平和坚持全生命周期为两大核心理念的健康老龄化中国方案。健康老龄化中国方案不仅是打造健康中国的战略性要求，也是应对人口老龄化新时期所凸显矛盾的客观需要。他们具体提出了以维护健康公平和全生命周期视角为核心理念，以"健康维护"为核心的模式，把健康保障视作人力资本投资，并围绕着行动能力、社会功能的维持和优化，以延长平均预期寿命、提升寿命质量为内涵的战略框架(如图 8-1 所示)。健康老龄化中国方案的三个核心目标具体如下。第一，老年人的寿命质量得到普遍提升。随着平均预期寿命的延长，我国老年人群体的慢性疾病负担日趋严重，而健康老龄化中国方案最根本的宗旨就是提升老年人的寿命质量，减轻慢

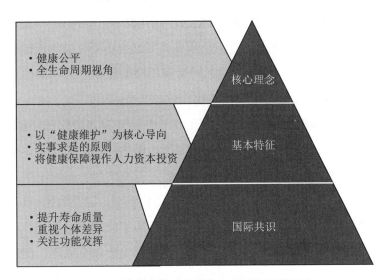

图 8-1 健康老龄化中国方案内涵示意框架图

参见何燕华：《健康老龄化战略下我国长期照护制度的反思与重构》，载《湖湘论坛》，2018(5)。

性疾病的影响。第二，实现年龄友好的社会人文环境。在宏观层面，建立年龄友好的社会人文环境能够消除年龄歧视，有利于老年人的自我发展，加强该群体的社会参与、社会融合以及社会贡献。第三，老年人的功能发挥得到全面提升。健康老龄化在中国的实践既要提倡"尊老敬老"的优秀传统，也要突出老年人的尊严和自主性。

为了更好地实施健康老龄化中国方案，他们还详细分析了当前实施健康老龄化中国方案面临的主要障碍，并提出了具体的解决方略，这为中国在健康老龄化领域的实践提供了翔实的指导思路。

其次是健康老龄化的中国实践。推进健康老龄化战略需要前瞻性眼光和预防性措施（穆光宗，2018）。伴随着健康老龄化研究的兴起，决策者将健康老龄化逐步纳入了国家整体的战略布局，以指导、引领中国健康老龄化的实践。

2016 年，中共中央、国务院印发《"健康中国 2030"规划纲要》（以下简称《规划纲要》）作为指导健康中国建设的行动纲领。《规划纲要》明确提出了推进老年医疗卫生服务体系建设、强化老年人健康管理、推动开展老年心理健康与关怀服务、推动居家老人长期照护服务发展等多项举措促进健康老龄化。

在"十二五"期间，国家组织开展了中国健康老龄化战略研究，进一步明确了"健康老龄化"的核心要义，做出关注生命全程、提高老年人的健康水平和生命质量的战略部署。2017 年，国家卫生计生委等 13 个部门颁发的《"十三五"健康老龄化规划》（以下简称《规划》）象征着健康老龄化战略在我国宏观战略布局中的地位得到进一步提升。《规划》以"提高老年疾病诊疗能力为主向以生命全周期、健康服务全覆盖为主转变，保障老年人能够获得适宜的、综合的、连续的整合型健康服务，提高老年人健康水平，实现健康老龄化，建设健康中国"为指导思想，"围绕老年健康工作的重点难点与薄弱环节，将老年健康服务作为中心任务，优化老年健康与养老资源配置与布局，补齐短板，加快推进整合型老年健康服务体系建设"。具体实施包括推进老年健康促进与教育工作、加强老年健康公共卫生服务工作、健全老年医疗卫生服务体系、积极推动医养结合服务、加强医疗保障体系建设、发挥中医药（民族医药）特色、推动老年健康产业发展、推进适老健康支持环境建设和加强专业人员队伍建设九个重点任务。《规划》明确了加强老年健康教育、做好老年疾病预防工作、推动开展老年人心理健康与关怀服务和加强医疗卫生服务体系中服务老年人的功能建设等 15 个主要任务，并强调要从加强组织领导、加大政策支持力度、强化部门分工协作、发挥社会力量作用、建立检查评估机制五方面为健康老龄化提供保障措施。

2022 年，国家卫生健康委等 15 个部门联合印发《"十四五"健康老龄化规划》，在健全居家社区机构相协调的失能老年人照护服务体系、深入推进医养结合发展、发展中医药老年健康服务等方面，都做出了具体部署安排。

在国家正确指引下，我国在提高老年人的身体素质、关注老年人的心理健康和增强老年人的社会适应能力方面的实践卓有成效，大大提升了老年人的生活满意度和生活质量。

健康老龄化理论对于维护老年人口的基本健康和提高其生活质量，具有积极的社会意义，但还存在着从老年人需要的视角而非老年人口的社会权利视角来看待老年人口的健康的问题（宋全成，崔瑞宁，2013）。

8.1.2 积极老龄化

随着人口老龄化全球趋势的发展，积极老龄化战略日益引起各国的关注。它日趋成熟，为 21 世纪人类应对人口老龄化问题提供了新的政策框架和发展战略。

积极老龄化的概念与发展

积极老龄化是在健康老龄化理论的基础上，在新的理论和实践的科学探索过程中，基于老年人的社会权利理论而构建的（宋全成，崔瑞宁，2013）。1997 年，丹佛会议首次提出了积极老龄化的主张。1999 年，欧盟召开了积极老龄化国际研讨会，探讨了积极老龄化问题及其解决的现实可能性（江苏省老年学学会，2014）。同年，世界卫生组织发起和开展了一场积极老龄化全球行动。2002 年，世界卫生组织在健康老龄化概念的基础上增加了"保障"和"参与"两个维度，将其发展成为积极老龄化政策框架（陈坤，李士雪，2017）。积极老龄化是健康老龄化理论的进一步升华和完善，其理论日渐成熟。

按照世界卫生组织的界定，积极老龄化是指老年时为了提高生活质量，使健康、参与和保障的机会尽可能获得最佳的过程。积极老龄化既适用于个体又适用于整体。健康是实现积极老龄化的前提，参与是实现积极老龄化的有效途径，保障是实现积极老龄化的根本保证（江苏省老年学学会，2014）。让老年人认识到自己在一生中体力、社会及精神方面的潜能，并按照自己的需求、愿望和能力去参与社会活动，而且当他们需要帮助时，能够获得充分的保护、保障和照料（孙华清，孙华敏，2010），充分体现了这不仅是老年人的需要，更是老年人的权利。

刘文等人（2019）认为，积极老龄化可以通过疾病预防、保持生理和认知机能、保证经济安全、优化社会支持网络来实现，而且其内涵逐步得到丰富。国际上诸多研究逐步丰富了积极老龄化的内涵，并将文化因素、心理因素、幸福感和生活满意度等因素纳入积极老龄化框架中（Martin，2002；Kahana，Kahana，& Kercher，2003；Tareque，Hoque，Islam，et al.，2013）。

积极老龄化的中国研究与实践

积极老龄化作为一个政策框架被提出，并成为学者的研究指南，围绕该领域开展的定性和定量的研究逐步增多（陈社英，刘建义，马箭，2010）。国内学者立足中国实际，从多个视角对积极老龄化的内涵、指标和社会效应等方面进行了拓展。

邬沧萍（2013）提出，积极应对人口老龄化是中国特色社会主义道路、理论和制度的一个组成部分，也是我国一项战略思想和总政策。积极老龄化得以实现必须依靠健康、保障、参与三根支柱，同时，还预存三个前提条件：一是依据生命全程视角，二是以承认老年人的权利为基础，三是多部门和代际的通力合作。积极应对人口老龄化是积极老龄化的中国化的创新版和升级版，立足中国"未富先老"的实际，提出将发展、和谐、共享作为积极应对人口老龄化三块社会层面的基石（邬沧萍，杨庆芳，2013）。积极老龄化的内涵越来越丰富。2002 年，世界卫生组织基于积极老龄化的"健康""参与""保障"三大维度，设计出了六大指标体系用于具体测量，并以六大指标体系（健康和社会服务、个人行为、个人身心、物理环境、社会、经济）作为积极老龄化政策框架的支柱（边恕，黎蔺娴，2019）。有研究者（Zaidi，2015）进一步完善了欧盟积极老龄化指数（active aging index，AAI），具体包括就业、社会参与、独立生活和积极老龄化的能力 4 个维度 22 个指标。其中，前三个维度评估的是成果，第四个维度评估的是实现积极老龄化成果的起始条件。刘文等人（2019）在此基础上，遵从社会和个人相结合的原则，从就业、社会参与、独立健康和安全生活、积极老龄化环境和能力四个方面纳入 23 项指标，对中国积极老龄化指标体系进行了设计。还有研究发现，老年人积极社会参与所带来的效应比较显著。苗元江等人（2013）构建了社会关系资源、积极心理状态、身体健康及社会活动的参与四个因素交互作用的积极老龄化模型。林卡等人（2016）认为，积极老龄化的目的是营造良好的氛围以鼓励老年人积极参与社会活动，这可以有效提升老年人的幸福感，缓解老化，提高生活满意度等；在老龄化过程中，人与社区、社会之间存在相互依存的关系，以社会条件和环境的改善为重点提高社会生活质量是推动积极老龄化发展的关键。

在政策方面，关于"积极应对人口老龄化"的阐述已经在国家文件中被多次提出（邬沧萍，2013）。党的十九大报告中"积极应对人口老龄化，构建养老、孝老、敬老政策体系和社会环境"的论述，是国家未来应对人口老龄化的指导思想。2019年，中共中央、国务院印发的《国家积极应对人口老龄化中长期规划》等文件也明确提出"积极应对人口老龄化，是贯彻以人民为中心的发展思想的内在要求，是实现经济高质量发展的必要保障，是维护国家安全和社会和谐稳定的重要举措"，具体提出夯实应对人口老龄化的社会财富储备、改善人口老龄化背景下的劳动力有效供给、打造高质量的养老服务和产品供给体系、强化应对人口老龄化的科技创新能力及构建养老、孝老、敬老的社会环境五个方面的具体工作任务。

积极老龄化理论在实践中的应用日益增多，主要集中在"医养结合"、长期护理保险等制度中的积极老龄化政策，积极老龄化与"老年友好型城市"建设，以及积极老龄化与老年教育开发的关系等方面（殷洁，彭仲仁，2017；袁妙彧，方爱清，2018；谢立黎，汪斌，2019；边恕，黎蔺娴，2019）。这些都要求把积极老龄化的理念落实到政策实践中，需要讨论老年人的生活状况以及各种社会参与的情况，包括社区参与、文体活动组织以及公益活动参与。

8.1.3　积极心理学在人口老龄化社会中的运用

2000年，美国宾夕法尼亚大学教授塞利格曼在《积极心理学导论》一文中正式提出了积极心理学的概念，并已被普遍认为是致力于研究人的积极品质的一种全新的理念和行动学。积极心理学将心理学的目标由治疗转为潜能开发，表现在老龄化问题上就是要帮助老年群体开发潜能、树立积极的社会参与心态，消除非老年群体的年龄偏见，为老年人的社会参与提供适宜环境。20世纪末积极心理学的盛行，推动了老龄研究向积极老龄化方向的发展(刘文，焦佩，2015)。

　　积极心理学不仅包括个体的爱、勇气、智慧等积极品质，还包括群体的责任、利他、关爱等公众品质，涉及幸福感、满足和满意、希望和乐观、充盈和快乐、心理资本及生活满意度等有价值的主观体验(苗元江，余嘉元，2003；王永梅，2015)。国内学者针对老年人群体开展积极心理学的研究还比较少，并主要集中老年人的幸福感、生活质量、心理健康、心理资本等方面(王晓松，2013；雷震，江虹，尹世平，等，2014；李绍洪，张苛，方新立，2013)。只有极少关于老年人积极老化的评估指标的研究(苗元江，余嘉元，2003；嵇艳，2019)。

　　老年人幸福感是反映老年人生存质量的一个重要指标(张静平，叶曼，朱诗林，2008)。主观幸福感是个体对自己生活质量的整体评估和主观体验，是反映个体和社会生活质量的综合性心理指标。本书著者傅宏教授带领江苏省老年人心理健康及其影响因素调查研究课题组，以江苏省13个省辖市为基本调查单位进行了纵向研究(2012年和2014年)(傅宏，陈庆荣，2015；陈庆荣，傅宏，2017；傅宏，陈庆荣，王港，2017)。下面就以江苏省老年人心理健康及其影响因素研究为例，探索老年人的幸福感的现状及影响因素。

　　根据地区特点和老龄人口比例，采用分层随机取样的方法，以苏南、苏中、苏北地区的13个省辖市(不含县级市)作为抽样框，按照1∶5000的比例抽样。2012年，共抽取2733人；2014年，共抽取2988人。研究主要以年龄在60～69岁、70～79岁、80岁及以上年龄段的、具有正常认知能力的老年人为调查对象，使用SCL-90(郭念锋，2002；王征宇，1984)、"纽芬兰纪念大学幸福度量表"(Memorial University of Newfoundland scale of happiness，MUN-SH)(刘仁刚，龚耀先，1999)和"社会支持评定量表"(肖水源，1994)分别测量老年人的心理健康、幸福感和社会支持状况。

通过对 2012 年和 2014 年的调查数据研究发现，江苏省老年人的幸福感呈以下六个方面的变化特点。

第一，江苏省老年人的整体主观幸福感水平较高，但是幸福指数稳中有所回落(分别为 37.03 和 36.02)，低幸福感老年人比例呈上升趋势(分别为 13.04％和 15.38％)。有近 10％的老年人的幸福感低于平均水平，近 30％的老年人处于中低幸福感水平。

第二，江苏省老年人的年龄和主观幸福感呈逆行关系。2012 年和 2014 年的调查数据一致显示，60～69 岁的低龄老人的主观幸福感指数最低，显著低于 70～79 岁的中龄老人和 80 岁及以上的高龄老人。

第三，江苏省老年人的主观幸福感的收入临界点是 2000 元。两次调查数据一致显示，2001～3000 元收入的老年人的主观幸福感水平更加稳定，随时间震荡不明显，显著高于 500 元及以下和 501～1000 元的老年人，也明显高于 1001～2000 元和 3000 元及以上收入的老年人。

第四，江苏省存在明显的"幸福悖论"。两次调查数据一致表明，苏南地区的老年人的幸福感最低，显著低于苏中地区和苏北地区的老年人；与苏中地区和苏北地区的老年人相比，苏南地区的老年人的主观幸福感的降低趋势更加明显。江苏省老年人主观幸福感和经济发展的背离明显支持了"幸福悖论"，即人均 GDP 的增加并没有显著地增加国民的主观幸福感，幸福感和自身收入水平正相关，与社会平均收入水平负相关。

第五，养老方式明显影响江苏省老年人的主观幸福感。两次调查数据一致显示，独居老年人的幸福感最低，且显著低于和配偶住、和子女住、在福利院居住的老年人；和配偶居住的老年人的主观幸福感最高，显著高于其他居住类型的老年人；和子女住的老年人的主观幸福感边缘显著高于在福利院居住的老年人；与 2012 年相比，在福利院居住的老年人的主观幸福感下降明显，而独居、和配偶居住、和子女居住老年人的主观幸福感变化不明显。

第六，江苏省老年人的主观幸福感与丧偶和无子女或者独生子女有关。两次调查数据一致表明，丧偶老年人的主观幸福感最低，显著低于有配偶的老年人；有3个及以上子女的老年人的幸福感显著高于有1个和有2个子女的老年人，且生育1个子女的老年人的主观幸福感在2014年降低明显。

该研究进一步探讨了江苏省老年人的心理健康、幸福感和社会支持的关系。

江苏省老年人主观幸福感和心理健康呈显著负相关（如图8-2所示）。数据表明，主观幸福感和心理健康总分呈显著负相关（$r = -0.474$，$p < 0.001$），且其与心理健康的9个维度都呈显著负相关（$r > -0.27$，$p < 0.001$）。这说明，老年人的主观幸福感越高，心理不健康程度越低，不良心理症状越少。

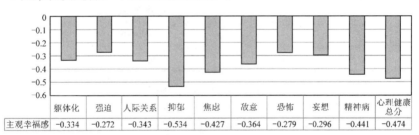

	躯体化	强迫	人际关系	抑郁	焦虑	敌意	恐怖	妄想	精神病	心理健康总分
主观幸福感	-0.334	-0.272	-0.343	-0.534	-0.427	-0.364	-0.279	-0.296	-0.441	-0.474

图8-2　主观幸福感和心理健康的相关（$p < 0.001$）

社会支持总分和各维度与主观幸福感存在显著相关（如表8-1所示）。该结果与国内外已有的研究一致（刘仁刚，龚耀先，1998；唐丹，邹君，申继亮，等，2006；吴捷，2008；Beck，Grant，& Read，2008）。这说明，社会支持是个体主观幸福感的重要影响因素之一。各种社会支持（如家庭支持、子女支持、朋友支持、党团组织支持等）可以提供更多更有保证的物质帮助或者情感援助，从而增加老年人的愉悦感、归属感、自尊心和自信心，甚至当人们面临应激生活事件时，还可以阻止或缓解应激反应，安定神经内分泌系统，增加健康的行为模式，从而增加正性情感并抑制负性情感，防止降低主观幸福感（郑宏志，陈功香，2005）。与客观支持和对社会支持的利用度相比，主观支持会更加明显地影响老年人的主观幸福感。对于老年人而言，其在情感体验上的支持会成为一种重要的精神支柱，"被感知到的现实却是心理的现实作为实际的（中介）变量影响人的行为和发展"，从而更能提高个体的主观幸福感（王大华，佟雁，周丽清，等，2004；肖水源，1994）。孝顺是中国式家庭支持的一种传统要求。"今之孝者，是谓能养。至于犬马，皆能有养；不敬，何以别乎？"这说明，没有精神投入，缺乏尊重的、热情的、纯粹的物质支持不能被称为孝顺。因此，从这个角度看，主观支持虽然无法转换成客观支持，但是比客观支持和对社会支持的利用度更有意义。

表 8-1　社会支持和主观幸福感的关系（r）

项目	客观支持	主观支持	对社会支持的利用度	社会支持总分
主观幸福感	0.148[***]	0.407[***]	0.215[***]	0.376[***]

注：[*] $p < 0.05$，[**] $p < 0.01$，[***] $p < 0.001$，下同。

江苏省老年人社会支持和心理健康呈显著负相关（如表 8-2 所示）。也就是说，社会支持度越高的老年人，心理不健康程度越低。这说明老年人的社会支持系统越强大，他们越可能以积极的方式应对衰老的过程，老化越可能被看得更加积极（Antonucci & Akiyama，1987）。进一步分析发现，主观支持和心理健康的 9 个维度都存在显著负相关，客观支持仅仅和抑郁因子存在显著负相关，对社会支持利用度和抑郁、精神病因子存在显著负相关。这说明，社会支持，特别是主观支持显著影响老年人的心理健康状况（如缓和抑郁等）（Hays，Saunders，& Flint，1997），从而支持了社会支持的缓冲器模型。社会支持的缓冲器模型认为，社会支持在应激情境下与个体的身心健康发生关联，其作用途径是缓冲压力事件对身心状况的消极影响，从而维持和促进个体的身心健康(Cohen & Wills，1985)。具体而言，社会支持，特别是主观支持可以帮助个体面对压力情境产生的伤害性，提升和改善个体对这些事件的知觉，并减少对其严重性的评价，从而在压力的主观体验与身心疾病获得之间起到缓冲作用，最终减轻压力体验的不良影响。因此，本研究和已有的研究(陈立新，姚远，2005；黄俭强，陈琪尔，舒小芳，2005；Sinha，Nayyar，& Sinha，2002)进一步表明，为老年人提供足够的主观支持和客观支持(如困难、挫折时的安慰、疏导)，子女、亲属和社区为其解决生活中的实际困难，并引导和帮助老年人对已有各种客观支持的利用度，将有助于降低社会压力，提高老年人的感知控制、对生活的积极态度和心理健康水平，从而实现积极老年化。

表 8-2　社会支持和心理健康的关系(r)

项目	客观支持	主观支持	对社会支持的利用度	社会支持总分
躯体化	−0.039	−0.174***	−0.034	−0.135***
强迫	0.064	−0.121***	−0.018	−0.053
人际关系	0.027	−0.113***	−0.016	−0.063
抑郁	−0.136***	−0.268***	−0.09*	−0.249***
焦虑	0.003	−0.124***	−0.035	−0.098*
敌意	0.05	−0.109**	−0.043	−0.059
恐怖	−0.024	−0.077*	−0.040	−0.069
妄想	−0.005	−0.118***	−0.005	−0.077*
精神病	−0.044	−0.212***	−0.080*	−0.173***
心理健康总分	−0.021	−0.203***	−0.054	−0.150***

8.2　积极老龄化视野下老年人心理援助体系建设

习近平同志在十九大报告中指出，"中国特色社会主义进入新时代，我国社会主要矛盾已经转化为人民日益增长的美好生活需要和不平衡不充分的发展之间的矛盾"，强调"加强社会心理服务体系建设，培育自尊自信、理性平和、积极向上的社会心态"。其中，"美好生活需要"由物质需要与心理需要共同构成，而加强社会心理服务体系建设是满足"美好生活需要"的重要手段之一。《"健康中国2030"规划纲要》提出要"加大全民心理健康科普宣传力度，提升心理健康素养。加强对抑郁症、焦虑症等常见精神障碍和心理行为问题的干预，加大对重点人群心理问题早期发现和及时干预力度"。

8.2.1　"三助"结合的社区老年心理援助体系理论构建

傅宏等人（2017）以2012年和2014年江苏省老年人心理健康的抽样调查数据为基础，具体分析了老年人心理健康状况和特征影响因素，并基于江苏省老年心理健康实际工作，提出了"自助、互助、专业帮助"（简称"三助"）相结合的社区老年心理援助体系，旨在推动老年人心理服务实践更上一个层次。

建立行之有效的老年心理援助体系，是积极应对社会老龄化的重要措施之一。但是，我国社区心理卫生服务工作刚刚起步，还存在许多问题，尚无法较好地服务于国家大力推进的居家养老模式。基于上述考虑，我们设想和构建了老年人自助、朋辈互助和专业帮助相结合的社区老年心理援助体系。目前，南京市栖霞区仙林街道以政府购买服务的形式整体购买了"三助"心理服务，且在其遴选的若干社区中开展心理服务实践活动，为推进依托社区的居家养老模式提供了支撑。

在概念层面，"自助"指老年人是自己心理健康的第一负责人，他们通过心理健康知识和心理保健技巧的获得，帮助自己保持心理健康；"互助"指老年人群体之间的心理互助，主要包括朋辈和亲人等。通过朋辈或亲人的聆听、陪伴和赞美，帮助老年人疏解心理困扰、化解心理矛盾，对于老年人可能出现的心理问题做到早预防、早发现、早干预；"专业帮助"指心理学专业人员通过专业方法帮助老年人解决心理问题、治疗心理疾病。

8.2.2 "三助"结合的社区老年心理援助体系的操作路径

通过积极宣传，提高老年人心理自助的能力。通过学生、社区、志愿者、专业人士等宣传（如展板宣传、入户宣传、相关讲座等），帮助老年人掌握心理健康的基本知识，提高其进行自我心理保健的能力。

通过专业培训，提高朋辈心理陪护的能力。这里的朋辈主要包括三类人群：一是亲人；二是社区工作者；三是社区志愿者。对这几类人群而言，可以通过培训提高他们对老年人心理陪护以及一些心理问题早期干预的能力。

通过专业支持，提高社区医生干预问题的能力。基于社区卫生站，让专业人员（如高校心理学专业教师和心理健康教师、医院心理科和精神科医生、专业从事心理咨询与心理治疗的人士等）与社区医生对接，通过社区医生对老年人进行心理干预。

通过各级联动，提高整个心理援助体系的运作效率。例如，"互助"指的是朋辈的陪伴与交流。作为朋辈的老年人，其对其他老年人的陪伴同时也成了自己"自助"的一条途径。有心理学研究显示，相比普通老年人，那些从事朋辈志愿者工作的老年人的心理更加健康，寿命也更长。

8.2.3 "三助"结合的社区老年心理援助体系的具体实施

遵循心理普查和分类援助的基本步骤，建立自助、互助、专业帮助的"三助"联动的老年心理援助体系（如图 8-3 所示）。

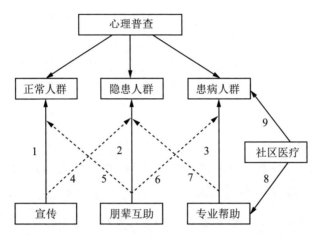

图 8-3 自助、互助、专业帮助"三助"联动的老年心理援助体系的实施步骤

心理普查。我们认为应当使用恰当的评估工具，在社区中开展普遍性心理普查，全面掌握社区中老年人的心理现状。通过心理普查，区分 3 类人群：正常人群、隐患人群、患病人群。

分类援助。首先，针对正常人群，主要进行心理知识的宣传和心理保健技巧的传授（如图 8-3 所示实线标识 1）。当面对生活中的小烦恼、小困惑时，朋辈互助是解决问题以及避免问题扩大化、严重化的重要方式之一（如图 8-3 所示虚线标识 5）。其次，针对隐患人群，主要进行朋辈互助，即通过亲人、朋友、社区工作人员的倾听、交流、陪伴、赞美等方式，帮助他们疏解心中烦恼（如图 8-3 所示实线标识 2）。当然，老年人通过宣传习得的心理健康知识和心理保健技能，对其应对生活中的变故、避免心理问题也有着重要的作用（如图 8-3 所示虚线标识 4）。当朋辈互助无能为力时，专业的心理援助应当及时介入，避免生活中的心理困扰向心理疾病发展（如图 8-3 所示虚线标识 7）。最后，针对患病人群，应当充分利用社区医疗资源，通过专业资源与社区医疗资源对接(如图 8-3 所示实线标识 8 和实线标识 9)，进行及时治疗和干预(如图 8-3 所示实线标识 3)。此外，心理学研究显示，对于心理疾病的治疗，综合干预的效果要明显优于单一干预的效果，因此即使是面对已经患病的老年人，朋辈互助等方式也可以起到辅助治疗的效果(如图 8-3 所示虚线标识 6)。

我们要坚持应对人口老龄化和促进经济社会发展相结合，坚持满足老年人需求和解决人口老龄化问题相结合，努力挖掘人口老龄化给国家发展带来的活力和机遇，努力满足老年人日益增长的物质文化需求，推动老龄事业全面协调可持续发展，加快构建中国特色的"国家—省—市—社区"四级老年人心理健康服务体系。这样的四级心理健康服务体系将宏观的政策制定与微观的实践操作有机结合起来，既有利于从国家层面上有效把握老年人心理健康发展的整体态势，又有利于在微观上给予老年人及时、有效的心理援助，引领行业的专业化发展。

综上所述，我们要在积极老龄化理念框架下，紧紧围绕健康、保障和参与三个核心内容，全面推动积极心理学在人口老龄化领域的研究与实践，进一步提升老年人的生活质量、生活满意度和幸福感。

参考文献

敖玲敏，吕厚超，黄希庭．（2011）．社会情绪选择理论概述．心理科学进展，19（2）：217-223．

边恕，黎蔺娴．（2019）．积极老龄化视角下的我国多维养老服务体系研究．辽宁大学学报（哲学社会科学版），47（2）：83-91．

蔡舒，刘雪琴．（2008）．老年尿失禁患者社会功能缺陷的评估与护理对策．中国临床医生，36（8）：48-50．

曹娟，安芹，陈浩．（2015）．ERG 理论视角下老年人心理需求的质性研究．中国临床心理学杂志，23（2）：343-345．

曹荮．（2017）．当今老龄化：沿革、趋势与新界定．辽宁大学学报（哲学社会科学版），45（6）：100-107．

陈爱华．（2020）．积极老龄化的生命伦理意蕴解读．湖湘论坛，33（2）：99-106．

陈勃．（2002）．心理功能助长：应对人口老龄化问题的一条途径．社会科学，（5）：59-62．

陈长香，郝习君，吴黎明，等．（2011）．个性化记忆训练对老年人记忆功能的影响．现代预防医学，38（13）：2527-2530．

陈传锋，严建雯，Eleanor O'Leary，等．（2006）．老年人社会支持与期望的调查研究．心理科学，29（1）：201-204．

陈大亚．（1998）．家庭养老问题探讨．航天工业管理，（9）：10-11．

陈国鹏，李丹. （1990）. 从瑞文测验结果看中国老年人智力发展的趋势. 老年学杂志. 10(3)：134-136.

陈华. （2003）. 老年人视觉特征及其住宅照明设计要点. 灯与照明，27(4)：17-19＋31.

陈辉. （2012）. "啃老"现象的中西比较. 中国青年研究，(3)：75-78.

陈惠英. （2015）. 创造性故事疗法对老年期痴呆患者生活质量的影响(硕士学位论文). 福州：福建医科大学.

陈坤，李士雪. （2017）. 健康老龄化的理念演变与实现路径. 理论学刊，(3)：87-92.

陈岚，谭小林. （2015）. 重庆市主城区正常老年人心理健康状况及幸福度调查分析. 科学咨询(科技·管理)，(23)：58-60.

陈丽. （2015）. "公办民营"机构养老服务模式研究——以北京市月坛街道敬老院为例(硕士学位论文). 北京：首都经济贸易大学.

陈丽，张婧. （2017）. 吉安市老年人抑郁状况及其影响因素. 中国老年学杂志，37(24)：6238-6240.

陈立新，姚远. （2005）. 社会支持对老年人心理健康影响的研究. 人口研究，(4)：73-78.

陈庆荣，傅宏. （2017）. 老年人心理健康状况及其影响因素研究——以江苏省(2012—2014)为例. 南京师大学报(社会科学版)，(6)：92-104.

陈社英. （2010）. 积极老龄化与中国：观点与问题透视. 南方人口，25(4)：35-44.

陈树林，李凌江. （2003）. SCL-90 信度效度检验和常模的再比较. 中国神经精神疾病杂志，29(5)：323-327.

陈天勇，李德明，李贵芸. （2003）. 高学历老年人心理健康状况及其相关因素. 中国心理卫生杂志，17(11)：742-744.

陈卫. （2016）. 国际视野下的中国人口老龄化. 北京大学学报(哲学社会科学版)，53(6)：82-92.

陈伟. （2012）. 英国社区照顾之于我国"居家养老服务"本土化进程及服务模式的构建. 南京工业大学学报(社会科学版)，11(1)：93-99.

陈文文. (2015). 老年人离婚现象的思考——基于社会学的视角. 长江大学学报(社科版)，38(6)：46-49.

陈小月. (1998). "健康老龄化"社会评价指标的探索. 中国人口科学，(3)：51-56.

陈语，赵鑫，黄俊红，等. (2011). 正念冥想对情绪的调节作用：理论与神经机制. 心理科学进展，19(10)：1502-1510.

陈志兴，蔡良骏，卜鸣华，等. (1985). 老年人味觉改变与口腔状况的关系. 上海第二医学院学报，(2)：131-133.

承欧梅，董为伟，晏勇，等. (2005). 健康老年人定量温度觉和振动觉阈值测定，中华老年医学杂志，24(7)：521-522.

邓娟，梁凤珍，卢勇花. (2012). 综合康复治疗对老年精神分裂症患者社会功能的影响. 中国康复，27(4)：313-314.

丁兰，俞爱月. (2010). 绍兴城乡老年人焦虑、抑郁、应对方式及生活满意度研究. 绍兴文理学院学报(自然科学)，30(9)：98-102.

丁宁. (2013). 给付行政中心理援助制度的构建——基于失独家庭的人文关怀. 西南政法大学学报，15(4)：61-67.

丁志宏. (2018). 社会参与对农村高龄老人健康的影响研究. 兰州学刊，(12)：179-195.

董翠红，林晓莉，李密. (2014). 居家老年期痴呆患者照顾者的感受. 中国老年学杂志，34(16)：4648-4650.

董翠红，唐萍，赵海善. (2015). 老年护理学. 北京：科学技术文献出版社.

董开莎，程利娜. (2014). 离退休老年人焦虑与应对方式的关系. 中国老年学杂志，34(21)：6153-6155.

董克用，王振振，张栋. (2020). 中国人口老龄化与养老体系建设. 经济社会体制比较(双月刊)，(1)：53-64.

董彭滔. (2018). 互联网时代老龄化快速发展对经济发展和社会治理的影响及应对策略. 兰州学刊，(11)：165-174.

杜佳羽. (2016). 健康指导对社区空巢老人生活质量和心理健康的影响(硕士学位论文). 杭州：浙江大学.

杜鹏，董亭月．(2015)．促进健康老龄化：理念变革与政策创新——对世界卫生组织《关于老龄化与健康的全球报告》的解读．老龄科学研究，3(12)：3-10.

杜鹏，王永梅．(2018)．改革开放 40 年我国老龄化的社会治理——成就、问题与现代化路径．中国社会工作，12：37-42.

杜鹏，武超．(2006)．1994～2004 年中国老年人主要生活来源的变化．人口研究，30(2)：20-24.

段飞艳，李静．(2012)．近十年国内外隔代教养研究综述．上海教育科研，(4)：13-16.

范炜烽，祁静，薛明蓉，等．(2010)．政府购买公民社会组织居家养老服务研究——以南京市鼓楼区为例．科学决策，17(4)：19-30＋94.

方必基，龚茜，刘彩霞，等．(2016)．近 10 年老年人心理健康 SCL-90 调查结果的元分析及常模确定．中国老年学杂志，36(12)：3038-3040.

方芳．(2010)．农村留守儿童教育问题的社会学分析．当代教育论坛(管理研究)，(8)：58-59.

方锐．(2016)．浅析心理学在离退休工作中的应用．人才资源开发，(20)：122.

方曙光．(2013)．断裂、社会支持与社区融合：失独老人社会生活的重建．云南师范大学学报(哲学社会科学版)，45(5)：105-112.

冯占联，詹合英，关信平，等．(2012)．中国城市养老机构的兴起：发展与公平问题．人口与发展，18(6)：16-23.

伏干．(2018)．老年人日常生活能力在慢性病与焦虑抑郁关系中的中介作用．中国心理卫生杂志，32(10)：835-840.

付双乐．(2016)．不同年龄段老年人心理健康自评及其影响因素探析．社会工作与管理，16(3)：20-26.

傅安球．(2011)．实用心理异常诊断与矫治手册(第三版)．上海：上海教育出版社.

傅宏，陈庆荣．(2015)．积极老龄化：全球视野下的老年心理健康研究和实践探索．心理与行为研究，13(5)：713-720.

傅宏，陈庆荣，王港. (2017). 老龄化社会心理问题研究和心理服务实践——以江苏为例. 中国科学院院刊，32(2)：138-147.

傅蓉. (2012). 近十年我国老年人心理健康研究的进展. 南阳师范学院学报(社会科学版)，11(11)：104-107.

傅双喜，王婷，韩布新，等. (2011). 老年人心理需求状况及其增龄效应. 中国老年学杂志，31(11)：2057-2060.

傅双喜. (2010). 中国老年人心理需求调查报告. 海口：2010 第二届中国老年保健(产业)高峰论坛文集.

高健，王欣，桥本公雄，等. (2010). 书法绘画练习对老年人心理健康和生活质量的影响. 中国健康心理学杂志，18(3)：291-294.

高亮，王家宏，王莉华. (2016). 南京城区老年人生理、心理和社会健康现状及其影响因素研究. 体育与科学，37(4)：107-114.

高晓路，颜秉秋，季珏. (2012). 北京城市居民的养老模式选择及其合理性分析. 地理科学进展，31(10)：1274-1281.

高旭，柴娇，孟宇. (2015). 身体锻炼对中老年认知功能的积极效应：基于老化态度、一般自我效能中介模型检验. 沈阳体育学院学报，34(3)：7-12.

耿协鑫，周宗奎，魏华，等. (2014). 视频游戏对成功老龄化的影响. 心理科学进展，22(2)：295-303.

耿羽. (2010). 农村"啃老"现象及其内在逻辑——基于河南 Y 村的考察. 中国青年研究，(12)：81-85.

宫本宏、王和勤、陈慕琳，等. (2014). 留守老年抑郁症家庭治疗应用. 浙江省医学会心身医学分会学术年会暨精神病学分会司法精神病学组学术年会论文汇编.

辜滟翔. (2014). 老年人健康状况及其影响因素分析(硕士学位论文). 唐山：河北联合大学.

古丽孜娜. (2009). 亲子关系中过度亲职的危害与对策. 当代教育论坛(下半月刊)，(6)：65-66.

古若雷，罗跃嘉. (2008). 焦虑情绪对决策的影响. 心理科学进展，16(4)：518-523.

顾大男. (2000). 老年人年龄界定和重新界定的思考. 中国人口科学，(3)：42-51.

郭二帅. (2015). 老年社会工作视角下养老机构服务专业化探索——以南开区养老中心为例(硕士学位论文). 兰州：兰州大学.

郭梅华，张灵聪. (2009). 国外社区心理健康服务及其对我国社区心理健康服务的借鉴. 社会工作，(1)：58-61.

郭念锋. (2005). 心理咨询师·基础知识. 北京：民族出版社.

郭婷婷. (2005). 老年家庭暴力探究. 山西老年，(10)：6-7.

郭未，金海萍，鲁佳莹. (2018). 中国健康老龄化水平：省际视角下的差异与政策启示. 中国社会科学内部文稿，(6)：63-80.

郭娅娅，王有智. (2013). 城市老人孤独感现状及其影响因素. 中国健康心理学杂志，21(9)：1358-1360.

郭燕青，郑晓，潘晓洁，等. (2017). 空巢老人心理健康状况及影响因素. 中国老年学杂志，37(4)：967-970.

国家统计局. (2020). 中国统计年鉴—2020. 北京：中国统计出版社.

韩布新，李娟，陈天勇. (2012). 老年人心理健康研究报告. 北京：中国科学技术出版社.

韩布新，朱莉琪. (2012). 人类心理毕生发展理论. 中国科学院院刊，27(增刊)：78-87.

韩露，王冠军. (2013). 不同养老方式老年人心理健康状况及心理需求的比较研究. 精神医学杂志，26(1)：52-54.

郝树臣. (2014). 论老年人心理健康的自我调适与社会干预. 学术交流，(8)，197-201.

何燕华. (2018). 健康老龄化战略下我国长期照护制度的反思与重构. 湖湘论坛，31(5)：95-107.

胡解旺. (2006). 大学毕业生啃老族现象. 当代青年研究，(1)：36-38.

胡晓宇，张从青. (2018). 中国深度老龄化社会成因及应对策略. 学术交流，(12)：110-115.

胡湛，宋靓珺，郭德君. (2019). 对中国老龄社会治理模式的反思. 学习与实践，(11)：81-91.

黄国桂，陈功，郭菲．(2020)．我国老年人健康预期寿命探究——基于抑郁维度的测算．西北人口，41(1)：1-12.

黄海静，王雅静，吴俊杰，等．(2017)．老年人视觉活动特征及光环境需求调查分析．41(2)：1-4＋37.

黄俭强，陈琪尔，舒小芳．(2005)．社区老年人生存质量与社会支持的相关性研究．中国行为医学科学，14(8)：725-726.

黄健元，谭珊珊．(2011)．江苏省民办养老机构发展现状、困境及出路．西北人口，32(6)：55-58＋63.

黄文湧，杨敬源，杨星，等．(2007)．贵阳市城区老年人记忆减退现况研究．中国老年学杂志，27(20)：2017-2019.

黄希庭，陈传锋，余华．(1998)．老年人自我概念与心理健康水平的相关研究．中国临床心理学杂志．6(4)：222-225.

黄怡．(2015)．契合当代老人心理与生理需求的老年生活构想．湖北经济学院学报(人文社会科学版)，12(8)：73-74.

黄哲．(2012)．老年、老化与老龄化的概念辨析．内蒙古民族大学学报(社会科学版)，38(3)：119-124.

嵇艳．(2019)．养老机构老年人心理健康评估工具的分析与研究进展．全科护理，17(32)：4017-4020.

贾妍．(2014)．榆次区机构养老服务的发展研究(硕士学位论文)．太原：山西财经大学.

江川．(2005)．对隔代抚养的思考．老年人，(4)：9.

江苏省老年学学会．(2014)．人口老龄化与经济社会发展．南京：江苏人民出版社.

江滔，黎健民，何津．(2007)．有氧健身操锻炼24周76名老年女性身体形态及心率和血压的变化．中国组织工程研究与临床康复，11(17)：3430-3431.

姜向群．(2004)．"搭伴养老"现象与老年人再婚难问题．人口研究，28(3)：94-96.

姜向群，丁志宏．（2004）．对我国当前人口老龄化问题研究的概念和理论探析．
　　人口学刊，（5）：10-13．

蒋京川．（2014）．国外积极老龄化视角下的代际关系研究．国外社会科学，
　　（4）：23-29．

蒋炜康，黄小军．（2016）．城市老年人机构养老服务满意度及其影响因素分
　　析——基于昆明市 5 家养老机构的实证调查．学术探索，（11）：56-62．

蒋煜．（2012）．"积极老龄化"视野下的老年精神慰藉福利服务研究——以江苏
　　省五城市为例(硕士学位论文)．南京：南京师范大学．

景跃军，李涵，李元．（2017）．我国失能老人数量及其结构的定量预测分析．
　　人口学刊，39(6)：81-89．

瞿晓林，杨跃，袁桂，等．（2019）．株洲市家庭医生式养老服务需求调查及影
　　响因素研究．中国公共卫生管理，35(5)：636-638＋645．

孔令文，陈珍珍．（2015）．人口、经济因素对中国人口老龄化的影响——基于
　　省际面板数据的经验分析．东北大学学报(社会科学版)，17(3)：252-259．

赖家盈，王莺，张丽娟．（2011）．珠海市老年人心理健康状况调查及心理护理．
　　中国医学创新，8(27)：98-99．

雷雳，李宏利．（2010）．金融危机的心理影响与应对．心理研究，3(4)：
　　52-56．

雷鹏，徐玲，吴擢春．（2011）．中国居民自感健康与常见慢性病关系．中国公
　　共卫生，27(4)：416-418．

雷震，江虹，尹世平，等．（2014）．积极心理干预对社区老年人心理健康与幸
　　福感水平的影响．山东大学学报(医学版)，52(2)：93-96．

李川云，吴振云，李娟．（2003）．老化态度问卷的编制及其初步试用．中国心
　　理卫生杂志，2003，17(1)：47-49．

李纯丽，刘桂芝．（2014）．失独家庭基线调查及心理干预的对策研究——以内
　　蒙古呼伦贝尔市为例．内蒙古师范大学学报(教育科学版)，27(4)：52-53．

李德明，陈天勇，李贵芸．（2003）．空巢老人心理健康状况研究．中国老年学
　　杂志，23(7)：405-407．

李德明，陈天勇，吴振云，等．（2006）．城市空巢与非空巢老人生活和心理状

况的比较. 中国老年学杂志，(3)：294-296.

李德明，陈天勇，吴振云，等.（2005）. 健康老龄化的基本要素及其影响因素分析. 中国老年学杂志，25(9)：1004-1006.

李德明，陈天勇，吴振云.（2008）. 中国老年人的生活满意度及其影响因素. 中国心理卫生杂志，22(7)：543-546＋549.

李东山.（1997）. 家庭核心功能的变迁. 浙江学刊(双月刊)，(6)：50-54.

李凤琴，陈泉辛.（2012）. 城市社区居家养老服务模式探索——以南京市鼓楼区政府向"心贴心老年服务中心"购买服务为例. 西北人口，33(1)：46-50.

李海峰，陈天勇.（2009）. 老年社会功能与主观幸福感. 心理科学进展，17(4)：759-765.

李海萍.（2008）. 老年人前瞻记忆研究与分析. 长治医学院学报，22(5)：344-347.

李华伟.（2007）. 社会学视角下的老年再婚者离婚原因探析. 社会科学论坛，(2)：46-49.

李建新，李春华.（2014）. 城乡老年人口健康差异研究，人口学刊，36(5)：37-47.

李净.（2016）. 内观认知疗法对老年偏执型精神分裂症康复期患者社会功能干预分析. 中国民康医学，28(8)：23-24.

李静.（2017）. 广场舞与健康老龄化. 当代体育科技，7(15)：174＋176.

李娟，吴振云，韩布新.（2009）. 老年心理健康量表（城市版）的编制. 23(9)：656-660.

李娟，吴振云，林仲贤，等.（2003）. 年龄、焦虑与情节记忆之内容和来源的关系. 心理学报，35(4)：461-470.

李君，张大勇，菅林鲜.（2011）. 老龄化背景下的临终关怀问题. 理论探索，(3)：97-99.

李兰永，王秀银.（2008）. 重视独生子女意外死亡家庭的精神慰藉需求. 人口与发展，14(6)：27-30.

李乐乐.（2017）. 我国人口老龄化地区差异及影响因素分析. 华中农业大学学报(社会科学版)，(6)：94-102＋151.

李蕾. (2014). 我国居家养老服务现状及完善路径研究——基于日本和英国成功经验. 长沙民政职业技术学院学报, 21(2): 9-12.

李林英. (2015). 北京失独老人心理健康状况及对策研究//北京社会心理研究所. 北京社会心态分析报告(2014—2015). 北京: 社会科学文献出版社.

李绍洪, 张苛, 方新立. (2013). 积极心理学与老人幸福感关系的研究. 天津师范大学学报(社会科学版), (2): 61-65.

李爽. (2016). 个案工作介入"大学毕业生啃老族"的就业意识转变研究(硕士学位论文). 长春: 吉林农业大学.

李铁菊, 韶红, 游丽莹, 等. (2006). 音乐疗法的临床应用. 实用诊断与治疗杂志, 20(5): 355-356.

李晓敏, 韩布新. (2011). 城乡老年人情绪状况比较研究综述//全国农村老龄问题高峰论坛论文集.

李炎. (2003). 农村"隔代教育"调研. 四川教育, (Z1): 20-21.

李卓航. (2015). 深度老龄化背景下机构老年人生活质量研究: 以上海市奉贤区3家养老机构为例(硕士学位论文). 上海: 华东理工大学.

梁明辉, 张黎, 巩新鹏, 等. (2013). 失独者心理健康状况初探——以50例失独父母SSRS与K10的网络调查为例. 中国农村卫生事业管理, 33(12): 1393-1395.

林崇德. (2009). 发展心理学(第2版). 北京: 人民教育出版社.

林卡, 吕浩然. (2016). 四种老龄化理念及其政策蕴意. 浙江大学学报(人文社会科学版), 46(4): 136-143.

凌涵宇, 杨君宁. (2016). 失独老人的心理健康现状及问题产生原因——基于西安市的实证分析. 管理观察, (24): 123-125.

刘昌, 李德明. (2000). 工作记忆在心算加工年老化过程中的作用. 中国科学院研究生院学报, 17(1): 80-85.

刘海峰, 许澍翔, 马萍, 等. (2000). 老年人立体视觉的检查与分析. 眼视光学杂志, 2(1): 42-44.

刘宏军, 孟琛, 汤哲. (2004). 北京市老年人抑郁症状的调查. 中国心理卫生杂志. 18(11). 794-795.

刘欢，孟瑛，方晓萍，等. (2016). 不同养老模式老年人心理健康状况的比较研究. 河北医药，38(4)：570-572.

刘建达，陈英姿，岳盈盈. (2016). 美国精神养老服务体系建设的经验及启示. 经济纵横，(2)：108-111.

刘仁刚，龚耀先. (1999). 纽芬兰纪念大学幸福度量表的试用. 中国临床心理学杂志，7(2)：107-108.

刘颂. (2004). 城市老年人群精神需求状况的调查与研究. 南京人口管理干部学院学报，20(1)，8-13.

刘素素，欧阳铮，王海涛. (2016). 老年人的社会关系研究概述：基于护航模型的视角. 人口与发展，22(5)：90-97.

刘文，焦佩. (2015). 国际视野中的积极老龄化研究. 中山大学学报(社会科学版)，55(1)：167-180.

刘文，杨馥萍. (2019). 中国积极老龄化发展水平测度——基于东中西部地区和28个省市的数据研究. 人口学刊，41(2)：100-112.

刘汶蓉. (2016). 转型期的家庭代际情感与团结——基于上海两类"啃老"家庭的比较. 社会学研究，(4)：145-168.

刘祥敏，张先庚. (2016). 失独老人养老现状与研究进展. 中国老年学杂志，36(13)：3327-3328.

刘小平，陈长香，李建民，等. (2010). 睡眠和记忆干预对老年人记忆功能影响. 中国公共卫生，26(5)：518-519.

刘雪明. (2017). 城市失独家庭精神慰藉关爱体系构建及政策选择. 甘肃社会科学，(1)：101-105.

刘亚婷. (2016). 失独家庭小组工作介入研究——以安徽省合肥市X街道为例(硕士学位论文). 合肥：安徽大学.

刘娅，叶运莉，杨超，等. (2012). 老年人心理健康现状及影响因素研究. 社区医学杂志，10(13)：55-56.

刘怡萍. (2015). 老年人的老化态度及其影响因素研究(硕士学位论文). 南京：南京师范大学.

刘玉平. (2016). 依达拉奉对老年急性脑梗死患者血清炎性因子及其社会功能

的影响. 临床医学，36(11)：40-42.

刘云，赵振国. (2013). 隔代教养对学前儿童情绪调节策略的影响. 学前教育研究，(2)：37-42.

柳娜，艾小青，曹玉萍，等. (2012). 家庭暴力老年人受虐的研究进展. 中南大学学报(医学版)，37(4)：419-423.

卢慕雪，郭成. (2013). 空巢老人心理健康的现状及研究述评. 心理科学进展，21(2)：263-271.

陆杰华，阮韵晨，张莉. (2017). 健康老龄化的中国方案探讨：内涵、主要障碍及其方略. 国家行政学院学报，(5)：40-47+145.

露易丝·海. (2011). 生命的重建. 万之逸，译. 海口：南海出版公司.

吕和平，崔旭红，任爱红，等. (2005). 对老年人龚氏非文字智力测验常模应用的研究. 陕西医学杂志，34(5)：633-635.

吕桦，李盛，倪宗瓒. (2001). 老年人群慢性病患病状况及对其日常生活能力的影响. 安徽医科大学学报，36(1)：29-32.

罗伯特·费尔德曼. (2013). 发展心理学——人的毕业发展(第6版). 苏彦捷，邹丹，等译. 北京：世界图书出版公司北京公司.

罗会强，吴侃，钱佳慧，等. (2017). 家庭支持对我国老年人身心健康影响的城乡差异研究. 四川大学学报(医学版)，48(2)：263-267.

罗静，王骏勇. (2004). 离退休综合征应予关注. 中国老年报，2004-11-17.

罗静，赵颖，陈晓春. (2004). 关注离退休人员心理健康. 新华日报，2004-11-12.

梅光亮，陶生生，朱文，等. (2017). 我国健康老龄化评价测量指标体系的构建. 卫生经济研究，(11)：58-60.

孟琛，汤哲. (2000). 北京城乡老年人抑郁症状的分析与比较. 中国老年学杂志，20(4)：196-199.

米拉依，唐莉，胡莹. (2016). 不同养老模式下老年人心理健康状况的比较. 成都医学院学报，11(5)：631-633+637.

苗元江，胡敏，高红英. (2013). 积极老化研究进展. 中国老年学杂志，33(19)：4915-4918.

苗元江，余嘉元．（2003）．积极心理学：理念与行动．南京师大学报（社会科学版），（2）：81-87.

明艳．（2000）．老年人精神需求"差序格局"．南方人口，15（2）：56-60.

穆光宗．（2018）．不分年龄、人人健康：增龄视角下的健康老龄化．人口与发展，（1）：11-13.

穆光宗．（2012）．美国社区养老模式借鉴．人民论坛，（8）：52-53.

穆光宗，姚远．（1999）．探索中国特色的综合解决老龄问题的未来之路——"全国家庭养老与社会化养老服务研讨会"纪要．人口与经济，（2）：58-64.

穆光宗，张团．（2011）．我国人口老龄化的发展趋势及其战略应对．华中师范大学学报（人文社会科学版），50（5）：29-36.

倪煜青．（2006）．老年期痴呆病人临床特点分析及护理策略．全国第九届老年护理学术交流暨专题讲座会议论文汇编：54-57.

庞娇艳，柏涌海，唐晓晨，等．（2010）．正念减压疗法在护士职业倦怠干预中的应用．心理科学进展，18（10）：1529-1536.

彭聃龄．（2012）．普通心理学（第4版）．北京：北京师范大学出版社.

彭红燕，刘友华，邓荆云，等．（2011）．他山之石——日本养老服务的启示．中国民康医学，23（13）：1675-1676.

彭华茂，尹述飞．（2010）．城乡空巢老人的亲子支持及其与抑郁的关系．心理发展与教育，（6）：627-633.

彭健．（2016）．基于环境心理学的老年住区外部空间环境设计研究（硕士学位论文）．合肥：合肥工业大学.

彭义升，李娟，戴必兵．（2009）．北京市高校离退休老人心理健康状况及其相关因素．中国老年学杂志，29（21），2782-2785.

彭玉红，梁秋金，赖英桃，等．（2006）．音乐疗法对手术室工作人员的应用．中医药导报，12（12），61-62.

戚克维．（2015）．我国失独家庭心理援助及相关立法完善分析．中国市场，（30），159-160.

齐玉玲，高航，张秀敏，等．（2017）．城市社区老年人心理健康状况及其影响因素．护理研究，31（1）：26-28.

祁峰. (2010). 人口老龄化对我国经济社会发展的影响及对策. 生产力研究，(7)，163-165+261.

祁峰. (2010). 我国城市居家养老研究与展望. 经济问题探索，(11)：119-123.

钱军程. (2013). 中国老年人口健康老龄化四个社会效果维度的测量研究. 老龄科学研究，(1)，75-81.

乔楠. (2009). 上海市中心城区老龄人口居家养老服务研究(硕士学位论文). 上海：复旦大学.

乔颖，何燕玲，赵靖平，等. (2012). 个体和社会功能量表信效度研究. 中国医药导报，9(26)：11-14.

覃国维. (2011). 浅谈护理工作对老年人的重要性. 中外医学研究，9(16)：114.

邱莲. (2003). 农村老年人心理健康状况调查. 中国老年学杂志，23(8)：517-518.

曲桂兰. (2014). 健身气功——五禽戏对老年人心理健康的影响. 第十七届全国心理学学术会议论文摘要集，1059-1061.

冉凌云，王小兰，孔虹倩，等. (2016). 失独老年人心理健康状况及其影响因素分析. 中国全科医学，19(S1)：330-332.

饶顺曾，陈碧霞，周治荣，等. (2002). 社区老年人焦虑、抑郁状况的调查. 上海精神医学，14(2)：77-79.

饶志华. (2009). 当代"啃老族"思想政治教育的现实难点及路径选择. 青少年研究(山东省团校学报)，(5)：16-19.

任杰，罗小平. (2009). 钢琴学习对老年人的加工速度、工作记忆及流体智力的影响. 中国临床心理学杂志，17(4)：396-399.

任艳梅，卢世臣，孙爱芹. (2008). 老年精神分裂症患者认知功能与社会功能研究. 精神医学杂志，21(2)：133-134.

单墨水. (2014). 乳腺癌患者心理状况及正念疗法干预效果研究(硕士学位论文). 北京：解放军医学院.

沈卫华. (2001). 论祖孙关系在幼儿家庭教育中的作用. 湖州师范学院学报，

23(5)：82-87.

盛嘉玲，窦忠运，周宝珠. (1995). 207 例住院病人《住院精神病人社会功能评定量表》评定结果分析. 中国民政医学杂志，7(1)：25-26.

司天梅，舒良，田成华，等. (2009). 个体和社会功能量表中文版在精神分裂症患者中的信效度. 中国心理卫生杂志，23(11)：790-794.

宋宝安，等. (2009). 当代中国老龄群体社会管理问题研究. 北京：中国社会科学出版社.

宋全成，崔瑞宁. (2013). 人口高速老龄化的理论应对——从健康老龄化到积极老龄化. 山东社会科学，(4)：36-41.

孙华清，孙华敏. (2010). 对推进我国健康老龄化和积极老龄化的思考. 成都体育学院学报，36(7)：37-39＋88.

孙鹃娟. (2015). 中国老年人的婚姻状况与变化趋势——基于第六次人口普查数据的分析. 人口学刊，37(4)：77-85.

孙军，张艳. (2011). 英国和日本"NEET"族解决对策及对我国的启示. 沈阳师范大学学报(社会科学版)，35(1)：61-63.

孙磊，王莹，陈清刚，等. (2016). 艾司西酞普兰联合团体人际心理治疗对老年抑郁症患者社会功能及生活质量的影响. 四川精神卫生，29(4)：311-314.

孙蕾，常天骄，郭全毓. (2014). 中国人口老龄化空间分布特征及与经济发展的同步性研究. 华东师范大学学报(哲学社会科学版)，46(3)：123-132＋155.

孙璐熠，睢党臣，师贞茹. (2014). 西安市老年人心理需要状况调查与分析. 中国老年学杂志，34(3)：747-749.

孙颖心，王佳佳. (2007). 不同养老方式老年人心理健康状况的研究. 中国老年学杂志，27(4)：376-377.

孙玉华. (2013). 老年人的健康自评状况及其影响因素研究——基于齐齐哈尔市老年人生活状况调查数据的分析(硕士学位论文). 长春：吉林大学.

孙玉静，王丽娜，周郁秋，等. (2016). 自我效能及应对方式对城市绝对空巢老人心理健康的影响. 中国老年学杂志，36(23)：5971-5973.

汤闻博. (2008). 社会学视野下的农村老年人心理需求状况的研究. 金卡工程, 12(9)：151-152.

唐丹. (2010). 城乡因素在老年人抑郁症状影响模型中的调节效应. 人口研究, 34(3)：53-63.

唐丹, 王大华. (2014). 社区老年人焦虑水平及影响因素. 心理与行为研究, 12(1)：52-57.

唐丹, 燕磊, 王大华. (2014). 老年人老化态度对心理健康的影响. 中国临床心理学杂志, 22(1)：159-162.

唐丹, 邹君, 申继亮, 等. (2006). 老年人主观幸福感的影响因素. 中国心理卫生杂志, 20(3)：160-162.

陶琳瑾, 吴苗, 闵洋璐, 等. (2016). 近二十年中国城乡老年人心理健康影响因素的元分析. 中国校外教育(下旬刊), (6)：61-62＋68.

陶琼英, 马修强. (2013). 上海市某养老机构老年人抑郁状况调查. 护理研究, 27(12). 4109-4111.

陶裕春, 申昱. (2014). 社会支持对农村老年人身心健康的影响. 人口与经济, (3)：3-14.

滕秋玲. (2016). 失独群体心理健康状况及干预对策研究. 经营管理者(上旬刊), (5)：34-36.

滕艳. (2014). 我国当代"啃老族"教育问题研究与思考(硕士学位论文). 贵阳：贵州师范大学.

田苗苗, 陈长香, 李淑杏, 等. (2015). 河北省城乡老年人家庭、社会支持对心理健康影响. 中国公共卫生, 31(2)：156-159.

田香兰. (2010). 养老事业与养老产业的比较研究——以日本养老事业与养老产业为例. 天津大学学报(社会科学版), 12(1)：29-35.

田原. (2010). 城市社区养老服务：日本的经验与启示. 中国发展观察, (5)：55-56.

佟新. (2000). 人口社会学. 北京：北京大学出版社.

童峰. (2014). 基于循证实践方法的老年人口健康干预研究(硕士学位论文). 成都：西南财经大学.

汪娟. (2017). 城市空巢老人的生活质量和心理健康分析. 赤峰学院学报（自然科学版），33(1)：150-151.

汪凯，周江宁，Hoosain Ramjahn. (2002). 老年人记忆障碍的研究进展——认知心理学与脑功能成像. 中华老年医学杂志，21(6)：467-469.

王安妮，张雯，姚抒予，等. (2016). 失独者心理弹性的潜在类别及其抑郁差异比较. 中国临床心理学杂志，24(1)：139-143.

王嫦娟. (2011). 上海市社区独居老人心理需求与心理健康状况研究（硕士学位论文）. 上海：华东师范大学.

王大华，佟雁，周丽清，等. (2004). 亲子支持对老年人主观幸福感的影响机制. 心理学报，36(1)：78-82.

王桂兰. (2010). 透视中日两国"中老年人离婚"现象. 日本研究，(2)：109-113.

王海琴，金辉华，姬文慧. (2017). 团体心理干预对失独家庭成员抑郁、焦虑情绪及生活质量的影响. 上海医药，38(4)：51-53.

王欢，蒋元香. (2015). 西部城市退休老年人心理健康状况研究. 湖北函授大学学报，28(7)：91-92.

王欢，鲁之琦. (2016). 西部城市老年人心理健康状况及其增龄变化. 山西煤炭管理干部学院学报，29(2)：191-192.

王憓. (2012). 城乡不同居住模式老年人健康状况及影响因素研究（硕士学位论文）. 杭州：浙江大学.

王佳. (2010). 经济发达地区居民主观生活质量的多重影响因素——基于北京、上海、广州三地的调查. 华南理工大学学报（社会科学版），12(5)：53-58.

王黎萍，田国强，郭起浩，等. (2004). 阿尔茨海默病嗅觉障碍的研究. 中国临床神经科学，12(1)：69-71.

王玲凤. (2007). 隔代教养幼儿的心理健康状况调查. 中国心理卫生杂志，2007，21(10)：672-674.

王浦劬，莱斯特·M. 萨拉蒙，等. (2010). 政府向社会组织购买公共服务研究：中国与全球经验分析. 北京：北京大学出版社.

王琼，宋湘勤，张志如. (2013). 广场舞对老年人心理健康和社会适应影响的

实验研究//心理学与创新能力提升——第十六届全国心理学学术会议论
文集.

王文斌,曲鹏飞,赵静,等.（2015）.中国空巢老人心理健康状况 Meta 分析.
中国老年学杂志,35(21):6225-6227.

王晓松.（2013）.浅析中国文化背景下影响老年人幸福感的因素.社会心理科
学,(8):87-90＋117.

王晓艳.（2013）.关于我国失独群体的心理救助机制在社区工作中的探索.河
南广播电视大学学报,26(3):3-4.

王永梅.（2015）.老年心理资本研究述评.老龄科学研究,3(1):59-68.

王征宇.（1984）.症状自评量表(SCL-90).上海精神医学,(2):68-70.

王志刚,张汝飞,王君.（2015）.人口老龄化描述指标体系的构建.统计与决
策,(16):26-28.

王竹韵.（2015）.增能理论视角下"失独家庭"心理调适的个案工作介入研
究——以石家庄市 A 家庭为例(硕士学位论文).保定:河北大学.

韦程辉.（2016）.浅述离退休人员的心理健康.办公室业务,(22):57.

韦庆旺,周雪梅,俞国良.（2015）.死亡心理:外部防御还是内在成长? 心理
科学进展,23(2):338-348.

魏建群,程瑛,罗菊英.（2015）.社区退休空巢老人心理健康及相关因素分析.
中国健康心理学杂志,23(10):1593-1597.

魏瑾瑞,张睿凌.（2019）.老龄化、老年家庭消费与补偿消费行为.统计研究,
36(10):87-99.

文静,彭华茂,王大华.（2009）.老年人日常生活方式与老化态度的关系研
究//第十二届全国心理学学术大会论文摘要集.

邬沧萍.（2003）.提高老年人生活质量的战略对策.长寿,(5):45-46.

邬沧萍.（2013）.积极应对人口老龄化理论诠释.老龄科学研究,(1):4-13.

邬沧萍,姜向群.（1996）."健康老龄化"战略刍议.中国社会科学,(5):
52-64.

邬沧萍,姜向群.（2015）.老年学概论(第 3 版).北京:中国人民大学出版社.

邬沧萍,杨庆芳.（2013）.科学认识人口老龄化.兰州学刊,(11):61-63＋69.

吴凤兰. （2005）. 老年心理问题与老年抑郁症. 中华医学与健康，2（4）：
　　59-60.

吴会敏，赵娇文，张燕华，等. （2017）. 规范化小组认知行为治疗对老年精神
　　分裂症患者生活质量和社会功能的影响. 中国健康心理学杂志，25（7）：
　　999-1002.

吴捷. （2008）. 老年人社会支持、孤独感与主观幸福感的关系. 心理科学杂志，
　　31（4）：984-986.

吴捷，李幼穗，王芹. （2011）. 离退休老年人心理需求状况. 中国老年学杂志，
　　31（16）：3143-3146.

吴振强，崔光辉，张秀军，等. （2009）. 留守老年人孤独状况及影响因素分析.
　　中国公共卫生，25（8）：960-962.

吴振云. （2003）. 老年心理健康的内涵、评估和研究概况. 中国老年学杂志.
　　23（12）：799-801.

吴振云，许淑莲，孙长华. （1985）. 成人智力发展与记忆. 心理学报，（3）：
　　243-249.

吴振云，许淑莲，孙长华. （1989）. 训练对"数字符号"作业的作用：青年人、
　　健康老年人和心血管病老年人的比较研究. 心理科学通讯，（5）：1-5.

吴振云，许淑云，李娟. （2002）. 老年心理健康问卷的编制. 中国临床心理学
　　杂志，10（1）：1-3.

吴忠观. （1997）. 人口科学辞典. 成都：西南财经大学出版社，1997.

武怡堃，J. R. Oyebode. （2012）. 从消极应对到积极调适：社会变迁背景下城
　　市老年人的心理调适. 武汉大学学报（人文科学版），65（4）：81-86.

W. 夏埃，S. L. 威里斯. （2003）. 乐国安，韩威，周静，等译. 成人发展与老
　　龄化. 上海：华东师范大学出版社.

项春雁，郭全，廖娟，等. （2006）. 中医五行音乐结合音乐电针疗法对恶性肿
　　瘤患者抑郁状态的影响. 中华护理杂志. 41（11）：969-972.

肖世富，李娟，唐牟尼，等. （2013）. 中国老年心理问题的评估，预警与干预
　　示范研究总体方案：中国纵向老龄化研究. 上海精神医学，25（2）：91-98.

肖水源. （1994）. 《社会支持评定量表》的理论基础与研究应用. 临床精神医学

杂志，4(2)：98-101.

肖燕娜. (1987). 家庭关系与老年心理. 心理科学杂志，(2)：56-58.

谢立黎，汪斌. (2019). 积极老龄化视野下中国老年人社会参与模式及影响因素. 人口研究，43(3)：17-30.

谢童. (2017). 联合家庭疗法在老年人抑郁情绪中的个案应用——以深圳某社区为例(硕士学位论文). 深圳：深圳大学.

邢华燕，常青，沈键，等. (2005). 河南农村老年人心理健康状况. 中国老年学杂志，25(5)：506-507.

邢洁. (2006). "被啃族"群体探析. 社会工作，(12)：61-62.

徐红波，李亚红. (2012). 民族地区农村老年人心理健康状况及其影响因素研究. 中国健康心理学杂志，20(10)：1489-1491.

徐宏，郝涛，郝祥如. (2015). 我国老年残疾人口发展趋势预测及养老服务研究. 海南大学学报(人文社会科学版)，33(5)：22-29.

徐华春，黄希庭. (2007). 国外心理健康服务及其启示. 心理科学杂志，30(4)：1006-1009.

徐晓军，刘炳琴. (2017). 失独人群的创伤后应激障碍及其心理援助. 武汉大学学报(人文科学版)，70(2)：122-128.

许淑莲，孙长华，吴振云，等. (1982). 老年人短时记忆特点的研究. 心理学报，(4)：441-448.

许淑莲，孙长华，吴振云，等. (1985). 20岁至90岁成人的某些记忆活动的变化. 心理学报，(2)：154-161.

许欣，邓士昌，齐春艳，等. (2012). 路径依赖理论视角下大学生"啃老"现象的心理机制研究. 贵州师范学院学报，28(11)：72-75.

薛川. (2014). 中国老年人口健康状况及差异性分析(硕士学位论文). 昆明：云南大学.

薛婧，黄希庭. (2011), 怀旧心理研究述评. 心理科学进展，19(4)：608-616.

闫志民，李丹，赵宇晗，等. (2014). 日益孤独的中国老年人：一项横断历史研究. 心理科学进展，22(7)：1084-1091.

艳阳天. (2005). "NEET"一族：迷失的群体? 华人时刊，(12)：41-44.

杨蓓蕾.（2000）.英国的社区照顾：一种新型的养老模式.探索与争鸣，16(12)：42-44.

杨春.（2011）.城市老年人心理和精神文化生活状况的调查分析——以江苏省为例.人口学刊，(3)：80-86.

杨凤池，李梅.（2003）.抗击 SARS 医务人员的心理健康状况调查的初步分析报告.中国心理卫生协会第四届学术大会论文汇编.

杨国枢，黄光国，杨中芳.（2008）.华人本土心理学(上).重庆：重庆大学出版社.

杨红燕，陈鑫，宛林，等.（2020）.老年人心理健康的潜在类别与影响因素.社会保障研究，(2)：20-28.

杨桦.（2016）.小组工作介入失独家庭心理问题的应用研究——以"心手相连共享阳光"项目为例(硕士学位论文).苏州：苏州大学.

杨晶晶，郑涌.（2010）.代际关系：老年心理健康研究的新视角.30(19)：2875-2877.

杨菊华，刘轶锋，王苏苏.（2020）.人口老龄化的经济社会后果——基于多层面与多维度视角的分析.中国农业大学学报(社会科学版)，37(1)：48-65.

杨君宁，凌涵宇.（2016）.失独老人心理援助的公共支持体系研究.管理观察，(23)：45-47.

杨娜，胡文静，吴蕾.（2009）.积极老龄化背景下的死亡教育.科教文汇(中旬刊)，(9)：2+4.

杨清风，田洪榛，汪奇，等.（2015）.正念疗法对老年冠心病介入治疗患者围手术期睡眠质量干预效果研究.中华保健医学杂志，17(2)：89-93.

杨善华.（2006）.家庭社会学.北京：高等教育出版社.

杨善华.（2019）."责任伦理"主导下的积极养老与老龄化的社会治理.新视野，(4)：73-77.

杨野.（2016）.失独家庭心理调适的个案介入研究(硕士学位论文).保定：河北大学.

姚远，陈立新.（2005a）.老年人人格特征对心理健康的影响研究.人口学刊，(4)：10-15.

姚远，陈立新. (2005b). 社会支持对老年人心理健康影响的研究. 人口研究，
　　29(4)：73-78.

叶晓梅，梁文艳. (2017). 教育对中国老年人健康的影响机制研究——来自
　　2011 年 CLHLS 的证据. 教育与经济，33(3)：68-76＋96.

衣磊，于慧，崔维珍. (2016). 阿尔茨海默病生物标志物的研究进展. 医学综
　　述，22(2)：227-230.

易莉. (2015). 四川民族地区老年人心理健康状况及影响因素分析. 统计与管
　　理，(8)：31-32.

阴国恩，丁新萌，杨红. (2001). 老年人需要及相关因素的研究. 天津师范大
　　学学报(社会科学版)，(5)：37-41.

殷洁，彭仲仁. (2017). 积极老龄化：美国活跃退休社区对中国养老社区建设
　　的启示. 国际城市规划，32(6)：125-131.

尹述飞，朱心怡，李娟. (2016). 主观记忆减退老年人认知功能的可塑性(综
　　述). 中国心理卫生杂志，30(8)：600-606.

尹银. (2009). 日本的养老经验与对策. 外国问题研究，46(2)：17-22.

印爱平，许广俊. (1991). 福利院临终老人的死亡心理分析. 湖北省卫生职工
　　医学院学报，(2)：49-50.

于秋芬. (2014). 社区体育运动开展中权利冲突分析——以广场舞纠纷为视角.
　　体育与科学，35(2)：83-87.

余慧慧. (2015). 老年高血压与糖尿病患者的心理问题与团体心理干预研究(硕
　　士学位论文). 青岛：山东大学.

余星，姚国章. (2017). 国外养老服务人才队伍建设比较研究——以日本、德
　　国、丹麦为例. 经营与管理，35(6)：46-51.

俞美娟. (2013). 我国社区思想教育的特殊对象——失独老人. 长春理工大学
　　学报(社会科学版)，26(6)：64-65.

袁加锦，汪宇，鞠恩霞，等. (2010). 情绪加工的性别差异及神经机制. 心理
　　科学进展，18(12)：1899-1908.

袁妙彧，方爱清. (2018). 积极老龄化视角下的新型社区养老院模式构建. 学
　　习与实践，(2)：109-116.

原新，李志宏，党俊武，等. (2009). 中国老龄政策体系框架研究. 人口学刊，
　　(6)：25-29.

原新，刘士杰. (2009). 1982—2007 年我国人口老龄化原因的人口学因素分
　　解. 学海，(4)：140-145.

原新，刘志晓，金牛. (2020). 从追赶到超越：中国老龄社会的演进与发展之
　　路. 新疆师范大学学报(哲学社会科学版)，41(2)：91-99.

岳春艳，王丹，李林英. (2006). 老年人心理健康状况及与社会支持的相关性.
　　中国临床康复，10(18)：53-55.

曾彬. (2007). 我国隔代教育研究述评. 内蒙古师范大学学报(教育科学版)，
　　20(2)：70-72.

翟振武，陈佳鞠，李龙. (2017). 2015～2100 年中国人口与老龄化变动趋势.
　　人口研究，41(4)：60-71.

张保利，宋亚军，李相桦，等. (2010). 北京市城市社区老年人心理健康状况
　　及其相关因素分析. 中国临床保健杂志，13(4)：404-406.

张昌霞. (2008). 浅谈老年人的健身锻炼. 体育世界(学术版)，(3)：76-77.

张冬冬. (2020). 日本的中老年离婚热及其原因探析. 日本研究，(4)：57-61.

张冬冬. (2011). 现代日本中老年离婚热背后的伦理考察. 道德与文明，(2)：
　　148-152.

张富松，符娟，潘苗. (2011). 心理社会干预对老年抑郁症患者社会功能及生
　　活质量的影响. 职业与健康，27(10)：1124-1126.

张桂莲，王永莲. (2010). 中国人口老龄化对经济发展的影响分析. 人口学刊，
　　33(5)：48-53.

张海钟. (2014). 生命周期理论与人生心理周期及老年心理问题臆说. 社会心
　　理科学，(2)：32-35＋96.

张静平，叶曼，朱诗林. (2008). 贫困地区老年人幸福感指数及其影响因素.
　　中国心理卫生杂志，22(2)：126-129.

张立真，郝月兰，吕明云，等. (2005). 更年期妇女独生子女死亡后心理状态
　　分析与护理. 齐鲁医学杂志，20(5)：453.

张勉，高阳，刘景，等. (2008). 从老人院听力调查情况看老人听力康复的重

要性. 中国听力语言康复科学杂志，(1)：25-26.

张宁宁. (1992). 老年味觉和咀嚼粘膜痛觉阈的测定. 实用口腔医学杂志，8(1)：31-33.

张秋霞. (2013). 老年健康的心理因素影响机制研究. 老龄科学研究，(6)：65-71.

张田，傅宏. (2017). 隔代抚养关系中老年人的心理状态. 中国老年学杂志，37(4)：970-972.

张卫东. (2000). 居家养老模式的理论探索. 中国老年学杂志，20(2)：120-122.

张雯，陈文华，杨蓉. (2006). 娱乐疗法的应用. 神经损伤与功能重建，1(3)：185-186.

张雯，王安妮，姚抒予，等. (2016). 失独者抑郁症状的分布特征及与心理弹性的关系. 中国心理卫生杂志，30(8)：612-617.

张熙. (2005). 老年期失眠及治疗问题//中国科协 2005 年学术年会——睡眠医学与精神卫生研讨会.

张新来. (2007). 试论农村隔代抚养存在的问题与对策. 北方经济，(3)：79-80.

张妍. (2008). 我国社会化机构养老服务研究综述. 社会工作，21(10)：4-7.

张妍，张丽丽. (2015). 叙事心理治疗在失独者哀伤心理辅导中的应用. 社会心理科学，30(C2)：76-78＋81.

张艳，王莉，余巨明. (2016). 阿尔茨海默病的非药物治疗研究进展. 中华临床医师杂志(电子版)，10(23)：3631-3636.

张玉静，韩布新. (2013). 老年人焦虑、抑郁情绪的发展及其干预//第三届心理健康学术年会.

张昱，曾浩. (2016). 社会治理的基本对象是社会需求. 福建理论学习，(4)：48.

张镇，张建新，孙建国，等. (2012). 离退休人员社会参与度与主观幸福感、生活满意度的关系. 中国临床心理学杂志，20(6)：865-867.

张作礼，唐功元，陈朝英，等. (1987). 310 名老年人味觉情况调查. (3)：

174-175.

张作礼，唐功元，陈朝英，等．（1987）．天津地区 303 名老年人嗅觉调查．中华耳鼻咽喉科杂志，（5）：283-284.

赵嘉欣．（2016）．杭州市失独家庭心理健康评估及干预策略研究（硕士学位论文）．杭州：杭州师范大学，2016.

赵梅，邓世英，郑日昌，等．（2004）．从祖父母到代理双亲：当代西方关于祖父母角色的研究综述．心理发展与教育，20(4)：94-96.

赵娜．（2008）．面对人口老龄化挑战：中国城市老人 95％自我养老千万高龄老人需照顾．中国网.

赵楠．（2015）．老年人健康问题分析与对策．科技视界，（10）：142.

郑杭生．（2003）．中国人民大学中国社会发展研究报告 2002．北京：中国人民大学出版社.

郑宏志，陈功香．（2005）．社会支持对老年人主观幸福感的影响．济南大学学报(社会科学版)，15(5)：83-85.

郑伟，林山君，陈凯．（2014）．中国人口老龄化的特征趋势及对经济增长的潜在影响．数量经济技术经济研究，31(8)：3-20.

中国老龄科学研究中心．（2003）．中国城乡老年人口状况一次性抽样调查数据分析．北京：中国标准出版社.

钟晓慧，何式凝．（2014）．协商式亲密关系：独生子女父母对家庭关系和孝道的期待．开放时代，（1）：155-175＋7-8.

仲亚琴．（2014）．儿童期社会经济地位与中老年健康状况的关系研究（硕士学位论文）．青岛：山东大学.

周朝当，贾淑春，普建国．（2004）．自编住院精神病人《社会功能评定量表》：信度、效度的初步检验．四川精神卫生，17(3)：144-146.

周红云，陈晓华，董叶．（2018）．社区居家养老服务对城市老年人健康的影响．统计与决策，（17）：98-101.

周全湘，杨敬源，黄文湧，等．（2017）．贵州等少数民族地区农村留守老年人日常生活功能状况及影响因素分析．中华疾病控制杂志，21(6)：550-553.

周盛年，刘坤彬．（2006）．老年期痴呆的诊治进展．中国卒中杂志，1(10)：

741-749.

周玮，洪紫静，胡蓉蓉，等．（2020）．亲子支持与老年人抑郁情绪的关系：安全感和情绪表达的作用．心理发展与教育，36(2)：249-256.

朱晨昭．（2012）．中国社会老龄化挑战及应对措施．学理论，(13)：95-96.

朱亮，张倩，景丽伟，等．（2018）．社区老年人孤独感与社会关怀、健康自评的关系．中国老年学杂志，38(13)：3238-3240.

朱峥泓．（2013）．集束健康干预对老年抑郁症患者个人及社会功能的影响．中华危重症医学杂志(电子版)，6(5)：316-318.

Aldwin C M. (1991). Does age affect the stress and coping process? Implications of age differences in perceived control. *Journal of Gerontology*，46(4)：174-180.

Antonucci T C，Akiyama H. (1987). An examination of sex differences in social support among older men and women. *Sex Roles*，17(11-12)：737-749.

Baltes P B. (1987). Theoretical propositions of life-span developmental psychology：On the dynamics between growth and decline. *Developmental Psychology*，23(5)：611-626.

Baune B T，Suslow T，Arolt V，et al. （2007）. The relationship between psychological dimensions of depressive symptoms and cognitive functioning in the elderly：The metastudy. *Journal of Psychiatric Research*，41(3-4)：247-254.

Beck J G，Grant D M，Read J P，et al. （2008）. The impact of event scale-revised：Psychometric properties in a sample of motor vehicle accident survivors. *Journal of Anxiety Disorders*，22(2)：187-198.

Beekman A T F，de Beurs E，van Balkon A J，et al. （2000）. Anxiety and depression in later life：Co-occurrence and communality of risk factors. *American Journal of Psychiatry*，(157)：89-95.

Bekker H L，Legare F，Stacey D，et al. （2003）. Is anxiety a suitable measure of decision aid effectiveness：A systematic review? *Patient Education and Counseling*，50(3)：255-262.

Blum J E, Jarvik L F, & Clark E T. (1970). Rate of change on selective tests of intelligence: A twenty-year longitudinal study of aging 1. *Journal of Gerontology*, 25(3): 171-176.

Bonanno G, Wortman C, Lehman D, et al. (2002). Resilience to loss and chronic grief: A prospective study from preloss to 18-months postloss. *Journal of Personality and Social Psychology*, (83): 1150-1164.

Bonin J P, Chicoine G, Fradet H, et al. (2013). The role of families in the Quebec mental health system. *Sante Ment Que*, 39(1): 159-173.

Bravell M E, Berg S, & Malmberg B. (2008). Health, functional capacity, formal care, and survival in the oldest old: A longitudinal study. *Archives of Gerontology and Geriatrics*, (46): 1-14.

Burton L M. (1992). Black grandparents rearing children of drug-addicted parents: Stressors, outcomes, and social service needs. *The Gerontologist*, 32(6): 744-751.

Carr D, House J S, Kessler R, et al. (2000). Marital quality and psychological adjustment to widowhood among older adults: A longitudinal analysis. *Journals of Gerontology, Series B: Psychological Sciences and Social Sciences*, (55): S197-S207.

Carstensen L L, Isaacowitz D M, & Charles S T. (1999). Taking time seriously. A theory of socioemotional selectivity. *American Psychologist*, 54(3): 165-181.

Chudacoff H P & Hareven T K. (1979). From the empty nest to family dissolution: Life course transitions into old age. *Journal of Family History*, 4(1): 69-84.

Cohen S & Wills T A. (1985). Stress, social support and the buffering hypothesis. *Psychological Bulletin*, 98(2): 307-357.

Coldberg-Glen R, Sands R G, Cole R D, et al. (1998). Multigenerational patterns and internal structures in families in which grandparents raise grandchildren. *Families in Society: Journal of Contemporary Social*

Services，79(5)：477-489.

Coombs R H. (1991). Marital status and personal well-being：A literature review. *Family Relations*，40(1)：97-102.

Coyne J C & DeLongis A. (1986). Going beyond social support：The role of social relationships in adaptation. *Journal of Consulting and Clinical Psychology*，54(4)：454-460.

Dalderup L M，& Friedrichs M L C. (1969). Colour sensitivity in old age. *Journal of the American Geriatrics Society(JAGS)*，17(4)：388-390.

Diener E. (1984). Subjective well-being. *Psychological Bulletin*，1984，95(3)，542-575.

Drossel C，Fisher J E，& Mercer V. (2011). A DBT skills training group for family caregivers of persons with dementia. *Behavior Therapy*，42(1)：109-119.

Elliott S，Painter J，& Hudson S. (2009). Living alone and fall risk factors in community-dwelling middle age and older adults. *Journal of Community Health*，2009，34(4)：301-310.

Ezzy D. (1993). Unemployment and mental health：a critical review. *Social Science & Medicine*，1993，37(1)：41-52.

Foley E，Baillie A，Huxter M，et al. (2010). Mindfulness-Based cognitive therapy for individuals whose lives have been affected by cancer：A randomized controlled trial. *Psychiatry and Applied Mental Health*，78：72-79.

Ganong L H，& Coleman M. (1998). An exploratory study of grandparents' and stepgrandparents' financial obligations to grandchildren and stepgrandchildren. *Journal of Social and Personal Relationships*，15(1)：39-58.

Genda Y. (2007). Jobless youths and the NEET problem in Japan. *Social Science Japan Journal*，10(1)：23-40.

Gerard J M，Landry-Meyer L，& Roe J G. (2006). Grandparents raising grandchildren：The role of social support in coping with caregiving challenges. *The International Journal of Aging and Human Development*, 62(4)：359-383.

Gergen M M, & Gergen K J. (2001). Positive aging：New images for a new age. *Ageing International*, 27(1)：3-23.

Gove W R. (1972). The relationship between sex roles, marital status, and mental illness. *Social Forces*, 51(1)：34-44.

Green D M, & Moses F L. (1966). On the equivalence of two recognition measures of short-term memory. *Psychological Bulletin*, 66(3)：228-234.

Gubrium J F. (1974). Marital desolation and the evaluation of everyday life in old age. *Journal of Marriage and Family*, 36(1)：107-113.

Gueldner S H. (2012). Preserving dignity and sense of worth in older adults. *Journal of Gerontological Nursing*, 38(7)：55-56.

Gunzburg H C. (1963). Socialtraining and the adult centre：A challenge. *Journal of the Institute of Health Education*, 1(4), 31-33.

Hacihasanoğlu R, Yildirim A, Karakurt P. (2012). Loneliness in elderly individuals, level of dependence in activities of daily living (ADL) and influential factors. *Archives of Gerontology and Geriatrics*, 54(1)：61-66.

Hagedoorn M, Van Yperen N W, Coyne J C, et al. (2006). Does marriage protect older people from distress? The role of equity and recency of bereavement. *Psychology & Aging*, 21(3)：611-620.

Haring-Hidore M, Stock W A, Okun M A, et al. (1985). Marital status and subjective well-being：A research synthesis. *Journal of Marriage and the Family*, 47(4)：947-953.

Hawkley L C, & Cacioppo J T. (2010). Loneliness matters：A theoretical and empirical review of consequences and mechanisms. *Annals of Behavioural Medicine*, 40(2)：218-227.

Hays J C, Saunders W B, Flint E P, et al. (1997). Social support and depression as risk factors for loss of physical function in late life. *Aging and Mental Health*, 1(3)：209-220.

Jang Y, Poon L W, Kim S Y, et al. (2004). Self-perception of aging and health among older adults in Korea. *Journal of Aging Studies*, 18(4): 485-496.

Jendrek M P. (1993). Grandparents who parent their grandchildren: Effects on lifestyle. *Journal of Marriage and Family*, 55(3): 609-621.

Johnson D, & Wu J. (2002). An empirical test of crisis, social selection, and role explanations of the relationship between marital disruption and psychological distress: A pooled time-series analysis of four-wave panel data. *Journal of Marriage and Family*, 64(1): 211-224.

Jorm A F. (1987). Sex and age differences in depression: A quantitative synthesis of published research. *Australian and New Zealand Journal of Psychiatry*, 21(1): 46-53.

Jr J C G, & Huneycutt T L. (2002). Grandparents raising grandchildren: The courts, custody, and educational implications. *Educational Gerontology*, 28(3): 237-251.

Kahana E, Kahana B, & Kercher K. (2003). Emerging lifestyles and proactive options for successful ageing. *Ageing In ternational*, 28(2): 155-180.

Kahn R L, & Antonucci T C. (1980). Convoys over the life course: Attachment, roles and social support//Baltes P B, Brim J O G. *Life-Span Development and Behavior*. New York: Academic Press, (3): 253-286.

Kahya N C, Zorlu T, Ozgen S, et al. (2009). Psychological effects of physical deficiencies in the residences on elderly persons: A case study in Trabzon old person's home in Turkey. *Applied Ergonomics*, 40(5): 840-851.

Karagozoglu S, Arikan A, & Eraydin S. (2012). The fatigue and self-care agency levels of the elderly people staying in rest homes and the relation between these two conditions. *Archives of Gerontology and Geriatrics*, 54(3): 322-328.

Keliman N, & Christiansen S. (2010). Norwegian elderly less likely to live alone in the future. *European Journal of Population*, 26(1): 47-72.

Kim H K, & McKenry P. （2002）. The relationship between marriage and psychological well-being: A longitudinal analysis. *Journal of Family Issues*, 23(8): 885-911.

Koller K, & Gosden S. （1984）. On living alone, social isolation and psychological disorder. *Journal of Sociology*, 20(1): 81-92.

Kraak A. (2013). State failure in dealing with the neet problem in South Africa: which way forward? *Research in Post-Compulsory Education*, 18 (1-2): 77-97.

Kwok T, Wong A, Chan G, et al. (2013). Effectiveness of cognitive training for Chinese elderly in Hong Kong. *Clinical Interventions in Aging*, (8): 213-219.

Lachman J L, Lachman R, & Thronesbery C. (1979). Metamemory through the adult life span. *Developmental Psychology*, 15(5): 543-551.

Larsson K, & Silverstein M. (2004). The effects of marital and parental status on informal support and service utilization: A study of older Swedes living alone. *Journal of Aging Studies*, 18(2): 231-244.

Lawton M P, Moss M, & Kleban M H. （1984）. Marital status, living arrangements, and the well-being of older people. *Research on Aging*, 6(3): 323-345.

Lee C K C, & Beatty S E. (2002). Family structure and influence in family decision making. *Journal of Consumer Marketing*, 19(1): 24-41.

Lee G, Seccombe K, & Shehan C. （1991）. Marital status and personal happiness: An analysis of trend data. *Journal of Marriage and Family*, 53(4): 839-844.

Lenze E J, Mulsant B H, Shear M K, et al. （2001）. Co-morbidity of depression and anxiety disorders in later life. *Depression and Anxiety*, 14(2): 86-93.

Levenson R W, Carstensen L L, & Gottman J M. （1993）. Long-term marriage: Age, gender, and satisfaction. *Psychology and Aging*, 8(2):

301-313.

Levy B R, Slade M D, & Kasl S V. (2002). Longitudinal benefit of positive self-perceptions of aging on functional health. *Journals of Gerontology*, 57(5): 409-417.

Levy B R, Zonderman A B, Slade M D, et al. (2009). Age stereotypes held earlier in life predict cardiovascular events in later life. *Psychological Science*, 20(3): 296-298.

Li L W, Zhang J, & Liang J. (2009). Health among the oldest-old in China: which living arrangements make a difference? *Social Science & Medicine*, 68(2): 220-227.

Lindeman H E, & Platenburg-Gits F A. (1990). Communicative skills of the very old in old people's homes. *Acta Otolaryngological Supplement*, 476: 232-237.

Liu L J, & Guo Q. (2008). Life satisfaction in a sample of empty-nest elderly: a survey in the rural area of a mountainous county in China. *Quality of Life Research*, 17(6): 823-830.

Liu L J, & Guo Q. (2007). Loneliness and health-related quality of life for the empty nest elderly in the rural area of a mountainous county in China. *Quality of Life Research*, 16(8): 1275-1280.

Liu L J, Sun X, Zhang C L, et al. (2007). Health-care utilization among empty-nester in the rural area of a mountainous county in China. *Public Health Reports*, 122(3): 407-413.

Lucas R E, Clark A E, Georgellis Y, et al. (2003). Reexamining adaptation and the set point model of happiness: Reactions to changes in marital status. *Journal of Personality and Social Psychology*, 84(3): 527-539.

Maguire S. (2015). NEET, unemployed, inactive or unknown: why does it matter? *Educational Research*, 57(2): 121-132.

Maier H, & Smith J. (1999). Psychological predictors of mortality in old age. *Journals of Gerontology*, 1999, 54(1): 44-54.

Marcellini F, Giuli C, Gagliardi C, et al. (2007). Aging in Italy: Urban-rural differences. *Archives of Gerontology and Geriatrics*, 44(3): 243-260.

Martin P. (2002). Individual and social resources predicting well-being and functioning in the later years: conceptual models, research and practice. *Ageing International*, 27(2): 3-29.

Maslow A H. (1943). A theory of human motivation. *Psychological Review*, 50(4): 370-396.

Minkler M, Roe K M, & Robertson-Beckley R J. (1994). Raising grandchildren from crack-cocaine households: Effects on family and friendship ties of African-American women. *American Journal of Orthopsychiatry*, 1994, 64 (1): 20-29.

Murata C, Kondo K, Hirai H, et al. (2008). Association between depression and socioeconomic status among community-dwelling elderly in Japan: The aichi gerontological evaluation study (AGES). *Health & Place*, 14(3): 406-414.

Noh H, & Lee B J. (2017). Risk factors of neet(not in employment, education or training) in South Korea: An empirical study using panel data. *Asia Pacific Journal of Social Work*, 27(1): 28-38.

Nordbus I H, & Pallesen S. (2003). Psychological treatment of late-life anxiety: An empirical review. *Journal of Consulting and Clinical Psychology*, 71 (4): 643-651.

Parker S K, Bindl U K, & Strauss K. (2010). Making things happen: A model of proactive motivation. *Journal of management*, 36(4): 827-856.

Parslow R A, Lewis V J, & Nay R. (2011). Successful aging: Development and testing of a multidimensional model using data from a large sample of older australians. *Journal of the American Geriatrics Society*, 59(11): 2077-2083.

Pas S V D, Tilburg T V, & Knipscheer K. (2007). Changes of contact and support within intergenerational relationships in the Netherlands: A cohort and time-sequential perspective. *Advances in Life Course Research*, (12): 243-274.

Peek M K, & Lin N. (1999). Age differences in the effects of network composition on psychological distress. *Social Science and Medicine*, 49(5): 621-636.

Phelan E A, Anderson L A, LaCroix A Z, et al. (2004). Older adults' views of "successful aging"—how do they compare with researchers' definitions? *Journal of the American Geriatrics Society*, 52(2): 211-216.

Phillips M R, Xianyun Li, Yanping Zhang. (2002). Suicide rates in China, 1995-99. *Lancet*, 359: 835-840.

Pinson-Millburn N M, Fabian E S, Schlossberg N K, et al. (1996). Grandparents raising grandchildren. *Journal of Counseling & Development*, 1996, 74(6): 548-554.

Rehfeld K, Müller P, Aye N, et al. (2017). Dancing or fitness sport? The effects of two training programs on hippocampal plasticity and balance abilities in healthy seniors. *Frontiers in Human Neuroscience*, (11): 305.

Ren J H, Chiang C L, Jiang X L, et al. (2014). Mental Disorders of Pregnant and Postpartum Women After Earthquakes: A Systematic Review. *Disaster Medicine and Public Health Preparedness*, 8(4): 315-325.

Ren X S. (1997). Marital status and quality of relationships: The impact on health perception. *Social Science and Medicine*, 44(2): 241-249.

Rioux L. (2005). The well-being of aging people living in their own homes. *Journal of Environmental Psychology*, 25(2): 231-243.

Rosow I. (1970). Old people: Their friends and neighbors. *American Behavioral Scientist*, 14(1): 59-70.

Sartori A C R, & Zilberman M L. (2009). Revising the empty nest's syndrome concept. *Archives of Clinical Psychiatry*, 36(3): 112-121.

Schulz R, Mendelsohn A B, Haley W E, et al. (2003). End-of-life care and the effects of bereavement on family caregivers of persons with dementia.

New England Journal of Medicine, 349(20): 1936-1942.

Shahi A, Ghaffari I, & Ghasemi K. (2011). Relationship between mental health and marital satisfaction. *Journal of Kermanshah University of Medical Sciences*, 15(2): 119-126.

Shakya H B. (2015). Affect and well-being similarity among older indian spouses. *Aging & Mental Health*, 19(4): 325-334.

Shaw S. (2007). A framework for providing evidence-based palliative care. *Nursing Standard*, 21(40): 35-38.

Sinha S P, Nayyar P, & Sinha S P. (2002). Social support and self-control as variables in attitude toward life and perceived control among older people in India. *Journal of Social Psychology*, 142(4): 527-540.

Söderhamn O, Lindencrona C, & Ek A C. (2000). Ability for self-care among home dwelling elderly people in a health district in Sweden. *International Journal of Nursing Studies*, 37(4): 361-368.

Spence D, & Lonner T. (1971). The "empty nest": A transition within motherhood. *Family Relations*, 20(4): 369-375.

Spence S A, Black S R, Adams J P, et al. (2001). Grandparents and Grandparenting in a Rural Southern State. *Journal of Family Issues*, 22(4): 523-534.

Stack S, & Eshleman J R. (1998). Marital status and happiness: A 17-nation study. *Journal of Marriage and the Family*, 60(2): 527-536.

Strawbridge W J, Wallhagen M I, Shema S J, et al. (1997). New burdens or more of the same? Comparing grandparent, spouse, and adult-child caregivers. *The Gerontologist*, 37(4): 505-510.

Sun X J, Lucas H, Meng Q Y, et al. (2011). Associations between living arrangements and health-related quality of life of urban elderly people: A study from China. *Quality of Life Research*, 20(3): 359-369.

Tamesberger D, & Bacher J. (2014). NEET youth in Austria: a typology including socio-demography, labour market behaviour and permanence.

Journal of Youth Studies, 17(9): 1239-1259.

Tareque M I, Hoque N, Islam T M, et al. (2013). Relationships between the active aging index and disability-free life expectancy: A case study in the Rajshahi district of Bangladesh. *Canadian Journal on Aging*, 32 (4), 417-432.

Trull T J, & Phares E J. (2001). *Clinical psychology concept, methods and profession*. 6th ed. Belmont, CA: Wadsworth/Thomson learning.

Uotila H, Lumme-Sandt K, & Saarenheimo M. (2011). Lonely older people as a problem in society-Construction in Finnish media. *International Journal of Ageing and Later Life*, 5(2): 103-130.

Waldrop D P, & Weber J A. (2001). From grandparent to caregiver: The stress and satisfaction of raising grandchildren. *Families in Society: The Journal of Contemporary Social Services*, 82(5): 461-472.

Walker R B, & Hiller J E. (2007). Places and health: A quanlitative study to explore how older women living alone perceive the social and physical dimensions of their neighbourhoods. *Social Science & Medicine*, (65): 1154-1165.

Walsh D A, & Baldwin M. (1977). Age differences in integrated semantic memory. *Delelopmental Psychology*, 13(5): 509-514.

Wang G, Shi J, Yao J, et al. (2019). Relationship between activities of daily living and attitude toward own aging among the elderly in China: A chain mediating model. *International Journal of Aging & Human Development*, (7): 24.

Ware J E, Brook R H, Davies-Avert A, et al. (1980). Conceptualization and measurement of health for adults in the health insurance study: Vol. I, model of health and methology. Santa Monica, CA: The Rand Corporation.

Wedman J, Tessmer M. (1991). Adapting instructional design to project circumstance: The layers of necessity model. *Educational Technology*, 31 (7): 48-52.

Xie L Q, Zhang J P, Peng F, et al. (2010). Prevalence and related influencing factors of depressive symptoms for empty-nest elderly living in the rural area of Yongzhou, China. *Archives of Gerontology and Geriatrics*, 50 (1): 24-29.

Xu Q W, & Chow J C. (2011). Exploring the community-based service delivery model: Elderly care in China. *International Social Work*, 2011, 54 (3): 374-389.

Yetter L S. (2010). The experience of older men living alone. *Geriatric Nursing*, 31(6): 412-418.

You K S, & Lee H. (2006). The physical, mental, and emotional health of older people who are living alone or with relatives. *Archives of Psychiatric Nursing*, 20(4): 193-201.

Zaidi A. (2015). Active Ageing Index 2014 Analytical Report. Building An Evidence Base for Active Ageing Policies: Active Ageing Index & Its Potential International Seminar.

Zhang H. (2005). Bracing for an uncertain future: a case study of new coping strategies of rural parents under China's birth control policy. *The China Journal*, 54(54): 53-76.

Zhou B, Chen K, Wang J F, et al. (2011). Quality of life and related factors in the older rural and urban Chinese populations in Zhejiang Province. *Journal of Applied Gerontology*, 30(2): 199-227.

图书在版编目(CIP)数据

关爱与应对：老龄化社会的心理问题研究/傅宏，王港著. —
北京：北京师范大学出版社，2022.6
（心理学与社会治理丛书）
ISBN 978-7-303-26866-5

Ⅰ.①关… Ⅱ.①傅… ②王… Ⅲ.①人口老龄化—社会心理
学—研究—中国 Ⅳ.①C924.24

中国版本图书馆 CIP 数据核字(2021)第 050767 号

营 销 中 心 电 话 010-58807651
北师大出版社高等教育分社微信公众号 新外大街拾玖号

GUANAI YU YINGDUI：LAOLINGHUA SHEHUI DE XINLI
WENTI YANJIU

出版发行：北京师范大学出版社 www.bnupg.com
　　　　　北京市西城区新街口外大街 12-3 号
　　　　　邮政编码：100088
印　　刷：鸿博昊天科技有限公司
经　　销：全国新华书店
开　　本：710 mm×1000 mm 1/16
印　　张：20.25
字　　数：240 千字
版　　次：2022 年 6 月第 1 版
印　　次：2022 年 6 月第 1 次印刷
定　　价：82.00 元

策划编辑：周劲含 周益群 责任编辑：杨磊磊 葛子森
美术编辑：李向昕 装帧设计：李向昕
责任校对：段立超 王志远 责任印制：马 洁